基金资助：受国家社会科学基金一般项目（20BGL053）、河北省高校人文社科重点研究基地“燕山大学区域经济发展研究中心”资助

数字平台赋能国际新创企业成长机理与保障机制研究

潘宏亮 著

中国财经出版传媒集团
中国财政经济出版社
北京

图书在版编目（CIP）数据

数字平台赋能国际新创企业成长机理与保障机制研究／潘宏亮著. --北京：中国财政经济出版社，2024. 1
ISBN 978-7-5223-2733-4

Ⅰ. ①数…　Ⅱ. ①潘…　Ⅲ. ①跨国公司－企业创新－研究　Ⅳ. ①F276. 7

中国国家版本馆 CIP 数据核字（2024）第 034887 号

责任编辑：彭　波　　　　责任印制：史大鹏
封面设计：卜建辰　　　　责任校对：徐艳丽

数字平台赋能国际新创企业成长机理与保障机制研究
SHUZI PINGTAI FUNENG GUOJI XINCHUANG QIYE CHENGZHANG JILI YU BAOZHANG JIZHI YANJIU
中国财政经济出版社 出版
URL：http：//www. cfeph. cn
E-mail：cfeph@ cfeph. cn

社址：北京市海淀区阜成路甲 28 号　邮政编码：100142
营销中心电话：010-88191522
天猫网店：中国财政经济出版社旗舰店
网址：https：//zgczjjcbs. tmall. com
中煤（北京）印务有限公司印刷　各地新华书店经销
成品尺寸：170mm×240mm　16 开　14. 75 印张　200 000 字
2024 年 1 月第 1 版　2024 年 1 月北京第 1 次印刷
定价：78. 00 元
ISBN 978-7-5223-2733-4
（图书出现印装问题，本社负责调换，电话：010-88190548）
本社图书质量投诉电话：010-88190744
打击盗版举报热线：010-88191661　QQ：2242791300

前　言

随着数字经济、共享经济、平台经济的蓬勃发展，基于数字平台的国际创业快速成长已经成为学界的研究热点、业界的关注焦点、政界的服务重点。数字平台的开放性、协作性以及自生长性跨越了国界、行业和时空的限制，降低了跨境贸易的成本，为新创企业打开了国际大门，使其快速成为国际新创企业。基于数字平台的国际新创企业成长不同于传统国际化理论提出的渐进式增量路径模型，也不同于传统国际新创企业成长路径。然而，针对基于数字平台的国际创业成长的整体性、系统化的研究寥寥，忽略了数字平台的运行国界——多含蓄地假设数字平台在单一、同质的市场中运营；忽视了供给导向下数字平台生态系统中产品或服务生成，忽视了互补者在平台运营商主导的数字平台生态系统中如何才能健康成长，难以形成完整的研究领域和清晰的研究边界，亟待开展进一步研究。

数字平台生态系统是平台利益相关者及相关事物构成的整体，平台生态系统健康性关乎数字平台模式的成败。国际新创企业作为跨国平台生态的重要互补者，对数字平台国际化成功运营至关重要，但学界对数字平台赋能下国际新创企业成长轨迹的影响知之甚少。尤其是，基于平台的国际新创企业在成长过程中如何与数字平台共创、互生，如何巧妙处理“锁定”与“成长”“共创”和“独占”。

目前，数字平台生态系统与国际新创企业仍是两个相对独立的领域，前者属于战略领域，后者在国际商务、国际创业领域广受关注。在数字经济飞速发展的过程中，两者的关联性正在变得越来越紧密，亟待跨学科理论交叉研究，以减少不同学科文献之间的对话壁垒，扩大研究视野。综上所述，深入理解数字平台赋能国际新创企业成长的动态轨迹，既符合国家需求，又呼应企业成长现实，更能促进数字经济、国际创业、数字创业等多学科融合发展。

结合理论研究和现实情境，本书聚焦于“数字平台赋能国际新创企业成长机理与保障机制”这一研究主题而开展理论、实证、对策层面的分析。数字平台赋能与国际新创企业成长并非完全重合关系，而是两个需要同时考虑的战略行动过程。数字平台赋能是“将蛋糕做大”，而国际新创企业成长是为企业自身“分得更多蛋糕”。因此，本书更加注重对数字平台赋能国际新创企业成长的理论和现实研究，系统探究了基于网络外部性理论的数字平台国际扩张机理。研究结果表明，当存在跨国外部性时，数字平台的安装基数形成了非地域限制的企业特定优势。在数字平台生态系统中，数字平台是“赋能”的发送者，而国际新创企业是“赋能”的接收者。数字平台和国际新创企业只有形成良性互动，才能形成大公司专业资源集聚的规模优势和小公司敏捷应变的灵活优势。只有数字平台是国际化平台，才能更好催生国际新创企业，才能更好营造国际化的平台生态系统。本书运用多案例研究法，解析了国际新创企业成长中关键能力的构成——全球跨文化编程能力、跨境数字货币适应能力、国际商业模式重构能力、全球虚拟网络嵌入能力；基于“资源—能力—成长”研究逻辑，构建了数字平台赋能国际新创企业成长的作用机理模型；在此基础上，基于 SPSS25.0 和 MPLUS8.0 统计软件，运用问卷分析法、多元统计分析法对相关研究假设进行了验证分析。

实证结果表明，数字平台赋能对国际新创企业关键能力具有显著正相关关系，对国际新创企业成长绩效具有显著正相关关系；关键能力对国际新创企业成长绩效具有显著正相关关系；关键能力在数字平台赋能和国际新创企业成长中起到部分中介作用；产品复杂性和竞争强度负向调节数字平台赋能对国际新创企业关键能力的影响。最后，本书探讨了平台权力生成的理论逻辑、基于平台的国际新创企业依附效应，全面解析了国际新创企业成长风险，进而从政府营造软环境、平台运营商监测平台生态健康性、国际新创企业增强关键能力三个维度构建了保障机制，以使研究更具前瞻性。因此，本书的研究可为我国数字平台国际化和国际新创企业快速成长提供参考借鉴，以使研究更加完整和具有决策参考价值。

本书的研究创新之处在于：首先，从网络外部性视角探讨了数字平台国际化扩张运行机理，拓展了数字平台理论。现有文献通常忽略了国界，多专注于单一国家/区域情境下数字平台的相关研究，对数字平台国际化运作的研究尚处于初始阶段。现有研究成果大多强调了网络外部性在数字平台成长中的作用，网络外部性对于理解数字平台的国际化战略选择和绩效结果至关重要；但直接和间接网络外部性难以解释数字平台国际化运作过程中的进入模式、国际市场选择等。本书直接拓展了网络外部性的类型（直接 vs. 间接，国内 vs. 跨国）。当存在跨国外部性时，数字平台的安装基数形成了非地域限制的企业特定优势。进而，本书基于网络外部性理论和内部化理论，探究数字平台国际化过程中的进入模式选择、国际市场选择等，表明不同类型的网络外部性对数字平台的国际化战略具有异质效应。本书的研究结论为深入探究数字平台国际化战略奠定了基础。其次，解析了基于数字平台的国际新创企业成长过程中关键能力的构成，丰富了国际新创企业成长的研究文献。本书运用动态能力理论、价值共创理论、网络外部性理论、平台生态理论探究基于数字平台的国际新创企业成长过程中关键能力构成，关注国际新创企业自身的战略能动性，凸显国际新创企业（互补者）的主观能动性，响应了学界对数字平台生态系统互补者关注的呼吁，加深了对数字平台环境中国际新创创业成长的了解，推动了国际创业、国际商务、数字经济等研究领域融合，丰富了平台生态系统互补者的相关研究。再次，多视角全方位揭示数字平台赋能国际新创企业成长的作用机理。本书运用模块化理论和生命周期理论，解析了数字平台生态依赖于不同模块化架构参与者提供的资源，并详细探究了对国际新创企业国际化进程产生的影响。本书运用结构方程模型从静态视角分析并验证了国际新创企业成长机理；基于"寄生—共生—互生—再生"四个阶段，揭示了基于数字平台的国际新创企业成长的动态演化轨迹，基于数字平台的国际新创企业成长过程不同于传统国际化理论提出的增量路径模型，不同于传统国际新创企业成长路径。本书的研究成果基于资源基础理论、动态能力理论、价值共创理论，揭示了数字平台赋能对国际新创企业成长的影响机制，拓展了数字经济时代下国际创业的研究边界，对于国际新创企业借助数字平台赋能迅速实现国际化具有重要意义。最后，构建平台依附型国际新创企业成长的保障机制。本书立足"资源—行为—成长"的视角，基于数字平台的国际新创企业成长过程中风险分析，从国际新创企业、平台运营商、行业软环境三个维度构建一套全方位、多维度的国际新创企业成长的保障机制，为我国国际新创企业快速成长指明了方向和路径，也为维系数字平台生态系统效益最大化奠定了研究思路。

作者

2023 年 6 月

目 录

第1章 绪论 …… 1
1.1 研究背景 …… 1
1.2 研究意义 …… 5
1.3 国内外文献述评 …… 9
1.4 研究思路、内容与方法 …… 32

第2章 相关概念界定及基本理论 …… 39
2.1 数字平台的内涵解析 …… 39
2.2 数字平台赋能的内涵介绍 …… 48
2.3 国际新创企业关键能力的内涵界定 …… 52
2.4 理论分析框架构建 …… 55
2.5 相关理论基础 …… 57
本章小结 …… 62

第3章 基于网络外部性的数字平台国际化扩张机理研究 …… 63
3.1 问题提出 …… 63
3.2 数字平台国际化扩张的理论基础分析 …… 64
3.3 数字平台国际化战略命题构建 …… 71

3.4 结果讨论与启示 …… 78
本章小结 …… 80

第4章 基于数字平台的国际新创企业成长中关键能力解析 …… 82
4.1 研究设计 …… 82
4.2 数据分析 …… 87
4.3 研究结果分析与命题提出 …… 90
4.4 研究结果的讨论 …… 98
本章小结 …… 100

第5章 数字平台赋能国际新创企业成长机理分析 …… 101
5.1 平台分层模块化架构赋能国际新创企业成长的机理解析 …… 101
5.2 数字平台赋能国际新创企业成长的静态机理 …… 105
5.3 数字平台赋能国际新创企业成长的动态机理分析 …… 111
5.4 相关研究假设的提出 …… 119
本章小结 …… 125

第6章 数字平台赋能国际新创企业成长的实证研究 …… 126
6.1 问卷设计 …… 126
6.2 变量测量 …… 128
6.3 数据收集 …… 134
6.4 样本描述和数据质量分析 …… 135
6.5 相关性分析 …… 142
6.6 结构方程分析 …… 143
6.7 实证结果分析与讨论 …… 146
本章小结 …… 150

第 7 章　平台依附型国际新创企业成长的保障机制构建 ………… 151
7.1　平台权力生成的理论逻辑解析 ………… 152
7.2　基于平台的国际新创企业依附效应解析 ………… 154
7.3　基于平台的国际新创企业成长风险探究 ………… 156
7.4　国际新创企业成长中保障机制构建 ………… 164
本章小结 ………… 173

第 8 章　研究结论与展望 ………… 174
8.1　研究结论 ………… 174
8.2　研究特色和创新之处 ………… 176
8.3　管理实践 ………… 179
8.4　研究局限与未来展望 ………… 180

参考文献 ………… 182
附录 A　数字平台国际化扩张的访谈提纲 ………… 215
附录 B　国际新创企业访谈提纲 ………… 217
附录 C　数字平台赋能国际新创企业成长的调研问卷 ………… 220
附录 D　中国非游戏厂商及应用出海代表性企业一览表 ………… 224

第1章

绪　论

数字化已经成为一种日常现象，对媒体娱乐、零售、电信、技术产品/服务等行业产生了颠覆性影响。数字技术通过加强数字平台之间的连接，将实体产品和服务转化为数字产品形式，促使全球贸易进入一个全新时代。数字平台为新创企业提供了“即插即用式”的基础设施，将新创企业置于巨大的全球客户群面前，也将地理上相互分散的企业联系起来，弱化了国际化对于传统资源的要求，降低了国际化门槛，加速了新创企业国际化进程，使企业自创立之初便嵌入国际市场之中。因此，数字平台催生一批基于数字平台的国际新创企业（又称平台依附型国际新创企业）——在成立后不久就主动而迅速地开展国际化活动。基于数字平台的国际新创企业利用全球化、数字化来发展独特的跨国竞争优势，引起了学界、业界和政界的广泛关注。

1.1　研究背景

1.1.1　现实背景

数字技术从根本上改变了跨境商务的开展方式，促使全球化贸易迈入了一个崭新的时代。以大数据、云计算、物联网、区块链、人工智能为代表的数字技术突破时间和空间的枷锁，将世界各地的国家、行业、企业和个人连接起来，支撑了跨境商务快速获得全球开放性资源，与全球各地的供应商无缝合作，广泛深度地联系全球客户，促进了数据、信息和知识等“轻资产”快速流动、无缝流动，降低了国际互动和交易成本。因此，数字技术已经成为世界各国经济健康发展的基础支撑架构。随着商业、信息、搜索、视频、通信和公司内数字流量的持续激增，跨境数据流 2005 ~ 2019 年增长了 50 多倍[1]。

数字平台已成为世界上最具有价值的公司之一，在全球许多国家均有很大的影响力。2022 年，全球平台市场规模（如平台即服务 PaaS 和物联网 IoT）为 2340 亿美元，预计到 2027 年将增长至 2 万亿美元[2]。2020 年 12 月，谷歌 Alphabet、亚马逊、苹果和 Facebook 四家公司的总市值超过 5.7 万亿美元，大于整个泛欧交易所的股票总市值和美国股市标准普尔 500 指数整体价值的三分之一[3]。数字平台彻底改变了交通、酒店、金融等传统商业运营模式，助力全球大量独角兽加速涌现。同时，数字平台占所有“独角兽”的 70% 左右——此类独角兽均是估值超过 10 亿美元的公司——包括蚂蚁金服、滴滴出行、Uber、字节跳动和 Airbnb[4]。数字平台将两个或更多的市场参与者聚集在一起，并通过网络效应实现增长。“大科技”平台公司谷歌和 Facebook 占据了数字广告的三分之二[5]。谷歌控制着约全球 90% 的互联网搜索，以及约 80% 智能手机操作系统——安卓操作系统（中国除外）[6]。苹果在智能手机和 iTunes 的数字内容销售中占据了全球 90% 的利润。亚马逊控制着美国 40% 以上的电子商务，并主宰着电子书[5]。微软拥有全球 90% 以上的个人电脑操作系统。英特尔为个人电脑提供 80% 的微处理器，为互联网服务器提供 90% 以上的微处理器。Facebook 约占社交媒体活动的三分之二[6]。

数字平台跨越了国界、行业和时空的限制，降低了跨境贸易的障碍，为新创企业打开了国际大门，使其快速成为国际新创企业。数字平台为新创企业提供了“即插即用式”的基础设施，将新创企业置于巨大的全球客户群面前，也将地理上相互分散的企业联系起来，弱化了传统国际化对于资源的要求，降低了国际化门槛，加速了新创企业国际化进程，使企业自创立之初便嵌入国际市场之中。中小企业通过使用 eBay、Amazon、Facebook 和 Alibaba、Android 系统、IOS 系统等数字平台与其他国家的客户和供应商建立联系，正在成为“微型跨国公司（micro - multinationals）”。许多数字初创企业诞生于全球，成为国际新创企业。例如，目前亚马逊拥有约 200 万第三方卖家，70% 的第三方卖家是“微型跨国企业”。在世界各国贸易中，出口型中小企业在 eBay 上的份额明显高于同等规模的线下企业，Paypal 通过充当中小企业及其客户的中介，实现跨境交易。在 Kickstarter 等平台上，微型企业可以获得发展资金，以实现快速平稳发展。2014 年，来自世界各地的 300 万人在 Kickstarter 上从事商业活动，来自 180 个国家的 900 多万自由职业者在网页开发、平面设计和营销等任务中与客户建立了联系[7]。因此，数字全球化促进了国际新创企业的显著增长，这些企业从一成立之初就与国际客户建立了全球联系。

消费者受益于社交媒体和其他互联网平台，重塑了全球商务贸易，并形成了独特的跨境联系。首先，数字平台为潜在客户提供了巨大的内置基础，并提供了直接向他们营销的有效方式。社交媒体让世界各地的消费者了解现有产品，产品会以前所未有的规模进行传播。其次，数字平台也为个人提供了学习、合作和获得新技能的新方式，然后向潜在雇主展示他们的才能。更重要的是，全球消费者通过在线反馈加强了他们对国际公司决策和运营的影响力。事实上，这些反馈和评论构成了一项重要资产，对亚马逊、Marriott、TikTok、小红书等许多服务公司都具有巨大价值，为国际企业和消费者提供了一个良性循环。再次，消费者以外的个人也在直接参与全球化，利用数字平台学习、寻找工作、展示才华和建立个人网络。最后，疫情也增加了个人、企业和政府对数字平台生态系统的依赖。

网络效应和“赢者通吃”效应亟待科学的平台治理机制保驾护航。数字平台塑造了价值创造和交换的整个生态系统，开辟了创业者创建新公司并运营的新空间和新渠道。网络效应促成了较高的市场集中度，成功的数字平台往往处于“赢家通吃”和“用户锁定”的状态。因此，平台所有者在数字平台生态系统中占据了主导地位，在引导利益相关者为其平台生态系统创造价值方面发挥着重要作用。在利润驱使下，数字平台的所有者甚至可以单方面改变平台上的开放条件、治理规则，对国际新创企业成长设置障碍。数字平台和国际新创企业间权利的不平衡、不对称，也对国际新创企业产品研发、创新、销售形成了新的威胁。因此，基于不同的数字平台性质，设置科学合理的平台治理机制确保数字平台生态系统内有效的价值创造和公平价值分配，确保平台所有者和参与者都能够实现各自的目标和利益势在必行。

1.1.2 理论背景

国际新创企业如何克服固有劣势提高国际市场合法性是国际创业研究的重要议题。国际新创企业通过促进创新、创造岗位、支持工业增长以及促进高附加值活动，为国家经济发展做出了重大贡献[8]。Oviatt 和 McDougall[9]（1994）、Knight 和 Cavusgil[10]（2004）分别因其关于国际新创企业和天生国际化企业的开创性文章而获得《国际商业研究》杂志（简称 JIBS）每十年优秀论文奖。自 2010 年以来，国际商业学会（Academy of International Business）在其年度会议上推出了一个关于中小企业、创业精神和天生国际企业的专题，并在 2014 年成为该会议 15 个专题中最受欢迎的一个。在过去 20 年里，国际商务期刊上关于天生国际化企业和国际创业的研究数量急剧攀升[11]。许多学术期刊已经出版了关于天生国际化企业、国际新创企业和国际创业的特刊[12]-[14]。众多研究成果探索了国际新创企业快速国际化的影响因素[15][16]。网络机制有助于国际新创企业克服资源劣势[17]，提高国外市场的合法性[18]，获得国外市场知识，从而快速进入国际市场。因此，众多研究表明，国际新创企业/天生国际化企业和中小企业国际化已经在学术研究中得到了广泛的认可。工业 4.0 给国际创业环境带来了巨大变化，需要学术界基于新的情境开展深入的探究[19]。

基于数字平台的国际新创企业成长问题亟待学术界开展深入研究。数字技术的飞速发展已经改变了企业在国际市场上创造、交付和获取价值的方式[20]-[22]。得益于数字技术不断降低全球贸易门槛，大量的创业者、小企业加入跨境电商的行业，成为“国际新创企业”。数字平台从根本上改变了现有的商业模式，颠覆了原有生态系统，并重塑了行业结构[23]。随着致力于全球市场开发的数字平台逐年增加，基于平台的国际新创企业正在利用数字空间变得更具创新性、更具竞争力。因此，基于数字平台的国际新创企业代表了中小企业国际化进程中的典型案例，被视为最富有前景的经济发展模式。Andersson，Evers 和 Kuivalainen（2014）认为，不同行业内国际新创企业对互联网的依赖程度将会影响其在国际化速度、国外市场和经营范围、国外进入模式/战略等方面的战略选择[24]。因此，基于数字平台的国际新创企业成长必将不同于传统国际化理论提出的增量路径模型，必将不同于传统国际新创企业成长路径。然而，基于数字平台的国际新创企业不仅面临规模劣势、新进入者劣势，还面临合法性和在线生存问题。目前，学术界较少关注基于数字平台的国际新创企业成长[25]-[27]。因此，探究数字平台赋能国际新创企业成长机理与保障机制研究具有重要的理论意义。

1.2 研究意义

1.2.1 理论意义

从理论角度出发，本书的研究具有以下意义：

第一，本书系统解析了数字平台赋能的内涵、模式及运行机理，丰富和深化了数字平台的理论研究成果。随着数字平台的飞速发展，有关平台的研究成果日益剧增。学术界对平台领导力、平台战略、平台治理、平台生态系统等问题展开探索，形成了丰富的研究成果。但平台运营商只有与互补者共同组成平台生态系统，数字平台生态系统整体发展良好，互补企业才会不断获利。因此，仅仅针对平台或者某类参与者的研究是不够的。本书基于平台生态系统视角下，界定了数字平台赋能内涵——数字平台赋能是指平台运营商基于所处的枢纽中心位置提供在线基础设施和服务，运用算法、大数据、人工智能等数字技术，促进异质分布数据资源的深度整合、优化与重构，促进平台用户的即时短期需求的实现，优化互补企业（国际新创企业）运营模式，使其对国际市场环境拥有更强的生存和适应能力。因此，数字平台赋能本质上是吸纳异质性参与者的过程，也是平台生态塑造、演化的过程，更是价值创造与捕获不断平衡的过程。数字平台赋能本质上是引导、影响、控制和约束国际新创企业的行为和专业化投资，目的是建立和维系一个强健的生态系统。本书从生态系统视角对数字平台赋能的内涵和运行机理展开研究，可以拓展数字平台的研究内容。

第二，本书从网络外部性视角探讨了数字平台国际化扩张机理，拓展了数字平台理论。现有研究成果通常忽略了平台的国界，多专注于单一国家背景下的数字平台相关研究，对数字平台国际化运作的研究尚处于初始阶段。现有研究多强调网络外部性在数字平台成长中的作用，网络外部性对于理解数字平台的国际化战略选择和绩效结果至关重要；但直接和间接网络外部性难以解释数字平台国际化运作过程中的进入模式、国际市场选择等。本书直接拓展了网络外部性的类型（直接 vs. 间接，国内 vs. 跨国），认为当存在跨国外部性时，数字平台的安装基数则形成了非地域限制的企业特定优势；进而探究了数字平台国际化过程中的进入模式选择、国际市场选择等，表明不同类型的网络外部性对数字平台的国际化战略具有异质效应；本书的研究结论为深入探究数字平台国际化战略奠定了基础。

第三，本书运用多案例研究法系统解析了基于数字平台的国际新创企业关键能力构成，研究成果丰富了国际新创企业成长的研究文献。运用动态能力理论、关键能力理论，对 9 家基于数字平台的国际新创企业进行实地调研，探究了促进基于平台的国际新创企业成长中的关键能力——全球跨文化编程能力、跨境数字货币适应能力、国际商业模式重构能力、全球虚拟网络嵌入能力。此四种能力因企业而异，也使基于平台的国际新创企业商业模式各有特色。国际新创企业成长中的关键能力与企业高层领导的先验知识、领导力、人际关系能力以及创业者和在这些公司工作的员工的总体管理技能相关。因此，本书的研究结论在一定程度上也丰富了动态能力理论的研究成果。

第四，本书基于“资源—能力—成长”的研究逻辑，构建了数字平台赋能国际新创企业成长的理论分析模型，探究数字平台赋能的着力点，并从资源共享、信息提供、授权自治、给予奖励探究了数字平台赋能的静态机理，继而探讨数字平台赋能国际新创企业成长的作用机制。因此，本书的研究结论对国际生产折衷理论的 OLI 模式和内化理论形成有益补充。同时，聚焦国际创业情境，揭示了基于数字平台的国际新创企业成长的动态演化轨迹。从“寄生—共生—互生—再生”四个阶段揭示数字平台生态系统中国际新创企业成长过程不同于传统国际化理论提出的增量路径模型，不同于传统国际新创企业成长路径。因此，本书的研究结论拓展了企业国际化的网络模式。

1.2.2 实践意义

从实践角度出发，本书的研究具有以下意义：

第一，为数字平台管理者完善平台体系架构、改造平台盈利模式、管理平台生态系统提供理论指导。随着数字技术的飞速发展，数字平台与互补者之间的相互依赖性日益增强。在数字平台生态系统背景下，价值创造和价值捕获是齐头并进的。平台运营商只有在共同创新和独享成果之间保持微妙动态平衡才能激发平台活力。然而，当前研究成果主要针对成熟平台生态系统的价值分配问题，缺乏通过资源编排以降低系统内交易成本的研究。本书的研究基于模块化理论，从资源编排视角探究数字平台赋能国际新创企业成长，以期在共同愿景下引导国际新创企业从事专业化投资，达成相互信任、相互协作的联盟，最终实现价值创造和维持生态稳定的动态平衡。因此，本书的研究结论立足开放创新的商业模式，助推数字平台与用户创业协同发展，助推方兴未艾的用户创业实践。

第二，为国际新创企业融入数字平台生态，提升基于数字平台的关键能力提供支撑。关键能力可以帮助国际新创企业更好地嵌入数字平台之中，更好地拓展国外市场。关键能力有助于国际创业者感知、抓住特定的国际创业机会，增加国际创业成功概率，形成更加自信的创业行为。关键能力超越了产品出口或海外直接投资的传统能力，可以帮助国际创业者更好地参与全球虚拟市场，克服国际新创企业外来者劣势、资源劣势。关键能力的培育和提升需要国际新创企业不断学习。这种学习包括经验积累、知识衔接和知识编码机制。因此，国际新创企业领导需要分配明确的职责，即企业内哪个部门负责收集和编纂有关生态系统协调的相关知识，并决定保留哪些类型的知识，决定优先发展哪些能力。因此，本书的研究结论对于国际新创企业关键能力培育具有十分重要的指导意义。

第三，构建基于数字平台的国际新创企业成长的保障机制，支撑国际新创企业快速发展，加速新创企业国际化进程。数字平台的风险管控已成为国际新创企业在国际市场上快速成长的关键影响因素。传统企业进入国外市场只会考虑国家间政治风险、文化风险、商业风险和金融风险。数字技术的飞速发展和数字化平台的兴起给新创企业国际化进程带来了崭新的数字平台风险。本书的研究结论可为有关部门进一步完善数字经济相关政策提供微观领域的经验证据，从而加快构建数字经济导向体系，支持平台企业在引领发展、创造就业、国际竞争中大显身手；支持中小微企业抓住全球产业结构和布局调整过程中孕育的新机遇，勇于开辟新领域、制胜新赛道。因此，本书的研究结论有助于提高基于平台的国际新创企业的风险防范意识，加速企业快速成长。

第四，本书的研究结论对数字平台生态系统塑造具有十分重要的指导意义。数字平台生态系统发展好坏决定了平台运营模式成败。平台生态系统发展起于利益相关者分析，生于利益相关者联系，成于利益相关者互动。数字平台生态系统塑造需要平台吸引力和资源集结力共同作用，即需要在数字平台赋能作用下，不断提升自我吸引力以及资源集结力，从而实现平台生态价值创造与价值捕获的不断平衡。平台运营商可以利用自身的知识基础有效地促进平台生态系统健康性的提高。因此，本书的研究结论有助于平台生态系统健康发展。

1.3 国内外文献述评

1.3.1 数字化的关键词梳理

数字技术（Digital technologies，DTs）正日益成为当代组织未来竞争力的宝贵资源，具有数据的同质化（homogenisation of data）、可编辑性（editability）、可重编程性（reprogrammability）、分布性（distributedness）和自参考性（self－referentiality）等特征[28]。数字技术已经改变了企业的战略性质，受到了学术界的广泛关注[29]。学术界研究了数字技术在企业战略、创新创业和商业模式中的作用，解释了它们对组织破坏性的影响[30]。为了更好地探究本书的研究主题，厘清研究边界，本书首先界定了数字技术研究过程中的关键概念，如表1.1所示。

大多研究数字技术都与社交媒体、移动设备、大数据分析、云计算和物联网相关。数字技术的日益普及已经引起了人们对所谓的新时代技术的关注，它们代表了信息和通信技术（ICT）与实体对象的集成，包括各种应用，如网络物理系统（CPS）、增材制造、增强现实（AR）、机器人技术、人工智能（AI）、大数据和云计算等。具体来说，它们涉及通过互联网的对象互联，通过为它们配备传感器和执行器，来开发新的应用程序以改进现有的应用程序。尽管新数字技术的兴起让众多企业能够追逐新的市场机会，但数字技术本身并没有价值，只有这些数字技术与企业的商业模式交互才有可能产生积极的结果。在这方面，当企业通过商业模式释放其内在潜力时或当企业能够利用这些数字技术发现创造价值的新方法时，数字技术就会提供价值。

表 1.1　　数字技术相关概念一览表

概念	定义及代表学者
数字技术 Digital technologies	数字技术（被视为信息、计算、通信和连接技术的组合）正在从根本上改变商业战略、业务流程、企业能力、产品和服务（Bharadwaj et al.，2013）[31]。案例：大数据、云计算、物联网、区块链、人工智能、社交媒体
数字化转换 Digitization	数字化转换使得实体产品（如人工制品）可编程、可寻址、可感知、可传播、可记忆、可追踪和可关联（Yoo et al.，2010）[32]。 案例：书籍有咪咕阅读、全民啃书阅读等 APP；音乐有 Pandora Radio、SoundCloud 等 APP
数字创新 Digital innovation	数字创新是将数字和实体产品（在分层模块化架构中）进行新的组合，以生产新颖的产品（Yoo et al.，2010）[32]。 案例：亚马逊 Kindle、Nest 恒温器、耐克 + 传感器
数字制品 Digital artifact	作为新产品（或服务）的一部分，并为最终用户提供特定功能或价值的数字组件、应用程序或媒体内容（Nambisan，2017）[33]。 案例：计算机文件、互联网、SaaS、Wiki 维基百科
数字平台 Digital platform	数字平台通常包含一个特定范围的层（例如，内容层和服务层），可以作为一个新产品，但同时允许其他人在使用公司控制的平台资源（例如，SDKs 和 APIs）的基础上进行创新（Yoo et al.，2010）[32]。 案例：谷歌 Android 系统、亚马逊、抖音、Shopee、咪噜 bt 盒子等
数字基础设施 Digital infrastructure	数字技术工具和系统（云计算、数据分析、在线社区、社交媒体、3D 打印、数字创客空间），提供通信、协作和/或计算能力，以支持创新和创业（Nambisan，2017）[33]。将数字化技术应用于更广泛的社会和制度背景的社会技术过程，使数字技术成为基础设施（Tilson et al.，2010）[34] 案例：亚马逊 AWS（Amazon Web Services）、Intel Inside、Microsoft Azure、SAP Analysis
数字化 Digitalization	这四个维度（时间—空间—工件—行动者）的人类经验的数字化形成了经验计算的基础（Yoo et al.，2010）[32] 数字化创造了强大的数字可见性，通过支持激进的商业模式创新，对经济活动的组织产生变革性影响（Autio et al.，2018）[35]
数字化转型 Digital transformation	数字化转型涉及数字技术可在企业商业模式中带来的变化，从而导致产品或组织结构或流程自动化的变化（Hess et al.，2016）[36]

资料来源：作者自行整理。

随着数字技术的蓬勃发展，因数字技术衍生出来的数字能力得到了越来越多的学者关注。学者普遍认为，数字能力已成为数字时代下组织获取可持续竞争优势的关键要素，是组织依据环境变化迅速采取应对策略的能力。数字能力对新创企业生存发展以及传统企业的数字化转型都非常重要。拥有数字能力的企业才更愿意采纳数字技术，才能够致力于将数字技术转化为数字新产品，才更愿意采用数字技术来开发新产品、改变客户体验、改善运营流程和优化业务模型，从而更能够实现商业模式的创新。因此，新创企业发展通常需要更多地依赖于数字能力，进而基于数字平台与价值网络中其他创业多主体共享信息和互补性资产，从而实现商业模式创新。因此，数字技术对新创企业的生存和发展尤为重要。

1.3.2 数字平台的关键词梳理

数字平台文献研究过程中也涉及了众多专业术语，为了深入全面地探索数字平台的研究进展，本书将与数字平台相关的商业模式、互补者、网络外部性、平台生态系统等概念界定如表 1.2 所示。

表 1.2 数字平台研究中关键术语的含义

术语	定义
商业模式 (Business model)	企业如何创造和获取价值，包括确定产品或服务、收入来源、客户群和融资细节等
互补产品 (Complementary goods)	增强另一产品或服务的功能，如用于计算机系统的应用程序或用于流媒体服务的电影
互补产品补贴 (Complementary goods subsidization)	平台为互补产品生产者提供某种利益（如，资金、开发工具或其他支持），以鼓励他们生产与平台兼容的互补产品
安装基数 (Installed base)	一个平台的用户数量，通常一段时间内的累计用户数减去已停止使用该平台的用户数来衡量
多宿主 (Multihoming)	指互补性产品与多个平台兼容

续表

术语	定义
平台 (Platform)	一个稳定的核心（如产品、服务或标准），它作为中介使互补商品（如应用程序或内容）和预期的最终用户之间的关系成为可能
多边平台 (Multisided platform)	协调不同的用户群体，如买家和卖家
多边市场 (Multisided markets)	聚集（或匹配）不同的组，而一组的价值随着另一组参与者数量的增加而增加
直接网络外部性 (Direct network externalities)	平台的价值取决于同一边用户中的数量
间接网络外部性 (Indirect network Externalities)	平台的价值取决于不同边用户中的数量
数字平台（技术视角） Digital platform (technical view)	一个可扩展的代码库，可以添加互补的第三方模块
数字平台（社会技术视角） Digital platform (sociotechnical view)	技术要素（软件和硬件）及相关组织流程和标准
生态系统（技术视角） Ecosystem (technical view)	核心技术平台的互补产品（应用程序）集合，主要由第三方提供
生态系统组织视角 Ecosystem (organizational view)	与互补组织相关的企业集合
平台生态系统 (Platform ecosystem)	由平台及其利益相关者（用户、互补产品开发者、供应商）组成的系统，其中所有实体都有一定程度的相互依赖
平台主导者/运营商 (Platform sponsor)	拥有和/或控制并推广特定平台的个人、组织或联盟
应用程序 (Applications)	作为应用程序、服务或系统提供给最终用户的可操作软件
边界资源 (Boundary resources)	促进相关方之间公平关系的软件工具和规定
平台开放性 (Platform openness)	平台边界资源支持互补产品或服务的程度

资料来源：作者自行整理。

1.3.3 数字平台的相关研究

平台的概念已广泛应用于各种不同的情境，尽管在具体应用中获得了各自独特的内涵，但其连接各方的本质内涵始终存留[37]。本书从平台的概念、数字平台的内涵、平台参与者、平台架构、平台治理等方面进行了归纳整理。

（1）数字平台相关文献整理过程简述。

首先，为更精准地了解数字平台的研究进展，本书利用 EBSCO、Taylor & Francis、Wiley Online library、CNKI 等数据库搜索“数字平台”“平台”以及“双边”等术语的学术文章。由于数字平台只是最近几年才开始引起学术界的关注，我们将搜索范围缩小到了 2000 年到 2023 年 2 月发表的论文。具体来说，第一，课题组搜索并研读了发表在 FT50、UTD24 期刊中的管理、经济、创业、创新和信息系统领域的权威论文。为了确保文献述评的全面性，我们随后跟踪了之前对平台综述研究的相关成果[38]-[40]，如表 1.3 所示。同时，课题组也审查了对数字平台感兴趣的研究人员发表在其他期刊的研究成果，如 *Journal of Economics & Management Strategy*，*International Journal of Industrial Organization*，*Academy of Management Perspectives*，*Academy of Management Discoveries*，*Long Range Planning* 以及《管理世界》《南开管理评论》《科研管理》《科学学研究》《科学学与科学技术管理》等。

表 1.3　　近期平台研究综述内容一览表

作者及年份	平台类型	聚焦点	治理的内容	治理机制的述评
McIntyre 和 Srinivasan[38]（2017）	通用平台	网络效应	平台网络的不同边之间	访问控制、资源共享
Rietveld 和 Schilling[39]（2021）	通用平台	平台竞争	平台生态系统内不同参与者之间	访问控制，选择性推广，互补产品的整合
Chen 和 Han[40]（2021）	数字平台	平台治理和设计	平台所有者和互补者之间	资源共享，信息提供，授权自治，给予奖励，访问控制，输出控制，行为控制，外部关系控制

资料来源：作者自行整理。

其次，为了确保被识别的文章聚焦于数字平台，而不是一般的平台，课题组共同审阅了每篇论文的摘要和全文，并定期召开小组会议，排除那些专注于非数字平台（例如，传统媒体、产品平台、供应链平台等）的论文，或者使用“平台”一词仅仅作为类比或隐喻。形成了226篇研究文献。

最后，我们精读226篇文章，发现平台商业模式的爆炸性发展引发了战略管理、信息系统、产业经济学、创新创业管理、市场营销学等一系列跨学科的学术性研究。这些领域的学者从不同视角探索了数字平台各个方面的问题。例如，网络效应的驱动因素[41]、多边平台的定价策略[42]、平台的有效治理[43]——平台开放性[44]和通过垂直整合与互补者竞争[45]；以及与平台生态系统中价值创造和价值捕获微妙平衡相关的问题[46]。众所周知，数字平台创造了强大的网络效应，其价值随着参与者（用户和供应商）加入平台生态系统的数量而急剧上升。因此，数字平台的价值取决于互补者发展和演化。然而，对于数字平台运营商来讲，“通过创新生态系统发现并实施复杂的价值主张，同时确保其从集体努力的成果中受益”是一项巨大的挑战。因此，确保互补者参与，即互补者对增值互补性的贡献及其对平台规则和流程的遵守，是此类平台组织关键的成功因素。基于此思路，在平台概念的相关研究基础上，经过对收集的文献反复迭代，我们确定了数字平台的关键研究主题：数字平台内涵、数字平台参与者、数字平台架构、数字平台治理四个方面。

（2）平台概念的相关研究。

学界普遍认为，平台是由稳定的核心和可变的外围组成的[47]。因此，平台可通过模块化实现分布式创新和组合式创新。基于此，平台可根据其生产过程范围分为三类：第一，内部平台，即实现公司内部子单位的重组；第二，供应链平台，即围绕核心企业协调外部供应商；第三，行业平台，即平台领导者从互补者那里汇集外部资源和能力。在后两种类型中，平台不仅提供了一个稳定的核心，而且充当了不同用户群体之间的媒介。

协调不同用户群体（如买家和卖家）的平台通常被称为多边平台。20

世纪90年代，对美国信用卡反垄断案件的分析结论引发了双边市场的学术思想[48]。双边市场将两个不同的群体聚集在一起，一个群体的价值随着另一个群体参与数量的增加而增加。双边市场的研究成果探索了从信用卡商户和持卡人、病人和医生的医疗部门等众多现象。多边市场是指多个群体交互过程中相互提供产品或服务的市场。

当多个用户群体聚集在一起时，平台将产生网络效应或网络外部性。网络外部性意味着一项技术的效用随着平台用户安装基数的增加而增加。提高平台的使用频率可以触发积极反馈循环，从而进一步提高平台的实用性。在通常情况下，若平台的价值取决于同边用户中的安装数量，则是直接网络外部性。即，其他人购买、连接或使用同一平台或使用通过该平台提供的服务，产品的价值就会增加。例如，直接网络效应的典型案例是社交媒体，如果更多的最终用户加入该平台，社交媒体将变得更有价值。当平台的价值取决于不同边用户中的安装数量时，则是间接网络外部性。例如，如果有更多的开发者为视频游戏机制作游戏，则视频游戏机对消费者来说就更有价值了。间接的网络效应也可能是负面的，正如广告中所说明的那样，搜索引擎平台上更多的广告商降低了其对搜索者的价值。一旦开始采用产品或技术，这些网络外部性将为新用户和现有用户带来诸多好处，如降低价格、降低平台版本的不确定性、增加新的市场机会等。

双边市场/多边市场的研究成果多聚焦于平台间竞争、平台补贴、平台定价等方面[49]。对定价策略和金融动态的兴趣是平台经济学研究的核心。尽管这一系列研究对理解平台定价和财务问题做出了巨大贡献，但并不能打开理解平台生成性和其他创新动态所必需的技术“黑箱”。

平台与生态系统密切相关。Iansti 和 Levien 的研究成果探索了企业成为培育生态系统的战略选择[50]。基于 Moore 等（1997）的观点，Iansti 和 Levien 用生物生态系统来描述商业生态系统[51]。随后，学术界开始使用生态系统来表示与行业平台相关的组织形式[52]或作为资产集合的非特定概念[53]。在管理学研究领域中，平台有时与生态系统结构分开处理，有时与生态系统结构密切相关。

(3) 数字平台内涵的相关研究。

学术界从不同视角界定了数字平台的概念[54][55]。从技术视角，数字平台被定义为虚拟技术平台，是一个可扩展的代码库。因此，数字平台生态系统包括补充该代码库的第三方模块[56]。从社会—技术视角，数字平台也被描述为包含技术要素（软件和硬件）以及相关组织流程和标准的社会技术集[57]。Ghazawneh 和 Henfridsson[58]（2015）在 Tiwana 等[56]（2010）的基础上，将数字平台定义为："基于软件的外部平台，包括基于软件系统的扩展代码库，该系统提供与之交互的模块共享的核心功能，以及与之交互的接口"。从互补者视角，Constantinides 等（2018）认为，数字平台是指一组促进平台参与者互动的数字资源[59]。Teece（2018）认为，数字平台是指由软件、硬件和服务构成的用于协作和控制的数字生态系统。系统成员不需要获得平台的所有权就可以实现组织间的交互[60]。

数字平台包含拓展核心产品功能的各种模块。这些模块可以被视为"核心软件的子系统"，通常以第三方开发人员设计和开发的应用程序的形式出现。Ghazawneh 和 Henfridsson[58]（2015）认为，此类应用程序是指作为应用程序、服务或系统提供给最终用户的可操作软件。因此，数字平台具有以技术为中介，能够实现用户群体之间的互动，并允许这些用户群体执行特定的任务的显著特征[61]。

数字平台不同于非数字平台，具体表现为：第一，数字平台治理一直是学术界关注的焦点。Darking 等（2008）认为，通过设计数字生态系统治理以平衡不同的利益关系[62]。Wareham 等（2014）从对话关系的角度研究生态系统的治理。数字技术所固有的可编辑性、可重组性、可编程性和生成性的特征，引发了数字平台动态演化和控制的矛盾关系[63]。第二，将平台所有者视为管理众多互补者的研究结论越来越受到众多学者的质疑。Henfridsson 和 Bygstad（2013）认为，为了更好地理解数字平台的动态演化性，研究的核心单元应是平台边界资源。边界资源由软件工具和规章制度

（software tools and regulations）组成，以促进平台提供商和应用程序开发人员之间履行正常的契约[64]。Eaton 等（2015）通过将平台动态性概念化为分布式参与者，这些参与者共同调整边界资源[65]。第三，数字平台的开放性不仅与平台的准入、准出控制有关，还与技术（如 APIs 和软件开发工具包 SDKs）的开放性有关。

（4）数字平台互补者的相关研究。

数字平台需要大量的异质性参与者以实现网络效应[66]。企业可以提供一个开放平台，允许外部参与者参与互补性产品的开发和商业化。平台和互补者的例子包括智能手机和应用程序、视频游戏主机和游戏。随着数字技术的出现，越来越多的产品开发围绕数字平台进行，引发了学术界的关注[67]。例如，数字平台如何与互补者进行公平互动[68]，互补者（第三方）如何为智能手机操作系统开发应用程序。学术界利用网络效应探究了数字平台如何增加安装基数和吸引更多互补者。互补产品的可用性越大，安装基数越多，数字平台成功可能性也就越大。数字平台是由技术架构为核心组成的，需要由第三方贡献的外围组件来完成，以提高平台价值。因此，吸纳和维系互补者参与是数字平台成功的关键因素。互补者参与有助于提高数字平台产品的多样性，即利用互补者的专业知识和独创性。例如，多样化的开发人员社区可以创造新的技术开发能力，提高平台的生成潜力。

数字平台需要平衡演化性和稳定性，以吸纳更多的互补者。作为理性的参与者，互补者努力实现竞争差异化，专注于自身领域的专业知识、市场机制、关系资本和行业知识组合，以创建与平台生态相关的解决方案。然而，他们也必须贡献有利于集体行动和生态系统凝聚力的知识，因为适度的竞争往往会刺激创新，激烈的竞争可能会破坏创新[69]。因此，数字平台需要平衡互补方之间的互补性和竞争力[61]，这意味着管理平台的演化性和稳定性之间的矛盾，前者是为了促进生成性，后者是为了提高效率和获得互补性的价值。

现有研究也逐渐关注平台互补者的不同属性和依附策略。首先，以往研究证明了互补者的数量和异质性与平台绩效呈现出正相关关系。该研究结论为数字平台成长提供了新思路，数字平台运营商互补产品的范围越宽，平台就越有可能遵循成功的演化路径走向生态主导地位[70]。然而，互补者异质性也被发现导致互补产品质量存在显著性差异。其次，排他性互补者对平台网络效应的影响也受到了广泛关注。最后，也有研究探索了互补产品商业模式的选择和对自身绩效的影响[71]，研究结论表明，互补产品的成功不仅受到安装基数的影响，还受到用户偏好和行为需求侧异质性的影响。Rietveld 和 Eggers（2018）发现，平台早期采用者比平台后期采用者更倾向于购买更多的、更新颖的互补品。这将导致平台所有者在平台生命周期的不同阶段进入平台互补者产品空间具有不同的战略意义[72]。

大多数字平台研究成果将治理作为管理互补者参与的手段[73]。表 1.4 表明，数字平台作为技术架构和平台治理的配置，对互补者参与有影响。因为数字平台是由平台所有者开发的，所有的技术决策都是由平台所有者做出的，所以现有研究仅关注平台运营后管理互补者参与对技术和社会之间的相互作用[74]。例如，Ondrus 等（2015）认为，如果数字平台的价值主张需要通过互补者拓展来完成，则协同治理机制就显得特别重要[75]。然而，架构核心（数据访问、组件兼容性和核心—边缘耦合）在很大程度上决定了数字平台在互补者参与之前的市场潜力。相比之下，Kazan 等（2018）认为，关于平台访问（直接、间接或开放访问）的政策决定了互补者可获得什么价值，这与整个平台发展过程中所做的架构选择有着内在联系[76]。Tiwana（2015）认为，组件解耦和接口标准化可能会降低协调成本，但如果架构与互补者的决策权不一致，互补者最终可能会放弃该数字平台[77]。潘巧虹等（2022）结合悖论理论和治理理论，以菜鸟网络为案例，构建数字平台生态系统下平台企业和参与者合作过程中悖论识别与治理的具体路径[78]。对于共享平台（多个独立的互补者共同努力开发该数字平台）而言，从平台创立之初就存在互补者之间的竞争动态，这不仅可能影响平台技术架构的设计，也可能影响其治理机制。虽然数字平台的架构特征（模块化）为平

表 1.4　数字平台作为技术架构和治理配置的代表性成果

文章作者	特征			
	数字平台	架构	治理	贡献
Cennamo 等[74]（2018）	视频游戏控制台需要由互补开发人员编写专用语言编码	由技术核心和接口组成的模块化、分层的基数架构创建了不同类别的集成复杂性	为多个平台开发产品（即多宿主）会影响平台所有者和互补者之间的竞争	必须考虑战略和技术参数来解释平台演化的动态性
Karhu 等[80]（2018）	由一家企业主导的开放数字平台，邀请第三方提供改良方案和增加互补产品	具有标准化接口的架构，可整合互补产品和平台特色	设计边界资源，使其最大限度地提高生产力并最大限度地减少开发	平台生态系统是敌对的竞争环境，需要主动防御战略
Kazan 等[76]（2018）	数字平台包括平台所有者和互补者，他们共同创建企业特定的组件，以提供有价值的衍生产品	由模块化组件组成的技术架构，第三方利用这些组件创造价值	架构配置是平台驱动战略集团增强竞争力的一种手段	集成架构提供了在参与者之间分配价值的直接、间接或开放式准入
Ozalp 等[81]（2018）	由产品制造商主导的视频游戏主机协调/编排了一群游戏开发者	模块化技术架构需要通过其接口使用专业的编程语言	通过架构设计和常规发明，权衡平台能力和互补者挑战之间的平衡	技术转型及其对互补者的影响之间的相互依赖破坏了生态系统中的价值创造
Song 等[82]（2018）	双边平台市场的特点是软件公司协调/编排终端用户和提供互补应用程序的第三方开发人员	技术架构，包括提供核心功能的软件系统的可扩展代码库	塑造软件平台应用端和用户端之间的相互影响	基于平台双方相互依赖的时间动态的治理含义
Jacobides 等[70]（2018）	规定商定的和预先确定的相互作用方式的组织间系统	技术模块化由交易规则、标准和编码接口所主导	将生态系统成员捆绑在一个相互依赖但又自主活动的网络中（即，没有等级的协调）	模块化的作用和不同互补者类型的影响
Dattée 等[79]（2018）	建立在共享标准和接口上的行业平台	分层的数字基础设施，包括低层（如物理组件）和面向用户的层（如应用程序）	平衡价值创造和捕获是发起者和其他参与者之间生态系统博弈的特征	使能技术的生成性由动态控制点利用，这些控制点将替代方案的生成分发给合适的参与者

续表

文章作者	特征			
	数字平台	架构	治理	贡献
Kapoor 和 Agarwal[83]（2017）	商业生态系统由一个平台所有者精心安排，为互补者制定规则	由与互补者产品交互的组件（或子系统）组成的技术体系结构	管理生态系统的结构（即技术相互依赖）和演化（即技术过渡）特征，形成互补者之间的价值分配	随着时间的推移，不同类型生态系统的复杂性导致了平台所有者和互补者必须进行权衡
Parker 等[84]（2017）	数字平台由单个公司管理，并与外部开发者的生态系统交互	数字技术的分层架构，包括设备、网络、服务和内容层	通过平台资源和许可协议影响开发者创新	平台企业通过优化自己的知识产权制度实现最大增长
Jha 等[85]（2016）	技术支持的生态系统集成了来自不同参与者的组件	基于松散耦合集成的模块化基础设施	调整生态系统的组成部分，使它们相互影响，并演变成整合创新	当利益相关者增加人力、经济和物质资源的集体池时，他们为自己创造了价值
Ondrus 等[75]（2015）	由平台所有者管理的多边面平台，通过实现两种（或多种）不同类型的客户之间的交互来创造价值	一组稳定的组件，通过限制其他组件之间的联系来支持多样性和演化性	要最大化市场潜力和后续成功的可能性，必须保持恰当的平台开放水平	战略决策模型用于验证平台是否满足必要的开放条件
Spagnoletti 等[86]（2015）	数字平台提供了一个社会技术基础，在此基础上，不同的参与者可以开发互补的产品、技术或服务	分层模块化架构由核心和外围组件以及连接它们的接口组成	设计建立在相互、互惠调整以及等级和正式控制基础上的协调机制	帮助设计和实现数字平台的核心元素、接口和互补的命题
Wareham 等[63]（2014）	技术生态系统包括平台所有者制造的核心组件和外围自治企业开发的互补组件	在核心组件和互补组件之间使用松散或紧密耦合的接口（即架构控制点）的分层体系结构	通过调解变化的悖论（即稳定性与可演化性）来培养一个互补性的生态系统	管理与技术生态系统相关的紧张关系的治理机制
Pagani[87]（2013）	由平台所有者管理的多边平台，该所有者控制功能组件，以组织生态系统参与者的边缘和核心能力	基于组件的架构，在数字生态系统中提供价值创造和捕获	配置控制点可以实现交付服务提供所需的功能组件	关于双边市场和支持性平台解决方案出现的动态过程的战略洞察

资料来源：作者自行整理。

稳协调创造了条件，但治理机制仍然是开发共享平台的关键，因为它提供了如何解决冲突的流程，并通过参与规则引导互补者行为。此外，随着共享平台中互补者的价值获取机会的发展，治理机制需要更动态地响应协同开发环境中的技术和社会变化[79]。

（5）数字平台技术架构的相关研究。

借鉴模块化系统设计原则，Tiwana 等（2010）认为，数字平台的技术架构由模块化核心、数字接口、扩展核心功能的互补模块三个部分组成[56]。Gawer 和 Henderson（2007）认为，核心与系统内大多数其他组件在功能上相互依赖时，平台的技术架构就构成了一个不断发展的技术系统的一个组件或子系统[88]。技术架构作为一个中介设备，在数字平台的不同模块之间传递消息。要想成为平台核心，技术架构至少执行一项基本功能或解决一个行业内的基本问题。同时，技术架构至少需要通过用户注册、消息寻址和消息验证等功能实现两个实体之间的通信。模块核心可以通过接口被其他（可能是第三方/参与者）模块进入，接口是平台互补者操作性标准。因此，接口充当了“两个或多个子元素之间的条约”，使模块开发人员格式化其输入和输出参数，使其他模块可以轻松地向模块化核心发送消息并从模块化核心接收消息。

平台架构的质量可以根据两个关键指标进行评估：模块间整合专属性（modules's ynergistic specificity）和核心—外围接口的一致性。前者根据核心模块和扩展模块之间的依赖程度来衡量平台架构模块化。为了降低模块间专属性（松耦合），核心模块必须具有更通用、可重用和可重新组合。模块间的高专属性（即紧密耦合），意味着扩展模块高度依赖于核心模块。虽然具有更高相互依赖性的平台架构通常会生成更统一的用户体验（因为不同的模块是专门为协同工作而设计的），但较低的模块之间的依赖性使生成性成为可能，因为开发人员可以更独立地工作，并且能够追求自己的利益。高度兼容的接口是具体的、明确的、稳定的、有良好文档记录的和标准化的（见表 1.5）。平台所有者可以提供开发工具，如软件开发工具包、模式（schemas）或模板（templates），可帮助互补技术符合架构标准来增加接口的兼容性。虽然较高的接口兼容性使互补者更容易适应核心架构，但是它们符合平台规定的接口规范的程度可能会有很大差异。

表 1.5　　平台技术架构维度划分

技术架构设计特征	定义
高/低整合专属性 Synergistic specificity	整合专属性是指平台核心与其互补者（即外围）之间的耦合程度。对核心模块高度依赖的扩展模块表现出高度的整合专属性。为了使这些扩展模块发挥作用，互补型开发人员和核心开发人员需要交换更多关于双方系统具体的信息。这对双方保密的信息形成威胁
低/高界面兼容性 interface conformability	如果满足以下条件，就可以实现核心界面的兼容性： （1）明确的指令；（2）清晰的条款；（3）完备的文档；（4）稳定的模型；（5）标准化技术。 若5个标准中有2个以上不满足，则接口的兼容性较低。较高的接口兼容性意味着互补者可以将其系统集成到平台上，而不需要平台外通信

资料来源：作者自行整理。

技术架构代表了实现互补者参与的一种关键手段。平台核心的模块化通过确保组件间的兼容性最大化了参与者的互补性、独立性以及创造性，是正向网络效应的重要决定因素。平台架构对参与者治理也有影响，因为权利和规则可以嵌入技术本身中，并由技术本身执行。

（6）数字平台治理的相关研究。

目前，数字平台治理主要聚焦于数字平台生态系统的运行规则和制度是如何制定和实施的，以及生态系统内的参与者的行为和平台生态系统整体绩效[89]-[91]。Colombo 等（2019）提出了“自下而上”和“自上而下”的两种生态系统演化方式以及相应的治理模式[92]。所谓“自下而上”治理模式是基于经济学“看不见的手”思想，通过群体共享特有的文化和声誉等方式激励参与者自我调节。而“自上而下”治理是基于“看得见的手”思想，由平台运营商制定平台战略和规则，通过正式制度管理平台生态系统中的参与者，采用纪律管制和合同等方式，将强制性权力转变为合法权力，明确他们的权力范围和责任，如合同基于制度共享实现管控的方式已得到广泛认可。因此，现有研究成果重点关注平台运营商的决策制定，尤其是平台制度对平台采纳和平台创新的影响。以往研究文献探究了平台运营商的定价[42]、吸引互补者[93]、规则设置[94]、投资收益[95]以及互补品的排他性[96]等决策。平台运营商在价值创造和价值捕获活动之间的平衡引起了学术界的极大兴趣。尤其是价值捕获活动吸引了广泛关注，包括进入互补市场的动机[45]、创新成果分配[97]以及互补者的防御机制[98]。

随着数字经济的飞速发展，学术界的研究重点已从平台定价、许可以及兼容性等转向平台生态系统治理。学术界更加关注数字平台生态系统如何治理（由谁治理），以及平台生态系统中一个或多个强大的参与者通过什么方式协调系统内其他成员的行为。数字平台上参与者的利益经常与平台所有者的利益不一致甚至产生冲突。若不进行有效治理，综合实力较弱的平台参与者可能会采取多宿主策略；而综合实力较强的平台参与者（一流产品/服务的生产商或拥有庞大安装基数的参与者）可能会主导数字平台的发展，进而使数字平台对其他互补者的吸引力降低，最终影响数字平台的网络效应。因此，数字平台治理的关键目标是向互补者提供激励措施，以协调和平衡平台运营商和参与者的利益。表 1.6 总结了有代表性的平台治理机制研究成果。

表 1.6　数字平台生态系统治理机制一览表

治理机制	构成维度	学者观点
授予权利	制定资源保障措施（例如，知识产权协议、专利）	Eisenman[99]（2011）认为，平台管理者应防止两种类型的与知识产权相关的平台价值索赔。第一种情况下，一方声称专利侵权……第二种情况下，当共享平台依赖许多不同的专利技术时，可能会发生知识产权侵权
	分配决策权	Tiwana[56]等（2010）认为，决策权划分是指决策权如何在平台所有者和模块开发者之间划分。决策权是指谁有权力和责任做出具体的决定
	分配控制点	Dattée[79]等（2018）认为，为了防止控制变得断断续续，平台需要在一个新创立的系统中安装控制点，并从战略上操纵价值创造的过程，以确保最终的价值捕获
确保服从	匹配平台买方和卖方之间的激励机制	Song[82]等（2018）认为，对平台所有者有利的治理策略可能会给生态系统内其他参与者带来相互适应的挑战。例如，尽管平台更新有很多好处，但过于频繁地发布更新可能会不可避免地破坏双方顺畅的交互

续表

治理机制	构成维度	学者观点
确保服从	匹配互补者激励	Wareham[63]等（2014）认为，在大规模集体创造的条件下，重要的是建立激励机制，鼓励参与者投资于互补性创新
	公开沟通治理成本	Huber[73]等（2017）认为，合作伙伴在规划、适应和安全保护资源等方面所付出的努力有助于建立伙伴关系
	监控产出	Wareham 等[63]（2014）认为，控制的重点不应局限于互补产品质量，还应重视互补产品总量

资料来源：作者自行整理。

数字平台运营商的编排策略可以吸引平台生态系统的互补产品/服务，也可以促使其退出平台。因此，平台所有者必须谨慎地做出战略决策，确定其希望吸引多少以及何种类型的互补者加入该平台。一方面，平台生态系统广度越宽、深度越深对消费者将越有吸引力[100]；另一方面，过量的互补产品也会增加拥堵成本，降低互补者投资质量和创新的动机，增加协调成本，从而降低对消费者的价值[69]。

平台治理策略将影响平台互补者之间的权力分配方式，或者他们有多少机会获取价值。例如，Greve 和 Song（2017）指出，亚马逊的自助出版平台已将权力从大型出版商转移到了小型出版商和独立作者身上[101]。Rietveld 等（2019）指出，视频游戏机制造商利用视频游戏标题的选择性促销操纵各个视频游戏开发者在其生态系统中成功概率和议价能力[100]。也有研究注意到了平台的推荐系统设计如何改变互补者之间的价值分布[102]。此类平台治理手段经常通过对平台技术核心的变更来实施，并以新的平台功能或设计规则的形式体现出来[103]。通过调整单个互补者获取的价值量，平台所有者既可以奖励参与者的忠诚度，也可以防止互补者变得更加强大，以保障互补者能够从平台生态系统中获取更多价值。

平台治理策略也会影响互补者的定价策略、投资收益、产品市场定位战略、互补者不良市场行为的惩罚、互补者相互合作、知识共享以增加创新的程度等。最后，最新研究已开始探索平台生态系统的需求以及其治理策略如何随时间变化而演变[104]。

综上所述，现有研究成果大多集中于数字平台的概念、分类、平台参与者、技术架构设计、平台治理等方面。平台治理机制决定了平台设计的实施方向，平台设计扮演着执行和重塑相关平台治理决策的角色。但仍存在以下问题：首先，数字平台支撑创新创业的机制如何在结构与功能关系上承载等问题，尚缺乏系统化的深入研究；其次，现有大多研究成果多落后于实践，使研究成果多是解释性的；最后，较少关注平台组织上初创企业成长问题，更缺乏探究数字平台对国际新创企业的出现和国际化进程的研究。基于上述分析，数字平台的开放性、协作性以及自生长性降低了国际创业的学习成本和资源获取门槛，促进了商业信息共享、国际市场开拓以及战略发展协作，加速了初创企业国际化进程。借鉴相关理论研究成果，本书将数字平台对国际新创企业影响的过程理解为赋能，继而探讨数字平台赋能国际新创企业成长机理和保障机制设计。

1.3.4 国际新创企业的相关研究

20世纪80年代，中小企业快速国际化的现象引起了学术界的关注。Hedlund和Kverneland（1985）通过研究瑞典企业进入日本的情况后发现，这些企业往往选择快速进入模式，该研究结果对企业渐进式国际化的观点提出了质疑[105]。Ganitsky（1989）研究了从一开始就为国外市场服务的以色列企业，称其为“先天出口企业（innate exporters）”。它们通过灵活的管理来克服国际化挑战[106]。McDougall（1989）通过对国际新创企业的研究，发现国际新创企业的行业结构和企业战略与国内新创企业有很大的不同，而且国际新创企业拥有更积极进入国外市场的意愿[107]。

关于天生国际化企业（Born global，BGs）和国际新创企业（International new ventures，INVs）的文献出现在20世纪90年代。Rennie（1993）基于澳大利亚出口企业的研究结果引入了“天生国际化企业”的概念，多数企业在成立时或成立后不久便开始了国际化运作[108]。Oviatt 和 McDougall（1994）发表了关于国际新创企业的开创性文章。他们将跨国公司理论、国际商务理论、创业理论相结合，提供了企业早期国际化的解释框架，强调了知识和其他独特的组织资源在企业早期国际化中的作用[9]。McDougall、Shane 和 Oviatt（1994）发现垄断优势理论、产品周期理论、国际化阶段理论、寡头垄断反应理论和内部化理论难以很好地解释国际新创企业快速国际化现象[109]。Madsen 和 Servais（1997）认为，天生国际化企业的快速发展对现有国际商务理论和乌普萨拉模型造成了严重挑战[110]。Coviello 和 Munro（1997）研究了网络和联盟在小型企业国际化中的作用[111]。学术界对那些成立之初便承担国际业务的中小企业赋予了不同名称，如国际新创企业（international new ventures）、天生国际化企业（born globals）、全球开办企业（global start - ups）、高科技初创企业（high - technology start - ups）、即时国际企业（instant internationals）等。为明确起见，本书将自成立之初便利用多国资源并向其销售产品中寻求市场竞争优势的企业统称为国际新创企业。至今，学术界对国际新创企业进入国际市场的时间界定和出口份额尚存在着分歧，进入国际时间跨度从 2 年到 15 年，出口份额从 25% 到 75% 不等。

进入 21 世纪，学术界普遍认为企业的外部环境是推动企业早期国际化的影响因素，该影响因素主要包括国际市场的自由化、信息和通信技术的发展以及互联网的出现[112]。企业国内市场的规模、目标市场的性质、竞争对手的国际化程度以及企业所属行业的增长和全球一体化，都将影响企业的早期国际化[113]。

在企业层面，学术界聚焦于国际新创企业的特征，包括创业者特征和他们为企业快速国际化带来的资源[114][115]。勇于冒风险的创业者将加速新创企业国际化的进程。许多创业者都有丰富的国际创业经验。国际化创业者所建立和培养的动态能力是支持企业早期快速国际化的关键因素。创业者特征强烈影响着初创企业是否从成立之初就开始国际化运作。

随着国际创业文献的发展，学术界开始采用更多的理论来研究国际新创企业。资源基础理论认为，企业国际化决策取决于其拥有的资源和能力[116]。资源多样性、资源可用性、闲置资源等决定了企业国际化的行为及跨国进程；而网络视角研究认为，从网络中获取的资源可加速初创企业成长和国外市场的扩张[117]。知识基础理论认为，企业是由知识构成的，该论点已在国际新创企业中构建了模型[118]。学术界普遍认为，国际新创企业比国内成立时间较长的企业学习能力较强。但也有学者认为，国际新创企业既没有时间，也没有资源在其国际化早期阶段进行学习。许多规模较小、能力有限的国际新创企业，通过构建战略合作伙伴关系，充分利用其网络合作伙伴的营销能力和当地知识进入国外市场[119]。市场导向理论认为，企业国际化行为是受当前市场压力所驱动，国内市场竞争压力越大，初创企业越易尽早开展国际化活动；国际市场越有利可图，初创企业越易进军国际市场。竞争者行为、市场竞争强度、对潜在客户需求的响应以及自发贸易订单均会影响企业国际化的时间和范围[120]。国际创业理论认为，创业者先前经验、心理特征、对待风险态度等均会影响企业国际化速度、进程和绩效[121]；也有研究探究了互联网和国际新创企业出口绩效的关系，认为互联网在一定程度上提高了国际新创企业绩效[122]。

众多学者强调了组织资源和能力在促进国际新创企业/天生国际化企业早期国际化和卓越绩效方面的作用[121][123]。国际新创企业/天生国际化企业通过专业知识、专利产品（proprietary products）、知识密集型产品、高技术产品、高价值产品和高质量产品实现快速国际化。同时，其他资源和能力——卓越的市场知识、企业网络、战略联盟、拥有独特的技术或诀窍——也被认为有助于企业早期和快速的国际化。

21 世纪初，学术界更加强调网络关系、联盟和其他社会资本在国际新创企业/天生国际化企业国际化和国际绩效中的作用。Baum、Schwens 和 Kabst（2013）认为，网络能力有助于降低企业早期国际化的风险。国际新创企业/天生国际化企业利用网络和协作来发展竞争优势，克服初创企业的劣势。网络为国际新创企业/天生国际化企业国际化提供了国际市场准入权和国际客户、融资、分销渠道、学习机会、内部和外部发展的机遇以及其他竞争优势[124]。

大量文献从学习导向、创业导向、市场导向、市场承诺、全球化导向等方面探讨了其对国际新创企业/天生国际化企业绩效的影响[125]。成功国际化的国际新创企业/天生国际化企业多强调了营销技能/产品差异化和以客户为中心的重要性[113][126]。创业导向是早期国际化的潜在先决条件，并已在许多研究中进行了验证[127][128]。创业导向是国际新创企业/天生国际化企业相对独有的特征，对该类企业早期国际化和卓越的国际绩效有正向影响[129]。组织学习也是早期国际化的一个重要影响因素[119]。管理者利用网络获取国外市场和早期国际化的必须知识。Weerawardena 等（2007）认为，国际新创企业/天生国际化企业的关键能力包括以市场为中心的学习能力和以内部为中心的学习能力。大量研究表明，学习导向与国际新创企业/天生国际化企业的卓越的国际绩效呈正相关。“国际市场机会”指的是资源和市场的跨国组合[14]。周劲波和黄胜（2000）强调发现和追求企业国内市场以外的机会，以追求竞争优势。众多学者研究探索了国际市场上的机会识别和开发。尤其重要的是管理者在国际市场上构想（conceive）、识别和利用机会的能力[130]。Di Gregorio 等（2008）认为，新创企业的创业者不仅要寻找国外市场机会，还要寻找有形和无形的资源，并以新颖、创新的方式将它们结合起来[131]。

此外，Sarasvathy（2009）运用效果推理理论（effectuation theory）来解释国际新创企业/天生国际化企业的创业过程[132]。效果推理理论强调一种相对无计划的、创业式的国际化方法，而因果导向型创业者倾向于参与计划活动，并采用更正式、传统地进入策略。Harms 和 Schiele（2012）发现，经验丰富的创业者在早期国际化努力中应用的是效果而不是因果关系[133]。Nummela、Saarenketo、Paivi 和 Loane（2014）认为，国际新创企业/天生国际化企业的决策基础可能在因果关系和效果推理之间交替[134]。这两种逻辑可以在企业中共同运作，但它们的显著程度随着不断变化的市场不确定性和决策者的性质而变化。Mort、Weerawardena 和 Liesch（2012）验证了效果推理逻辑在国际新创企业/天生国际化企业国际化和绩效中的作用[135]。他们确定了国际新创企业/天生国际化企业营销的四个关键策略——机会创造、基于客户亲密关系的创新产品、提高资源质量和合法性——以提高国际创业企业的绩效。一些研究成果还探究了有关国际新创企业/天生国际化企业的公共政策[136]。开明的公共政策可能会促进早期的国际化和卓越的国际绩效。Zahra（2014）研究了公共治理系统和公司治理系统的相互作用，以及对全球年轻创业公司的影响。他主张将公共治理体系和公司治理体系结合起来，以确保国际新创企业/天生国际化企业的生存和成功。随着国际化，国际新创企业/天生国际化企业面临不同的挑战，如“搭便车”和知识产权管理。精准的公共治理可以为解决这些问题提供一个框架[137]。

最后，互联网和信息技术的飞速发展为国际新创企业快速进入国际市场提供了巨大便利性。随着产品/服务的日益数字化和模块化，数字平台为许多数字服务提供商提供了在全球范围内拓展的可能性，帮助数字服务提供商通过服务多边市场快速超越国界。Brouthers 等（2016）认为，基于平台的国际新创企业国际化模式不同于传统国际化理论提出的增量路径模型。国际新创企业（又称数字企业）的生产、运营和交付过程都依赖于互联网平台（Netflix、Spotify 等），比传统的实体跨国企业拥有更高的互联网强度[138]。Shaheer 和 Li（2019）使用 CAGE 框架来探索数字化企业在国际化过程中如何克服跨国距离。随着 CAGE（文化、制度、地理、经济）距离不再阻碍这些初创企业在各国之间传播其数字创新，重新探索新创企业快速国际化速度背后的驱动因素变得至关重要[139]。

综上所述，国际新创企业的大多研究成果仍呈现出较为明显的局部化、碎片化特征，缺乏系统整合视角。现有研究成果多是探索性和描述性，成果之间多缺乏相互借鉴、相互支撑，较少形成新的国际创业理论体系，难以支撑国际新创企业的快速发展。具体体现在以下几个方面：首先，新创企业国际化与国际绩效之间关系的研究结论并不一致。一些研究表明，创业国际化不利于新创企业的绩效和生存发展[140]。其他研究表明，创业国际化通过增强能力来提高新创企业的绩效[141]。其次，国际新创企业如何通过跨境创业活动创造和获取经济价值仍需要进一步完善。国际创业兼具国际商务及创业的双重特征，有跨学科的宽泛性特点，也造成了天生国际化企业（born global）、国际新创企业（international new venture）、早期国际化（early internationalization）、快速国际化（rapid internationalization）、即时国际企业（instant internationals）、国际小企业（global startup）等众多术语缺乏统一明确的定义。清晰的概念界定和跨学科的理论整合将有助于数智时代国际新创企业价值共创研究的开展。最后，国际新创企业发展轨迹仍处于萌芽阶段，亟待进一步观察和探索。5～10 年后，典型的国际新创企业会是什么样子？随着数字技术的飞速发展，数字技术和国际创业耦合研究较少，对国际新创企业利用数字技术进入国际市场承担的风险研究成果尤为匮乏，难以满足数字经济背景下国际新创企业快速发展的需求。

1.3.5 文献研究述评

综上所述，学术界已运用了不同理论基础、选择了不同研究视角研究了数字平台和国际新创企业的不同主题，取得了较为丰硕的研究成果，为本书的研究提供了良好的经验借鉴。但仍具有以下局限性。

首先，现有研究通常忽略了数字平台的国界，多专注于单一国家情境下数字平台的相关研究，对数字平台国际化运作尚处于初步研究阶段；多专注于网络外部性在数字平台成长中的作用，虽网络外部性对于理解数字平台的国际化战略选择和绩效至关重要，但直接和间接网络外部性难以解释数字平台国际化运作过程中的进入模式、国际市场选择等，亟待进一步深入研究；多专注于平台运营商在平台生态中的主导作用，忽视平台参与者的能动空间，对平台运营商与参与者互动研究更为缺乏。

其次，现有研究边界不清晰，数字平台对中小企业出口绩效的影响仍然没有定论，甚至存在矛盾。一方面，使用互联网可以提高中小企业的出口绩效[142]；另一方面，互联网可能不会直接提高中小企业在国际市场上的绩效[143][144]。以往关于数字平台对中小企业国际化影响的大多数研究成果都集中在企业对其网站的采用上。例如，Houghton 和 Winklhofe（2004）研究了采用网站对中小企业及其出口中间商之间关系的影响[145]。然而，中小企业普遍缺乏充足的资金和信息技术资源来维护其网站；因此，他们可以使用很少的网站功能来出口产品。此外，一个公司的网站可能会受到有限的在线流量的影响，只能吸引有限数量的访问者。独立网站的维护和设置成本很高。数字平台的出现为中小企业提供了实质性的好处——稳定的在线流量以及低廉的参与和维护费用——可以成为中小企业国际化的有效媒介。然而，较少研究成果关注中小企业使用平台对其国际化的影响，较少关注平台组织上初创企业成长问题，更缺乏探究数字平台对国际新创企业的出现和国际化进程的研究。

再次，现有研究地域较为集中，关于数字平台对中小企业国际化的影响的研究主要基于发达市场的中小企业，如英国和澳大利亚。较少研究从发展中国家情境探究数字平台对中小企业国际化的影响，造成发展中国家的现有研究成果多落后于实践，使研究成果多是解释性的。最新的研究成果多呼吁对数字平台如何塑造新兴市场中小企业的国际化进行更多的研究。

最后，现有研究主体分散、学科各异，缺乏系统性。虽然基于数字平台的新创企业国际化现象和过程的最新发展为我们提供了重要的研究启示，但是目前研究整体上仍旧分布零散、碎片化，针对基于平台的国际创业的整体化、系统化的研究寥寥，尚未形成完整的研究领域和清晰的研究边界，进而导致我们对基于数字平台的国际新创企业成长知之甚少。特别是，国际新创企业该如何与数字平台共创、互生，如何巧妙处理“锁定”与“成长”“共创”和“独占”，推进自身成长。较少文献探究数字平台是如何赋能更多国际新创企业的出现和国际化的。数字平台支撑创新创业的机制如何在结构与功能关系上承载等问题，尚缺乏系统化的深入研究。与此同时，数字平台和国际新创企业只有形成良性互动，才能形成大公司专业资源集聚的规模优势和小公司敏捷应变的灵活优势。依附于数字平台，国际新创企业如何在不丧失自主性的情况下加快自身成长也是需要学术界关注的热点之一。然而，现有研究较少关注数字平台和国际新创企业之间的各种互动，较少关注互补和依赖关系。

综上所述，数字平台的自增长和持续创新依赖于大量、不同类型的互补者参与。作为数字平台的互补者，国际新创企业出现为数字平台实现紧密合作、科学分工、联合生产、跨境运营带来了新机遇。数字平台的开放性、协作性以及自生长性降低了国际创业的学习成本和资源获取门槛，促进了商业信息共享、国际市场开拓以及战略发展协作，加速了初创企业国际化进程。与此同时，国际新创企业成长过程中面临创新要素匮乏、新创企业劣势、外来者劣势和圈外人劣势等诸多生存困境，亟待平台赋能。数字平台是平台生态系统的运行中枢，是新创企业走向国际的“跳板”，可为国际新创企业提供共享资源以构建新的国际化扩张方式。例如，数字平台可通过证明国际新创企业资质或支持国际新创企业创新行为等赋能方式提高国际新创企业在国际市场上合法性。因此，借鉴相关理论研究成果，探讨数字平台赋能国际新创企业成长机理和保障机制构建的研究意义重大、应用空间广阔。

1.4 研究思路、内容与方法

1.4.1 研究思路

综合理论研究和现实情境，本书聚焦于“数字平台赋能国际新创企业成长机理与保障机制”这一研究问题而开展理论和实证层面的分析，如

图1-1所示。由于数字平台赋能与国际新创企业成长并非完全重合关系，而是需要同时考虑的两个战略行动过程。数字平台赋能是“将蛋糕做大”，而国际新创企业成长是为企业自身“分得更多蛋糕”。因而，本书的研究可以分解成三个子研究问题：在子研究问题一中，探究哪种类型的数字平台才能赋能国际新创企业，如何赋能国际新创企业成长，以塑造国际平台创业生态系统；在子研究问题二中，探究基于平台的国际新创企业成长中关键能力构成，厘清数字平台赋能与国际新创企业成长的主导逻辑和作用机理；在子研究问题三中，探究基于平台的国际新创企业成长风险，从国际新创企业、平台运营商（数字平台赋能）、政府营造软环境三个维度构建关键要素之间的保障机制以及建立关键保障机制之间的逻辑关系，从而促进基于平台的国际新创企业成长。因此，具体研究思路如下。

第一，在阅读和整理数字平台、数字平台赋能、关键能力、国际新创企业成长等文献研究基础上，结合现实和理论提出明确的研究问题；第二，基于网络外部性的数字平台国际化扩张机理，强化研究主题中数字平台赋能特定情境；第三，运用多案例研究法解析基于平台的国际新创企业成长中关键能力；第四，多角度研究数字平台赋能国际新创企业成长机理，探讨数字平台赋能、关键能力与国际新创企业成长之间的关系以及边界效应；第五，基于实证分析结论和基于数字平台的国际新创企业成长风险，从国际新创企业、平台运营商、行业软环境三个维度构建国际新创企业成长的保障机制。

本书的整体研究思路如图1-1所示。

1.4.2 研究内容

本书总共包含8章（见图1-2），主要内容如下。

第1章 绪论。首先，阐述研究背景与意义；其次，梳理数字平台、国际新创企业的相关研究文献，对现有研究文献进行总结分析，为研究指明方

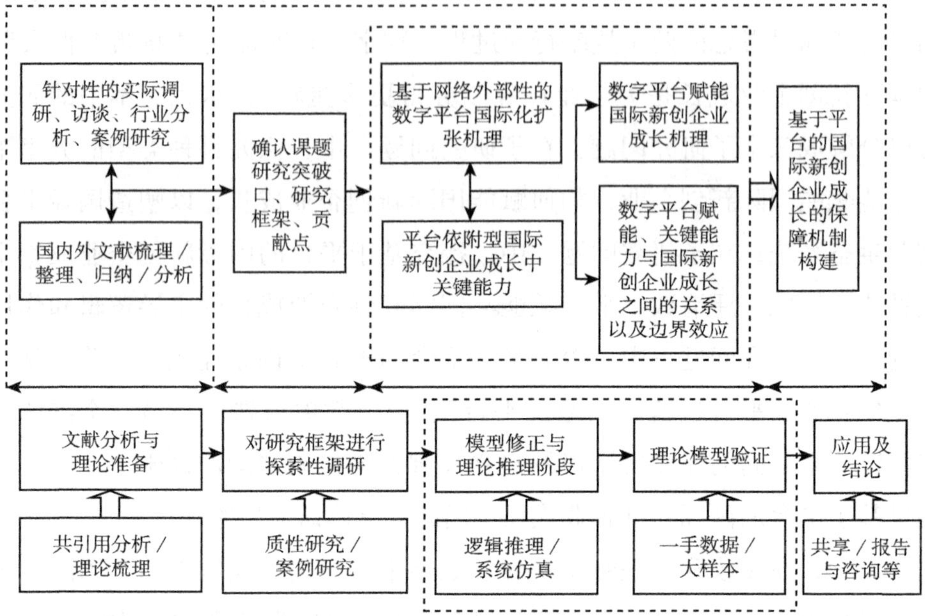

图 1-1　本书的整体研究思路

向；再次，提出研究思路和技术路线；最后，介绍主要研究内容和研究方法。

第 2 章 相关概念界定及基本理论。首先，界定研究所涉及的主要概念、特征及维度划分，包括数字平台、数字平台赋能、国际新创企业关键能力等；其次，基于"资源—能力—成长"分析思路，构建了数字平台赋能国际新创企业成长的理论分析框架；最后，介绍了相关理论基础，主要包括动态能力理论、平台生态理论、价值共创理论、网络效应理论。

第 3 章 基于网络外部性的数字平台国际化扩张机理研究。首先，基于网络外部性理论、企业特定优势理论、商业生态系统理论，探究数字平台国际化扩张的动机；其次，运用多案例研究法，基于网络外部性理论和内部化理论，探究数字平台国际化过程中的进入模式选择、国际化战略选择以及国际市场选择等，并构建了相关研究命题；最后，讨论了该主题的理论和实践意义，强化了研究主题中数字平台赋能特定情境。

第 4 章 基于数字平台的国际新创企业成长中关键能力解析。首先，介绍了研究设计的主要内容，包括研究问题提出、研究方法选择、研究案例选择、数据收集；其次，介绍了数据分析，包括信度和效度、数据处理与呈现；再次，介绍了研究结果分析与命题提出，探讨了关键能力（全球跨文化编程能力、跨境数字货币适应能力、国际商业模式重构能力、全球虚拟网络嵌入能力）与国际新创企业成长之间的关系；最后，基于数字平台赋能视角，结合这些变量与国际新创企业成长的关系，构建了本章的理论分析模型，进一步验证了“资源—能力—成长”的理论分析框架的科学、合理性。

第5章 数字平台赋能国际新创企业成长机理分析。首先，从平台分层模块化架构视角（内容层、服务层、网络层、设备层）探讨了国际新创企业成长机理；其次，从平台资源、信息提供、授权自治、给予奖励四个维度探讨了数字平台赋能国际新创企业成长的静态机理；再次，从寄生、共生、互生、再生四个演化阶段探讨了数字平台赋能国际新创企业成长的动态机理；最后，基于上述分析，探讨了数字平台赋能、关键能力与国际新创企业成长之间的关系，论述了产品复杂性、竞争强度在数字平台赋能与关键能力之间的调节作用，并提出了相关研究假设。

第6章 数字平台赋能国际新创企业成长的实证研究。第一，介绍了调研问卷设计的原则和步骤；第二，为保障调研问卷的信度和效度，针对主要研究变量借鉴成熟量表，并根据专家建议、实地访谈及调研结果，对测量量表予以调整和补充，形成了最终测量题项；第三，以依附于数字平台的国际新创企业为基础，聚焦数字化的国际新创企业发放调研问卷，并对相关参与调研人员进行回访，以确保调研问卷回收结果真实有效；第四，通过对调研问卷数据进行信度及效度分析、相关性分析等，验证了数据符合回归分析的要求；第五，对数据进行结构方程分析，验证研究假设，并对相应的数据分析结果做出讨论。

第7章 平台依附型国际新创企业成长的保障机制构建。首先，介绍了平台权力生成的理论逻辑；其次，探讨了基于数字平台的国际新创企业的依附效应；再次，论述了基于数字平台的国际新创企业成长风险；最后，从国际新创企业、平台运营商、行业软环境三个维度构建国际新创企业成长的保障机制。

第 8 章 研究结论与展望。首先，总结了本书的主要研究结论；其次，凝练了本书的创新点；最后，梳理了本书的研究局限，并针对局限提出了未来的研究方向。

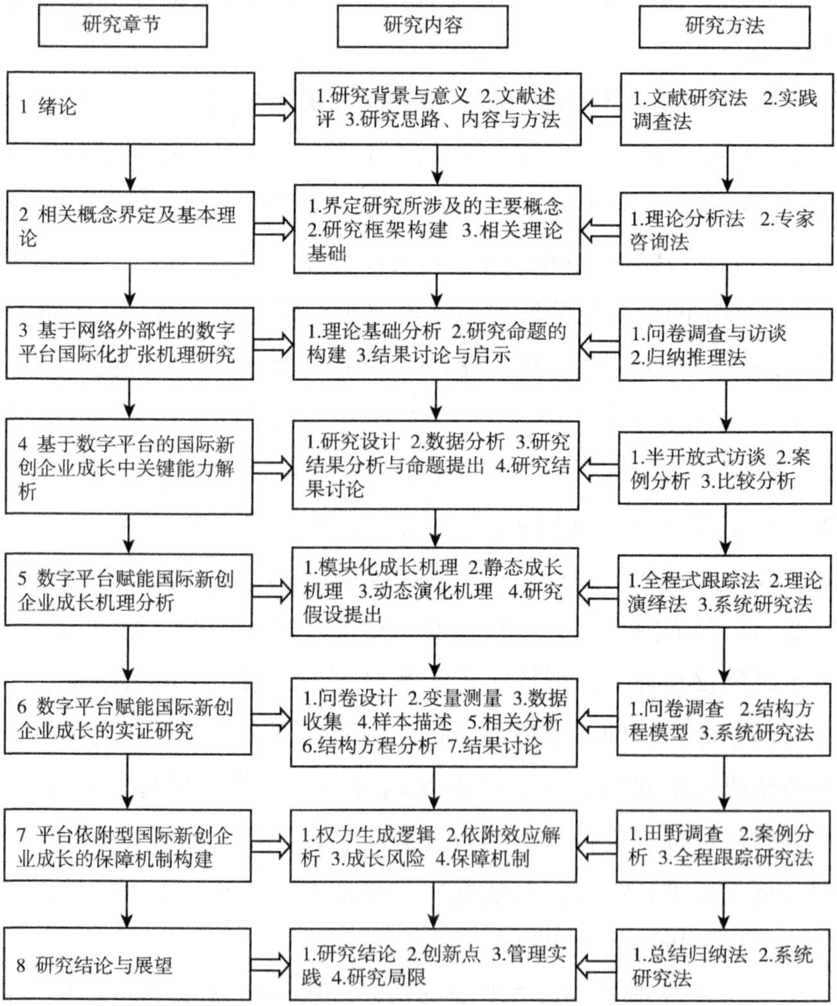

图 1－2　本书的技术路线

1.4.3 研究方法

研究方法的选择取决于研究问题和研究目的，要选择合适的方法解决特定的研究问题。为了更好地分析和解决本书的研究问题，实现研究目标，采用了文献检索分析法、问卷调查法、多案例研究法、统计分析法展开对研究主体的论证和讨论，具体如下。

（1）文献检索分析法。

运用 EBSCO、Taylor & Francis、Wiley Online library、CNKI 等数据库，加之谷歌学术、SCI – Hub 等途径，基于平台领导者（platform leader）、平台运营商（platform sponsor）、平台编排（platform orchestration）、平台生态系统（platform ecosystem）、平台互补者（platform complementor）、平台治理（platform governance）、国际新创企业（international new ventures）、天生国际化企业（born globals）、新创企业国际化（new venture internationalization）、即时国际企业（instant internationals）、国际小企业（global start – up）等关键词，对本书的研究主题的相关研究文献进行了收集、整理、分析以及总结，厘清研究现状，确定研究思路，为后面研究奠定文献和理论基础。另外，为了更好地累积案例企业的相关情况，研究中也查阅了多本专著和书籍，如《数字化创业前沿理论与中国实践》《平台生态价值创造与价值获取》《数字平台企业发展案例研究》等。

（2）问卷调查法。

本书所涉及的数字平台赋能、关键能力、国际新创企业成长绩效等变量难以从公开资料中获得客观数据，因此主要通过问卷调查法收集实证数据。为了保障调研问卷数据的质量，本书在现有文献的基础上参考国内外成熟量表设计了调研问卷题项，并请教本领域的专家以及从事跨境电子商务活动的国际新创企业的高层管理者来对调查问卷进行修正与改良，形成最终量表。

（3）多案例分析法。

本书旨在探究国际新创企业应具备哪些关键能力推动自身国际化进程——属于“怎么样（how）”和“为什么（why）”的研究问题，研究问题的属性决定了本书适合采用案例研究，从而更生动、细致地挖掘出复杂现象背后所隐藏的理论逻辑和规律，如解析国际新创企业国际化过程中关键能力构成及其国际化道路的细微差别。因此，本书以基于数字平台的9家国际新创企业为案例研究对象，开展一手数据的收集和二手数据的整理。从多个案例情景中提取理论构念，结合相关的理论基础对构念进行反复锤炼并进行交叉验证，提出了基于数字平台的国际新创企业成长的关键能力，为数字平台赋能——关键能力——国际新创企业成长绩效的理论模型奠定基础。

（4）统计分析法。

针对前述调查问卷收集到的252份有效数据，本书运用SPSS 25.0和Mplus 8.0软件进行处理分析，分析内容主要包括探索性因子、验证性因子、描述性统计、同源偏差、信度和效度、相关性、结构方程模型等。通过剖析数据结果，得出相关结论，更进一步地就数据分析结果展开讨论分析，提炼出国际新创企业成长的理论和实践启示。

（5）全程式跟踪法。

本书选择多家数字平台和基于平台的国际新创企业进行全方位的跟踪考察，分析数字平台赋能国际新创企业成长机理与保障机制的细节，力求多角度验证本书支撑国际新创企业成长的实践价值以及普适性意义。本书在理论和实践中进行互动研究，将研究的初步结论在国际新创企业成长过程中进行验证，以拓展和完善相关理论。

第2章

相关概念界定及基本理论

随着数字技术的快速迭代，基于场景的基础能力不断突破，数字平台成为日益重要的支撑创业活动的基础设施。数字平台为新创企业提供了用户流量、技术开发工具和数据赋能等关键资源，“倒逼”新创企业为了实现快速成长不得不加入数字平台生态系统。例如，苹果、谷歌、微软等应用商店平台运营商针对新创企业/独立研发者均推出佣金制度，吸引了大量新创企业或独立创业者的加入。根据 App Annie，全球应用商店用户支出规模稳步增长，市场空间巨大。2017 年规模为 817 亿美元，2020 年规模提升到 1430 亿美元，2025 年全球移动应用程序的支出将达到 2700 亿美元。首先，本章从数字平台概念、特征、类型着手，探讨了数字平台赋能的概念、特征；其次，解析了国际新创企业关键能力的内涵；最后，运用“资源—能力—成长”分析框架，构建本书的整体研究框架，以期指导后续研究。

2.1 数字平台的内涵解析

在产业经济学、信息系统、战略管理、创新创业研究领域中，数字平台一词的使用日益剧增。数字平台使实体能够与其合作伙伴共同创造价值，并通过使用数字技术支持协调机制，颠覆了以前的交易方式。数字平台可以出现在支付、住宿、医疗保健等各种环境中，并形成了许多相关的应用程序，进而对创业者具有较强的吸引力。Modgil 等（2022）将数字平台定义为“承载服务的共享空间和提供互补产品和数字工件的架构”[146]。这意味着创业者可以利用数字平台提供从产品制造到在线销售和营销的所有服务。Cusumano、Gawer 和 Yoffie（2021）认为，数字平台可以分为交易平台和创新平台。交易数字平台基于在线形式连接买家和卖家，意味着它们是一种基于互联网的交流形式，受益于在线互动。交易平台受益于越来越多的人在网上发布和购买产品或服务[147]。Facebook、微信等社交媒体平台正在基于网络交互构建自己的数字平台，其中通过大数据分析以用于数字营销目的和更好地定位消费者。Etsy、孔夫子旧书网等其他数字平台为那些对文化或手工产品感兴趣的人提供在线交易服务。创新数字平台也包括亚马逊（Amazon）、Android 系统、IOS 系统，它们开始面向一个主要市场销售产品，然后扩展到其他领域。

综上所述，本书认为，数字平台是指平台运营商使用数字技术搭建平台界面，通过共享数字基础设施实现平台与用户之间的连接以及不同用户之间的连接，构成了互联网多边平台的全部运作流程。数字平台是由一个或多个运营商建立和维持的连接数字系统，通过共享的数字基础设施，提供了一套通用的设计架构、界面和管理规则以吸纳各种互补产品或服务，促进了多个用户之间的交互[33]。

2.1.1 数字平台的主要特征

Bonina 等（2021）指出，数字平台作为技术中介，通过提供数字内容促进参与者之间进行交互，并允许这些用户组执行具体的任务[6]。这意味数字平台通常具有以下特征。

（1）数字平台以互联网界面为核心的虚拟平台。

首先，数字平台是一种虚拟平台，实现了交互界面的互联网化，从而打破了传统商业世界中的诸多物理限制，如商品陈列与销售空间限制、门店覆盖半径的地域限制等。但也正因为如此，在如今的AR、VR、人脸识别等有助于实体店虚拟化的技术尚未成熟之前，平台一般不会涉足线下，以充分发挥平台的威力。其次，数字平台以界面的互联网化为核心，一般不涉及其他价值链环节的互联网改造，如产品的研发设计端、生产制造端和物流配送端等，它们由平台上的各类参与方各司其职。

（2）数字平台是一个开放的多边平台。

数字平台上存在多边用户，它们之间相互吸引，并在平台运营商的规则引导下，利用平台提供的一系列工具实现互动。为了广泛吸引供给端、需求端和互补产品提供端的用户入住，数字平台一般保持较高的开放性。即使平台有时为某类用户设定一系列的准入门槛，但受到动力和能力的限制，数字平台多边模式的门槛设置普遍不高，以避免平台用户下降导致的平台生态系统崩塌风险。因此，数字平台的生存取决于各自生态系统中每个相关参与者角色（如所有者、合作伙伴和最终用户）中临界数量参与者的可用性和贡献。这些参与者角色中的每一个都为各自的生态系统提供了互补资源，以服务于广泛的最终用户并满足各种需求。

（3）数字平台实现了平台用户之间的直接互动。

除了搭建平台交互界面之外，数字平台一般不参与传统价值链中任何环节的价值创造和传递。数字平台生态系统内的各类用户在平台上进行直接和即时互动，传统产业链中的中间交易环节被取消。相对于传统的线下交易平台模式（如批发市场、购物中心等），数字平台利用数字技术大幅提升了平台用户之间匹配的精准度和交互的效率。

（4）数字平台上的用户具有多属性。

无论是平台上的供给方、需求方还是互补产品提供方，平台用户在加入一个平台的同时也可以加入其他的平台，这种近乎零成本的操作可以帮助他们实现自身效益的最大化和风险的最小化。数字平台的多属性特征甚至比传统线下交易平台更加突出，由于线下交易平台一般占据了线下的一个核心区位，消费者在多个平台之间的迁徙不可避免地由于距离远近而需要付出更高的时间成本，商家的迁徙意味着它将很可能失去一个地段区域内的大部分消费者。

（5）数字平台上的用户具有跨群网络外部性。

跨群网络外部性即网络效应。也就是说，平台上每增加或减少一个用户会对同边的用户或另一边的用户产生影响，对同边用户产生影响被称为同边网络效应，对另一边用户产生影响被称为跨边网络效应。网络效应需要平台用户规模达到一定量之后才能产生，这个数量被称为临界点。临界点的存在消灭了传统线下交易平台触发网络效应的可能，让网络效应成为数字多边平台的专属特征。但是，网络效应有正网络效应和负网络效应。正网络效应可以让数字平台通过用户数量的指数级增长而快速崛起，负网络效应可以让平台在用户数量下降时瞬间崩盘。当数字平台的正向网络效应被触发，一边用户的增长带来同边用户或跨边用户的自发增长，平台进入正向网络效应，促使平台在短时间内实现指数级增长。

（6）数字平台上的用户具有规模经济和范围经济的优势。

数字平台是一个以数字技术为核心的虚拟平台，互联网的无边界性和低边际成本一方面让数字平台在理论上可以将产品卖遍全球，获得最大限度的规模经济优势；另一方面可以叠加平台的开放性，让平台广泛吸纳外部供给者，不断拓展产品和服务边界，从而获得最大可能的范围经济优势。

（7）数字平台上的用户具有强大的效率优势。

数字平台的效率优势部分来自产业链的扁平化，由于平台用户能够在平台上实现直接和即时的互动，平台在理论上能够消灭传统产业链中的所有环节，从而实现产业链的极致扁平化，大幅提升产业效率。数字平台的效率优势还来自平台在互联网技术支持下的数据沉淀和机制建设，平台上的用户能够基于平台的推荐和撮合实现精准和高效的匹配。

因此，以极限化的规模经济和范围经济为基础，以正向的网络效应为

"龙头"，以强大的效率优势为"尖刀"，数字平台实现了指数级的成长神话。

2.1.2 数据平台类型的简介

数字平台可以根据其功能进行分类。数字平台可以分为交易平台和非交易平台，也可以分为产品平台和行业平台。产品平台通过添加或删除功能来创建产品创新。例如，Black + Decker、大众汽车平台和英特尔微处理器等平台可以视为产品平台。行业平台侧重于通过两种或更多的客户，促使他们能够创新、互动并创造网络效益。Facebook、谷歌、腾讯、SHS teamplay 和飞利浦 HealthSuite 等平台被视为行业平台。行业平台可以进一步分为交易平台、创新平台、信息平台。数字平台在价值主张方面也有所不同，交易平台侧重于促进产品或服务的交换或平台上的任何其他交互；创新平台则通过允许参与者在平台上创新、创造价值；信息平台主要用作信息引导基础设施，支持相关信息的分类和搜索，方便用户交换信息和供需匹配。三者之间的区别与联系具体论述如下。

(1) 交易平台。

数字平台被视为特定的"数字基础设施"[59]，由"允许多个利益相关者协调其服务和内容需求的计算和网络资源"形成。在多边交易市场中，数字平台的主要作用是提供基础设施，将商品或服务提供商与终端客户联系起来，并促进他们之间的价值交换交易。亚马逊市场（Amazon Marketplace）、阿里电商、京东商城等电子商务平台，eBay、咸鱼等拍卖平台，或 Mytaxi、滴滴等将用户与出租车司机联系起来的打车平台，都是其核心功能作为市场发挥作用的平台的典型例子。一方面，终端客户从平台获得的利益与独立卖家提供的各种产品有关；另一方面，卖家从平台中受益，因为他们可以进入由平台用户代表的潜在广阔市场。多边交易平台提供了多种工具，以方便用户搜索产品和卖家推广产品，并保证交易的成功。

亚马逊的“推荐清单（suggested items）”工具根据用户的搜索和购买历史或相关购买情况，推荐用户可能感兴趣的商品；京东也会根据顾客搜索历史，向顾客推荐搜索中的商品。eBay 的“卖家反馈”系统，根据过去客户的评估，显示被拍卖产品卖家的质量，或者 Mytaxi 的“常规司机（regular driver）”预订系统，在预订旅程时，将用户最喜爱的司机排在首位，这些平台使用的许多工具使市场更高效，并促进交易，但这些工具的例子并不多。

（2）创新平台。

以互补为主要特征的创新市场中，数字平台主要是创新引擎[52]，为其他互补性企业提供核心技术架构，以创建互补性产品，将平台的核心功能和范围扩展到最终用户。创新平台包括 SAP NetWeaver 等计算平台、苹果的 iOS 系统、NIKE + 平台、通用 Predix 平台、谷歌 Android 系统、SHS teamplay 和 Philips HealthSuite 等。其中，SAP NetWeaver 等计算平台支持业务解决方案应用程序的定制开发及其与其他企业系统和技术的集成；苹果的 iOS 等移动系统平台推动了创新应用程序的创建，从而扩展了移动设备（iPhone、iPad、iPod、iWatch 等）的生产力和娱乐功能；或数据产品平台，如 Nike + 平台，授权外部开发人员使用 Nike 的用户数据和专有技术构建数字产品和服务，并将这些产品与 Nike 的产品和客户联系起来。这些平台是创新场所，是实现互补性资产的新型组织（用于产生和商业化创新）。该类数字平台通过允许创新和劳动的模块化分工来实现这一点，这导致了创新价值链上的专业公司的出现——平台公司专门从事公共资产的创新基础设施，确保提前实现互补性和产品系统集成；外部公司专注于互补性产品，通过不同的利基产品进行试验，拓展平台的功能和扩大平台的吸引力。该平台通过允许数据交换和互操作性来连接不同的产品（iPhone 和应用程序；安卓手机和应用程序），从而使多个产品相互交互；由此产生的产品系统为客户的一系列需求提供了一个集成的解决方案，解决方案的各个组成部分由多个独立但相互关联的公司提供。该平台所做的基本上是通过互补商品扩大其对消费者的使用范围，从而扩大独立产品的价值[148]。通过将物理硬件、智能手机、数字娱乐内容和生产力软件连接起来，Android 允许用户从这两种独立产品中获得更大的好处：手机的价值增加，因为他们可以通过它做更多的事情；同样，视频、歌曲或导航应用的价值也会增加，因为这些产品也可以在手机上使用。

因此，创新平台不同于交易平台，因为创新平台的主要价值取决于其计算/数据处理功能，与平台相连的互补产品有助于扩展这些功能。因此，平台所有者和互补产品的外部供应商之间产生了互补创新市场。在这种情况下，创新市场（iOS）和交易市场（App Store）共存，是一个基于平台的综合服务的一部分。创新平台提供了市场基础设施，促进互补产品提供商和终端用户之间直接交易。这种市场可以以不同的形式组织，包括创新竞赛（例如，Android 早期应用程序竞赛），基于认证程序的双边合同（例如，SAP 质量认证流程），或基于自我选择机制的一对多标准化规则（例如，苹果应用程序开发程序）。

（3）信息平台。

该类平台主要用作信息引导基础设施，支持相关信息的分类和搜索，并方便用户交换信息和供需匹配。例如，谷歌搜索、百度搜索、360 搜索等搜索引擎平台，微信、快手、抖音、微博、Twitter 或 Facebook 等社交/媒体平台，Match、陌陌等约会服务平台，Boss 直聘、58 同城、前程无忧、LinkedIn 等工作信息和就业服务平台，或携程旅行、途牛旅游、去哪儿旅行、飞猪、TripAdvisor 等对等旅行信息平台（依靠用户生成的内容收集相关信息）。在所有这些情况下，该类平台提供了根据用户需求的参数过滤和分组信息的工具，促进了信息的搜索、分类、共享，以接触其他用户并进行交互，并根据用户最关心的信息匹配用户。举个例子，今日头条、Twitter 等主要对政治感兴趣的用户价值随着分享政治观点和新闻的人数的增加而增加。有关时尚或体育的新闻对此类用户是没有价值的信息。这就是为什么今日头条、Twitter 提供了过滤与每个用户最相关的信息类型的方法，并在共享新闻/视图（例如，越来越流行的标签）的同时针对具有特定兴趣的群体。同样，Facebook 最近也对其新闻提要进行了修改，以更好地展示相关故事，并根据其服务的核心价值之一——实现“真实的沟通”——识别和排名真实内容。

鉴于在此类市场中交换的最有价值的商品是信息，平台价值在很大程度上取决于信息的质量，即促进搜索和共享与用户最相关的信息。谷歌的搜索引擎平台获得了快速的市场渗透（尽管有现有的替代方案），因为它可以找到更准确的信息，并且对用户在线查询的响应速度比其他服务更快。另外，LinkedIn 在最初几年的运营中起步较为缓慢，将自己作为了解工作和求职者档案的主要工具。当该平台引入点对点机制来认证求职者的信息时，招聘企业的市场渗透率增加了。由于 LinkedIn 的用户信任其中交换的信息，因此在与其他同行互动时，用户可能更倾向于准确地评估彼此，从而提高其他用户可获得的信息的数量和相关性。类似地，当用户在微博、微信、Facebook 的群组页面上发布图片或信息时，该群组的其他用户和/或与该用户有社交关系的用户由于共同兴趣和社交传播动态而倾向于评论和/或分享信息。

虽然在这些市场上交换的主要商品是信息，但交换信息的用户之间没有货币交易；该平台通过间接服务将市场中的信息流货币化。由于用户搜索有关产品/服务的相关信息，而公司类似于用有关其产品的信息联系潜在客户，因此谷歌促进了此类信息的交换和相关匹配，并让广告商为成功定位信息付费。类似地，Facebook 利用其用户新闻提要上的信息流量发布企业用户的广告。虽然这些市场可能具有多边交易市场的特点，但它们的不同之处在于：第一，用户之间进行信息交换，但寻求信息的人和提供信息的人之间没有直接的货币交易；第二，交换和共享信息对用户具有独立的价值；第三，该信息可以通过引导用户选择可能符合其需求的产品（如谷歌服务）来帮助交易。因此，信息市场通过平台产生。表 2.1 总结了这些数字平台类型的差异。

表 2.1　数字平台分类一览表

平台类型	定义	终端用户的益处	互补者的益处	平台案例
交易平台	数字平台是直接连接卖家和买家的数字基础设施，是促进价值交换的场所	可以使用各种产品	进入潜在的广阔的平台用户市场 额外的基础设施工具（如支付系统、反馈和评级系统、匹配工具和运输设施）有助于加强平台的优势	电子商务平台：促进买家和卖家之间直接、完整交易，如亚马逊商城、eBay、案例电商、京东商城等； 叫车平台：匹配不同用户偏好（定价、等待时间等）的乘车需求，并提供乘车服务；如 MyTaxi、Uber 或 Lift、滴滴等； 团购平台：将用户与提供活动、商品和服务的当地商家联系起来；如 Groupon、美团等
创新平台	数字平台是创新引擎，为其他公司提供核心技术架构，以创造互补的产品/服务	可以使用相互关联的产品系统，为用户需求提供集成解决方案	模块化的创新任务和劳动分工；专业化带来的收益来源于互补性 平台生态系统可以作为组织互补者互联创新的新形式出现 典型的市场平台的附加市场基础设施可以结合起来，以促进用户和互补创新提供商之间的直接交易	移动系统平台：耦合了苹果的 App Store 和 Google Play 等市场基础设施，如 Apple iOS 和 Android 等； 计算平台：支持业务解决方案定制开发的 SAP NetWeaver 等； 数据产品平台：Nike + 支持外部开发人员使用 Nike 的用户数据创建数字产品和服务等
信息平台	数字平台是信息流通的基础设施，能够对相关信息进行筛选、分类、排序和共享，方便用户进行信息交换和匹配	访问广泛的信息，根据与用户的相关需求进行过滤	促进与大量用户共享信息，并参与互动 根据用户最关心的信息匹配相关用户	搜索引擎平台：Google 搜索、百度搜索、360 搜索等； 社交/媒体平台：在交换相关信息的基础上实现互动，如 Twitter、Facebook、LinkedIn、微信、微博等； 旅行信息平台：利用用户生成的内容收集并提供相关信息，如 Trip Advisor、途牛、飞猪、携程等 约会服务平台：Match. com、eHarmony、鹊桥、陌陌等

资料来源：作者自行整理。

需要进一步说明的是，尽管数字平台在此被分为不同类型，但在本书中只是为了形象说明平台的差异性。数字平台有时会在不同程度上重叠，以至于平台在其基础设施中结合了这些不同的要素；创新平台也可以具有交易平台的特征，因为该类平台还为创新提供商提供了与消费者接触的机会，并促进了他们之间的交易；当平台向其中一个用户组提供额外的工具和服务以将其信息货币化时，信息市场也具有一些多边交易市场的特征。然而，本书认为，这种区分有助于检测不同数字平台的特点，这对平台运营商强调平台服务的要素，从而对平台竞争有影响（见表2.1）。

2.2 数字平台赋能的内涵介绍

2.2.1 数字平台赋能的概念

赋能最早源于心理学，是指赋能主体赋予被赋能者的某种资源，促使被赋能者获得更多的自我效能[149]。赋能通常由结构赋能、心理赋能、资源赋能三个维度构成[150]。近年来，随着平台经济的快速崛起，关于组织层面的“数字赋能”逐渐应用到平台层面，“数字平台赋能”应运而生。基于平台情景，学术界开始了数字平台赋能的有益探索。例如，周文辉（2018）等认为，平台运营商借助数据赋予用户连接能力、智能能力、分析能力，从而塑造平台生态、促进价值共创[151]。胡海波（2018）等对数字化赋能的过程机理进行了研究，发现数字技术可以让更广泛的个体参与到组织发展过程中；数字平台通过结构、资源和心理对参与群体进行赋能，以产生正向网络效应[152]。其中，结构赋能是指改善组织外部条件促进权力赋能，资源赋能是指提高被赋能对象对资源的获取、控制和管理能力；心理赋能是指提升被赋能对象的内在动机。孙新波（2022）等认为，工业互联网平台通过整合性实现组织赋能、结构赋能和场域赋能，但该研究较少涉及演化视角的平台赋能过程探究[153]。缪沁男（2021）认为，数字化赋能方式呈现"协同赋能—生态赋能—场景赋能"的动态演化规律[154]。然而，该研究主要聚焦平台结构、数据、技术等方面探索赋能过程，探讨如何与其他要素协同影响平台赋能演化过程。

综上所述，数字平台赋能是一个比较新颖的研究概念，概念界定也不统一，划分维度不一，更难以用客观数据来衡量。具体来说，现有研究还存在以下不足：其一，现有研究主要围绕赋能方式、赋能对象等内容展开赋能研究，缺乏动态演化的全过程探索研究，未能解释数字平台情景下的赋能的动态过程；其二，研究多从静态视角予以探究，尚未剖析平台赋能背后的内在机理及演化逻辑，尚未揭示平台赋能过程中多要素相互耦合、迭代升级的过程机理。

综上所述，数字平台赋能过程旨在吸纳法律上独立但相互依赖的经济主体，开发、协调和管理生态系统，以实现平台系统性创新。数字平台赋能过程必须在不同国家的双边或多边市场中运营，才能吸纳更多创业者参与进来，才能将国际新创企业的资源与国际用户需求连接起来。基于国际创业情境，本书认为数字平台赋能是指平台运营商基于所处的枢纽中心位置提供在线基础设施和服务，运用算法、大数据、人工智能等数字技术，促进异质分布数据资源的深度整合、优化与重构，为平台用户创造更好的交流、合作、研发、生产、交易机会，促进平台用户的即时短期需求的实现，实现了平台生态演化和价值共创。

2.2.2　数字平台赋能的特征

数字平台赋能是指平台运营商以数字技术、人工智能、算法为基础，充分捕捉用户细微的需求痛点和盲点，为供需方用户提供高认知价值的平台服务，"倒逼"供需方用户为了实现自身目的不得不加入数字平台生态系统。因此，数字平台赋能过程必将优化国际新创企业运营模式，使其对国际市场环境拥有更强的生存和适应能力。与此同时，Yoo、Henfridsson 和 Lyytinen（2010）的分层模块化架构——内容层、服务层、网络层、设备层，可以更好地理解数字平台赋能国际化企业成长现象。例如，Netflix（数字平台提供商）在服务层内提供视频点播服务，而电影制片厂（内容层）为 Netflix 的服务提供内容。最终用户通过网络运营商（网络层）观看电影。硬件提供商提供电视和平板电脑等设备（设备层）来观看电影[155]。因此，数字平台生态依赖于众多公司提供的资源，并在平台架构的不同模块化运作。因此，数字平台赋能具有以下显著特征。

（1）消除负面网络效应。

数字平台通过对其内外部商业环境进行扫描和监控，创建共同愿景，吸纳法律上独立但相互依赖的经济主体，明确在生态系统内角色，避免负面网络效应出现。数字平台赋能过程是平台开放性过程，是供需双方直接和即时交互的场所。数字平台赋能可以更精准地明确客户的需求，提升供给端加入平台的准入门槛，增加供给的多样性，进而最大化地消除平台的负面网络效应，凸显平台的正面网络效应，确保平台的可持续成长。

（2）提高平台的稳定性。

数字平台通过制定共享的规则和协议，使其他参与者能够或说服他们进行共同专业化投资，以保障生态系统的稳定性。同时，数字平台赋能过程中能够弱化平台用户的多属性，通过平台系统化创新跳出同质化的泥潭，实现差异化发展的道路。平台赋能实现了平台运营商和平台用户的深度连接，从而可以提升用户在不同平台间的转移成本，增加用户黏性，弱化平台用户的多属性，提高数字平台的稳定性。

（3）有效应对平台迭代。

数字平台赋能以全息的数字化、智能化技术为基础，全面应用 5G 技术、大数据、云计算、物联网、人工智能、AR/VR 等不断革新的数字化技术，实现了全产业链的数字化。数字平台赋能本质上是以客户需求为中心，构建了线上线下融合的全息化即时互动界面，实现了平台的平稳迭代，进而确保平台生态系统中的参与者和平台运营商解决问题的思路一致，实现平台系统性创新。

（4）彰显用户长尾效应。

数字平台以价值网络和价值商店的价值组态经营，形成了平台与用户的“声誉捆绑”，通过云端平台的操作技术、数据技术和人工智能等降低了聚合长尾市场的成本，通过捕捉个性化需求推动长尾经济崭露舞台，吸纳了众多新创企业或独立创业者加入数字平台生态系统中来。

2.2.3 数字平台赋能的类型

从数字平台赋能新创企业成长的异质性视角，呈现出 3 种新创企业的成长策略：单栖策略（single - home entrepreneurship）、多栖策略或多宿主策略（multi - home entrepreneurship）、自主策略（actor - oriented entrepreneurship）。

在单栖策略中，新创企业加入某一特定的数字平台，研发与平台契合产品/服务，与平台运营商实施“声誉捆绑”，进行价值共创。在单栖过程中，新创企业不得不面对平台运营商的价值侵占问题。数字平台作为数字基础设施模块，不直接向消费者提供产品和服务，而是通过技术开发工具、数据技术、人工智能等关键资源，“倒逼”或“吸纳”大量新创企业的加入，满足用户多样化需求。因此，平台运营商需要不断在价值共创与价值独占之间寻找平衡，以实现平台生态的多样性、活力性。

在多栖策略中，新创企业可以进入多个数字平台生态提供商品或服务，以接触到不同平台上不重叠的用户，并增加销量。因此，数字平台应通过多元化补贴、资金奖励、数据赋能等方式快速实现正向网络效应，提高用户在不同平台之间的转换成本，促使新创企业即使实现“多宿主”也倾向于选择该数字平台——基于优势的平台架构。

在自主策略中，新创企业在加入数字平台生态系统的同时又不完全依附于平台运营商提供的平台架构，而是将自身资源与平台运营商提供的资源相结合，并尝试突破原有的平台架构，努力构建自主生态的一种创业方式。因此，平台运营商应提升平台吸引力，力争吸引和留住第三方开发者。因此，如何吸引和保持与新创企业的关系对平台生态及平台运营商的发展至关重要。

2.3 国际新创企业关键能力的内涵界定

2.3.1 国际新创企业的内涵解析

（1）国际新创企业概念。

数字经济飞速发展的今天，平台商业模式已成为世界经济增长和可持续发展的重要工具[36]。平台商业模式使企业能够与全球利益相关者联系并实现经济效益[156]。尤其是，国际新创企业的可扩展性和灵活性使它们能够成为基于平台的国际新创企业，并在国际市场上迅速扩张[157]。因此，本书研究的国际新创企业是传统的国际新创企业的子集，更具有数字平台的情景，是指利用数字平台基础设施，成立后不久就迅速国际化的企业。国际新创企业主要聚焦于数字类产品研发和供给，这些产品的生产、运营和交付都依赖于数字平台，通过在线平台在全球范围内可立即使用[158]。基于数字平台的国际新创企业是指基于数字平台开发商业模式的国际新创企业，主要包括：互联网平台业务（如基于 LinkedIn 等）、数字解决方案公司（如基于 PayPal、Slack）、电子商务或零售公司（如基于 Amazon、速卖通）以及数字内容的生产商（如基于 Netflix、Spotify）。

基于数字平台的国际新创企业利用当今全球化和数字化的世界来发展独特的跨国界竞争优势。因此，与传统的国际新创企业相比，基于数字平台的国际新创企业从成立之初不仅开始了国际化，而且开始了数字化运作。

基于数字平台的国际新创企业利用数字基础设施，通过数字商业模式在线创建和销售他们的产品或服务。基于数字平台的国际新创企业有更大的潜力整合生态系统中不同的、潜在互补的参与者。这将基于数字平台的国际新创企业网络从传统的业务关系扩展到最终用户、风险投资者、内容提供商和互补资产的所有者。这种关系对于基于数字平台的国际新创企业来讲非常重要，他们正在进行快速国际化，不仅可以获得资金，而且可以建立声誉并寻求战略指导。

（2）数字平台赋能中国际新创企业的特征。

①平台依附性。该类国际新创企业利用数字平台的资源优势，通过数字平台知名度和关注度实现自身快速成长。该类国际新创企业依赖于数字平台的基础设施以实现精准沟通、协作，能够通过数字商业模式在网上生产和销售产品。但是久而久之，国际新创企业发展中“平台依附性”的弊端也日益严重，进而影响了国际新创企业的价值捕获。

②市场国际性。该类企业自成立之初便迅速开始了国际化运作，企业产品或服务主要针对国际化客户。因此，国际化市场份额占比较大，且区别于渐进式国际化，具有独特的国际化特征和成长路径。

③业务数字性。该类国际新创企业比传统的国际新创企业拥有更高的互联网依存度。虽然不同企业的业务流程的数字化程度不同，但它们都充分利用数字平台的基础设施，具有熟练的编程技能，能够快速利用数字技术创新带来的机会，嵌入虚拟网络市场之中，满足不同国家、不同地区的用户需求。

2.3.2　关键能力内涵解析

（1）关键能力概念。

互补性是数字平台生态系统的核心[159]。国际新创企业对数字平台的互补性越强，就越能够为数字平台生态创造独特的价值，进而获得更高的成长绩效。基于动态能力的观点，国际新创企业的互补性取决于自身的关键能力，而国际新创企业成长的关键能力源于动态能力。动态能力是指企业感知、捕获和重新配置资源以应对快速变化环境的能力[160]。它通常包括感知机会和威胁、捕获机会、重新配置组织资源三个维度。其中，“动态”的概念指的是企业现有能力的持续更新[161]。在本书中，“动态”的重点是随着国际新创企业的发展和进入新的国外市场，重新配置组织资源和重构组织结构。动态能力控制着企业运营能力的变化率，具有难以复制、动态演化等特征。动态能力聚焦于与企业环境相关的难以复制的能力，有助于解释卓越的企业绩效或企业成长绩效。

基于 Laurell 等（2017）研究，关键能力成为研究国际新创企业的首选[162]。因为国际新创企业的国际市场尚在不断开拓之中，能力尚在不断演化之中，尚未体现出卓越的企业绩效。因此，卓越的财务绩效并不是国际新创企业关键能力一个必要的衡量结果。本书运用多案例分析探究关键能力如何促使国际新创企业在国际环境中发展，如何能更好地嵌入数字平台之中，如何能更好地生存在国外市场。因此，本书的关键能力是指国际新创企业在整个国际化发展过程中克服规模劣势、新进入者劣势、外来者劣势，提高国际市场存活、增强平台互补性以及加速企业发展的能力。该定义更强调能力的出现过程而不仅仅是能力的配置结果，更强调国际新创企业如何开展复杂的战略选择，如国际化模式、速度和范围的选择，提高国际化适应性。

（2）关键能力维度划分。

现有研究多聚焦于关键能力产生的背景及概念，对关键能力的构成仍存在分歧。Blesa 和 Haenlein（2021）认为，国际新创企业成长中的关键能力由吸收能力、适应能力构成[163]。吸收能力作为一种基于学习的能力，侧重于关键知识的获取、吸收和利用[164]。适应能力可以帮助国际新创企业在海外市场定位其业务概念的过程中快速调整其常备能力。Atzmon 和 Vanderstraeten 等（2020）运用定性、系统的组合分析方法，发现促进新创立的科技型企业增长的六种能力：学习能力、吸收能力、适应能力、网络能力、创新能力和个人能力[166]。

本书运用扎根理论，基于实地访谈和多案例研究，认为基于平台的国际新创企业成长中的关键能力由全球跨文化编程能力、跨境数字货币适应能力、国际商业模式重构能力、全球虚拟网络嵌入能力构成。所谓全球跨文化编程能力是指国际新创企业能够主动调整用户界面，为来自不同文化的用户创造价值，通过应用编程接口（API）参与涉及多家数字平台的共享数字系统，以及在世界任何地方的用户都可以访问的标准化虚拟市场上即插即用的能力；跨境数字货币适应能力是指国际新创企业通过数字平台实现国际扩张时，选择合理的收入模式，对销售产品或提升服务收取一定费用，适应国外市场的收益能力；国际商业模式重构能力是指国际新创企业在最短的时间内以快速有效的方式改变商业模式的能力；全球虚拟网络嵌入能力是指国际新创企业在虚拟市场中接触和管理用户虚拟网络和数字互联伙伴关系的能力。因为本书是聚焦于基于数字平台的国际新创企业，在多案例分析和大样本调研过程中，大多国际新创企业表现出了强大的全球虚拟网络嵌入能力，故在后面实证过程中省去了全球虚拟网络嵌入能力。因此，基于数字平台的国际新创企业主要由全球跨文化编程能力、跨境数字货币适应能力、国际商业模式重构能力构成。

2.4 理论分析框架构建

在资源基础理论和动态能力理论的指导下，将“资源—能力—绩效”的研究逻辑渗透于整个研究中。对数字平台运营商自身而言，数字平台赋能是一种能力，更多地体现在形成平台生态系统共同愿景，诱导或“迫使”平台参与者进行特定的生态系统的专业化投资以及参与特定问题的解决以实现生态系统的平稳迭代。但是数字平台赋能对众多国际新创企业

（或第三方参与者）而言，数字平台是一种巨大资源，是平台用户规模、平台服务水平、商业变现能力等集合体。平台用户规模越大，国际新创企业越能容易找到其目标客户，越能快速成交，越能实现企业成长；数字平台的服务水平越完善，平台运营商越能帮助国际新创企业克服技术“瓶颈”、资金短缺、产品推广难等问题，越能为国际新创企业准确找到市场切入点，开发出更多符合用户需求的产品，帮助其实现快速成长。数字平台的即时变现能力越强，越能激发国际新创企业的创新热情，越能促使国际新创企业生产更多满足终端用户需求的产品，从而提高整个平台生态系统绩效；此外，数字平台的即时变现能力还能增加国际新创企业的平台黏性和转换成本，帮助平台运营商留住优秀的开发者，实现可持续发展。

基于平台的国际新创企业只有具备特殊的关键能力才能精准解码数字平台运营商传递的信号，才能精准把握国际市场行情，快速响应外界市场环境的变化，实现快速成长。基于平台的国际新创企业只有具备特殊的关键能力才能够最大化地开发、加工和内化数据资源，将组织流程与数据资源的高度契合；才能从依靠高层管理者经验和直觉的模糊决策转变为大数据辅助经验的科学决策；才能有助于实现客户关系个性化管理和供应链敏捷性塑造；才能在平台迭代过程中迅速和灵活地做出反应，才能更好地实现与平台、客户的多方互动，才能抓住细分垂类新机会，才能构建差异化的产品生态。国际新创企业只有具有较强的关键能力才能适应国外市场的特点，研发、销售适合国际用户的产品，才能快速地应对国际市场变化，才能更好地适应国际商业环境的不确定性。国际新创企业具备较强的关键能力，才能正确运用消费者在各种平台和社交媒体上提供的丰富信息（例如，消费者人口统计资料、心理数据、产品/服务评级），才能准确获得消费者的态度、习惯、兴趣和偏好等有用的信息，才能帮助企业制定和实施国际营销战略，实现基于平台的国际扩张。因此，国际新创企业拥有的关键能力是其成长的关键。

基于上述分析，数字平台赋能国际新创企业成长研究较少，数字平台赋能研究也较为笼统，较少运用生命周期理论将数字平台赋能与国际新创企业成长整合在一起进行研究。同时，本书基于“资源—能力—成长”的研究逻辑，构建数字平台赋能国际新创企业成长的理论分析框架是科学合理的，如图2－1所示。该框架可为多角度地深入分析数字平台赋能国际新创企业成长机理奠定理论基础。

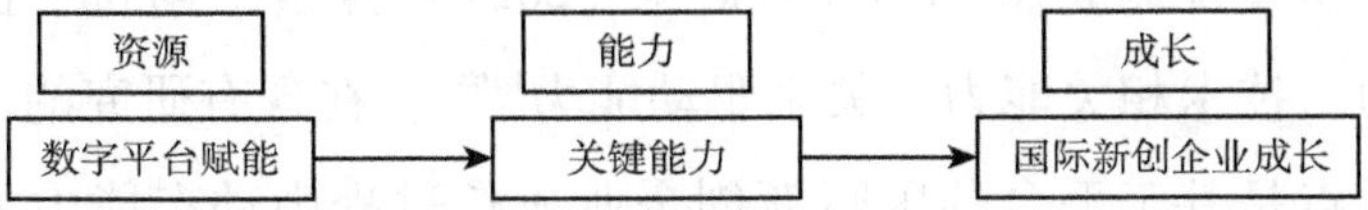

图2－1 数字平台赋能国际新创企业成长的理论分析框架

2.5 相关理论基础

2.5.1 动态能力理论

动态能力源于战略管理，随后逐步向众多研究领域扩展和延伸。动态能力是一种前瞻性能力，是探究企业如何应对技术迭代和市场变化的能力，企业通过动态能力拓展、修改和重新配置现有的运营能力，以应对颠覆性技术变革和创新。作为企业竞争优势的基础，动态能力引入了新的替代方案、组织活动的新方式和创造价值的新方式。动态能力通常由感知机会和威胁的能力、捕获机会的能力和重塑组织资源基础的能力构成。

动态能力与本书研究密切相关，因为数字平台生态系统需要不断的战略变革，需要各个参与主体对现有能力进行大量修改，以创造平台生态系统的新方式和创造价值的新方式。此外，基于平台的国际新创企业在其成长过程中，面临着更多的不确定性，例如，资源不确定性、市场不确定性、协调不确定性、时间不确定性。基于数字平台生态情境，Helfat和Raubitschek（2018）提出了平台动态能力三个维度：创新能力、环境扫描和感知能力、整合能力[89]。这与Teece（2007）的感知、捕获和重新配置的动态能力类似[160]。还有研究进一步将现有的动态能力运用到平台的不同生命周期阶段。Teece[167]（2018）将 Teece[160]（2007）的动态能力（即感知、捕获和重新配置）映射到平台的创立、成长、成熟和自我更新生命周期阶段。通过构建和发展动态能力，基于平台的新创企业能够发现和捕捉新出现的市场机会，整合重构所需的内外部资源，内化和吸收新技术与新知识以促进技术创新，实现快速成长。Schreieck 等（2021）探索了创新平台生态系统所需的能力：技术相关能力、关系驱动能力[168]。在现有研究的基础上，本书的研究重点是基于平台的国际新创企业成长过程中动态能力的构成，以期减轻国际新创企业的外来者劣势和新进入者劣势。在数字经济情境下，国际新创企业应具备机会感知能力、机会捕获能力、变革重构能力。其中，机会感知能力是指国际新创企业不断扫描数字技术带来的外界动荡环境，感知最新数字技术发展趋势和带来新机会，整合集成数据信息，形成数字化思维，以准确预测与快速响应客户需求的能力；机会捕获能力是国际新创企业成长过程中能够抓住机遇与应对威胁，调动内外资源、实现价值创造、塑造国际市场的能力，基于数字平台情境，机会捕获能力是国际新创企业分析、利用、加工和处理数字化信息，并实现数据信息嵌入成长活动的能力；变革重构能力是国际新创企业成长过程中持续革新、平衡内外部协作关系，以及重新设计柔性的组织结构，从而持续有效管理各种冲突并通过重大战略调整实现成长的能力。

2.5.2 平台生态理论

平台生态系统是企业间经济关系的新型组织结构，通过提供在平台生态系统之外和在互补者自身能力范围内不易获得的资源（如知识或技术），为参与企业（互补者）创造价值。平台生态系统的核心企业——平台运营商——提供了一套稳定的公共资产（平台基础设施）和互补资产，并获得了平台用户（市场）——互补者可以利用这些用户来构建自己的产品。例如，在移动应用行业的背景下，苹果作为平台所有者，在其 iOS App Store 平台生态系统中，通过降低搜索成本，促进了应用程序开发者和移动用户之间的互动。它还为应用程序开发者（即互补者）提供了一套通用的技术、核心技术和边界资源，如应用程序编程接口（APIs）和软件开发工具包（SDKs），以及营销能力——“编辑之选（editor's choice）”和“每周应用（app of the week）”功能和排行榜。数智时代，创新和价值交换发生在由平台生态系统塑造的新经济结构中。平台生态系统的领导者——平台运营商——提供核心组件和接口；第三方——互补者——向最终用户提供他们的互补产品。互补者可以通过利用平台共享资源和基础设施来构建他们的产品，并接触到庞大的平台用户市场，从而获益。

参与者之间的相互依赖关系是数字平台生态架构的显著特征。因此，平台运营商需要不断协调众多参与者之间的关系，以实现平台生态的迭代演化。平台生态系统演化本质是打破平台参与者之间原有的相互依赖关系、构建新的相互依赖关系。因此，“如何构建主体之间的相互依赖关系以创造更大的价值”是平台运营商需要思考的首要事项。

2.5.3　价值共创理论

近年来，旅游、社交媒体、医疗保健、汽车和工业营销等领域内生态系统的研究成果呈指数级增长[169]。在此类生态系统中，价值是通过多个相互作用的利益相关者（如供应商、服务提供商、商业合作伙伴、技术、社会、商业协会、客户等）共同创造的，从而超越了传统的二元（即基于供应商/客户的）交互过程。

价值共创包括资源整合的参与者（导致资源之间的整合、涌现关系的过程）和服务交换（即资源整合产生的利益交换），发生在由行动者产生的制度（例如，规范、协作手段和符号）和制度安排（例如，法律制度和政策安排）相互依存的制度组合。尽管直接互动（例如，协作、对话的联合过程）是价值共同创造的核心基础，但是价值共同创造也通过多个参与者整合服务生态系统中的资源而发生，无论他们是否直接互动。事实上，交互作为价值共同创造的内在组成部分，超越了直接接触、服务相遇或联合过程，它包括任何机制（如对话、资源转移和学习），使行动者参与价值共同创造（即，成为改善其他行动者福祉的一部分）。

现有文献成果通过确定支撑资源整合的过程和行动者互动的赋能机制，探究了价值共同创造的微观基础。首先，学界通过专注于某一特定角色或特定目标的价值共创。例如，Aarikka - Stenroos 和 Jaakkola（2012）将解决问题作为价值共创的核心目标，将资源整合确定为解决问题的过程[170]。虽然有学者试图建立一套资源整合的综合过程[171][172]，但是解决价值共创的整合过程在很大程度上仍未被探索。其次，社会行动者之间或社会行动者与资源之间的互动是价值共创的核心推动者。虽然现有文献已经开始承认支持价值共创的交互机制，但它缺乏研究用于管理价值共同创造的交互机制。最后，数字平台价值多体现在基础性服务和引导双（多）边用户互动上，平台运营商与多边用户不仅表现为“声誉捆绑”，更是体现为“利益捆绑”。因而，平台运营商采取积极行动策略提高了用户创造价值的能力（也称为“赋能”），自身也能从中获益，进而实现价值共创。

2.5.4 网络效应理论

由于网络外部性效应，数字平台的价值在很大程度上取决于用户的安装基数。学界认为网络效应是“用户从消费商品中获得的效用随着其他用户消费商品数量的增加而增加”。这种影响既有直接效应，也有间接效应。当用户参与网络的好处取决于他们可以与之互动的其他网络用户的数量时，就会发生直接（同边）网络效应，如手机。随着越来越多的人拥有和使用手机，手机的使用对每个用户来说变得更有价值。另外，当一个平台通过吸引越来越多的一种类型的用户，其价值增加到另一种类型提供互补的产品或服务时，就会产生间接（跨边）网络效应。苹果的IOS操作系统就是一个例子，该操作系统作为一个平台，吸引来自第三方应用程序开发者的互补产品和服务，为其大量客户服务。这种间接的网络效应在市场需求侧起着类似规模经济的作用，并将增加参与者从平台上获取的价值。因此，网络效应使数字平台从多样化中受益，也为其利益相关者创造价值。虽然网络效应在企业国际化过程理论中已经被广泛讨论[173]，但是对数字平台如何使企业能够利用网络效应在国外市场创造价值的理解仍然相对有限。在数字时代下，网络效应已经成为国际新创企业价值创造的源泉。网络效应可以帮助国际新创企业打破组织间的边界，融入跨境数字平台生态圈，从而实现成长。因此，网络效应理论可为深入探讨数字平台赋能对国际新创企业成长之间的关系提供理论支持。

2.5.5 网络理论

国际新创企业依赖于网络以弥补新进入者劣势、外来者劣势以及规模劣势。现有研究文献已经界定了网络的不同类型。网络可以分为组织间网络（也称正式网络）和人际网络（也称非正式网络）[174]。大量研究证实了网络对于企业获取国际化发展资源重要性[175]，企业现有的关系或新构建的网络关系有助于获取、创造和利用资源[17][117]。目前，国际新创企业的大多研究聚焦于国际网络对国际新创企业国际化发展的重要性[24]。此外，现有研究成果还强调了积极发展新的国际化关系对国际新创企业国际化发展的重要性[176]。

国际新创企业通过网络以实现探索和开发国际机会。网络参与者之间通过各种活动相互作用，从而促进信息交换和获取新知识。以往研究成果表明，企业如何通过网络获取不同类型的资源，促进国际化发展[177]，也探索了关系的内涵以及通过关系访问哪些资源。企业可以通过关系获得物质性资源（产品、资金等）和非物质性资源（情感支持、消息、知识、声誉等)。对于资源劣势的国际新创企业而言，网络可以帮助他们寻求和组合不同类型的资源[177]。目前，我们对国际新创企业在实践中如何通过网络关系利用资源和开发机会的实际过程知之甚少。因此，本书提出一个关键能力的观点可以帮助阐明该问题。

本章小结

通过整理相关的理论基础及研究视角，界定关键词语内涵，厘清研究边界和思路，为后续多案例研究和理论推导奠定理论基础。首先，本章界定研究所涉及的主要概念、特征及维度划分等，包括数字平台、数字平台赋能、国际新创企业关键能力等；其次，基于“资源—能力—成长”研究逻辑，本章构建了数字平台赋能国际新创企业成长的理论分析框架；最后，本章介绍了相关理论基础，主要包括动态能力理论、平台生态理论、价值共创理论、网络效应理论和网络理论。

第3章

基于网络外部性的数字平台国际化扩张机理研究

数字经济的飞速崛起颠覆了新创企业进入国际市场的方式，为国际创业企业提供了前所未有的机遇。许多国际新创企业不是通过货船和飞机来交换实物，而是通过在线平台开发与数字相关的产品，这些数字产品/服务从一开始投放就可以在全球范围内使用。在传统意义上，国际化扩张通常被认为是一种渐进式的过程，即通过建立子公司或出口网络进入国外市场。国际新创企业必将受到跨国差异的挑战。例如，CAGE（cultural，administrative，geographic，and economic）距离增加了进入国外市场的成本和风险，阻碍了许多创业者跨越国界经营。然而，这种进入壁垒可能不会阻碍基于数字平台的新创企业向全球提供数字产品。因此，亟待弄清楚具有哪些特征的数字平台内化了新创企业国际化障碍。

3.1 问题提出

数字平台为中小企业提供了"即插即用"的基础设施，使其快速成为微型跨国公司（本书的国际新创企业）。在 eBay 前 1000 强卖家中，超过 35% 的有大量跨境交易。Etsy 是一个手工制作和复古商品的数字平台，集聚了全世界的手工匠人和客户；同时，该平台商近 30% 的商品销售总额是全球性的。Kickstarter 平台上集聚来自 180 多个国家的 900 多万自由职业者在网页开发、平面设计和数字产品营销等方面与国际客户建立了联系。然而，多数研究文献忽略了国界，并含蓄地假设数字平台在单一、同质的市场中运营[178]。多数学者认为数字化有助于企业国际化，有助于信息要素的跨境流动[179]。然而，并不是所有的数字平台都能在国外成功竞争，并不是所有的数字平台都能在国外市场构建生态优势。现有研究成果尚未系统地分析数字平台国际化进程中遇到的各种挑战和成本。因此，有必要探究哪些数字平台能够国际化，哪些因素影响数字平台企业的国际化进程。

数字平台国际化扩张目的是打造一个完善的、成长潜能强大的“生态圈”。“地理”元素是众多数字平台扩张过程中必须考虑的环节。平台运营商需要将数字平台生态圈的根基与真实的地理环境相联系。以降平台的触角深入人们的日常生活之中。前程无忧、智联招聘、BOSS 直聘、赶集网的部分招聘平台，或者是百合网、探探、陌陌、SOUL 等婚恋交友平台，全是建立在以地理区域为基础的平台生态圈，以为用户提供更精准的服务。因此，在数字平台赋能国际新创企业成长过程中，数字平台应首先是国际化运作平台，应以构建国际化、复合式平台生态圈为己任，形成以众多的软硬件生态圈串联而成的“多环状生态圈”。国际化的“多环状平台生态圈”必将受到文化相似性、经济紧密性等众多因素影响。因此，有必要弄清楚哪些类型的数字平台能够快速实现国际化运作，哪些类型的数字平台能够快速建立跨国平台生态系统，以吸纳众多国际新创企业形成“多环状平台生态圈”，抵御来自外部的各种威胁。

3.2 数字平台国际化扩张的理论基础分析

3.2.1 网络外部性的地理范围划分

网络外部性的地理范围因平台而异。58 同城、同城闪送、同城交友等数字平台，该类平台的网络外部性是高度本地化，而对于索尼 Playstation、eBay、Shopify、阿里跨境电商平台而言，它们跨越国界，遍布世界各地。可以说，造成平台间网络外部性差异的根本原因是边界效应和距离效应。

国家边界意味着地理空间的非连续性[180]，也意味着在语言、文化和政府监管等诸多方面存在诸多不同。因此，边界往往会限制用户之间的交流和互动。例如，最常见的求职 App——前程无忧、智联招聘、拉勾网、Boss 直聘、58 同城更倾向于匹配我国的招聘单位和求职者。其中，求职客服、文职岗位，前程无忧和智联招聘是不错的选择；技术类的岗位，选择拉钩这款软件更好；服务员、话务员、保安等多选择58 同城。因为，政府监管和语言障碍在一定程度上限制了人员的跨境流动。这也意味着，日本、菲律宾、越南等的求职者不太可能从美国、英国、中国等国家或地区的招聘单位加入该平台而获益。因此，该行业的数字平台网络外部性具有国界性，即平台用户倾向于与本国的其他用户产生互动。目前，社交媒体、二手交易、众筹平台、服务外包等数字平台的网络外部性均呈现出高度的本土化[181][182]。然而，由 Google 公司开发的 Android 系统、苹果公司开发的 iOS 系统、Windows 操作系统、Sony 公司的硬件平台 Playstation、国际化教学的 BrainPOP 均具有显著的跨境网络外部性。此类数字平台的第三方软件开发人员通常要面向多个国家甚至全球用户销售他们的互补产品。因此，若加入此类数字平台的新创企业，必将受益于数字平台的全球用户，产生间接的网络外部性。

除了边界效应外，网络外部性也会受到距离的限制。虽然学界和业界强调数字技术的距离递减效应[183][184]，但是平台用户之间的空间距离对于许多类型的平台来说仍然是至关重要的。最明显的例子就是基于位置的服务，如百度地图、高德地图、美团外卖、大众点评等。例如，约会平台——同城交友和社交媒体平台——抖音也依赖于基于位置的配对和互动。其他的平台似乎独立于地理位置，因为用户之间的互动要么是纯数字的（如宜人贷、人人贷、陆金所等网络借贷平台），要么涉及通过邮件、快递等方式运输商品。研究表明，用户在 eBay、淘宝、拼多多、京东以及各种众筹平台上交易的可能性会随着距离的增加而减少。因此，网络外部性的地理范围在不同行业之间是不同的，因为不同类型的交易受到距离和边界的不同影响。

综上所述，网络外部性依据地理位置可以分为国内网络外部性和跨国网络外部性。国内网络外部性是指以一个国家为单位，产品/服务的用户主要来自一个国家或某个地区，进而形成某个国家的网络效应。跨国网络外部性是指产品/服务跨越了国家，进而在两个以上的国家形成网络效应。尽管网络外部性在现实中并不总是完全二分的。这种国内/跨国网络外部性的区别直接扩展了网络外部性（直接与间接）的传统类型。分别以直接网络外部性和间接网络外部性为横坐标、纵坐标，将地理位置的网络外部性划分为跨国、国内、忽略三个象限，形成了如图 3－1、图 3－2 所示的 9 宫格。

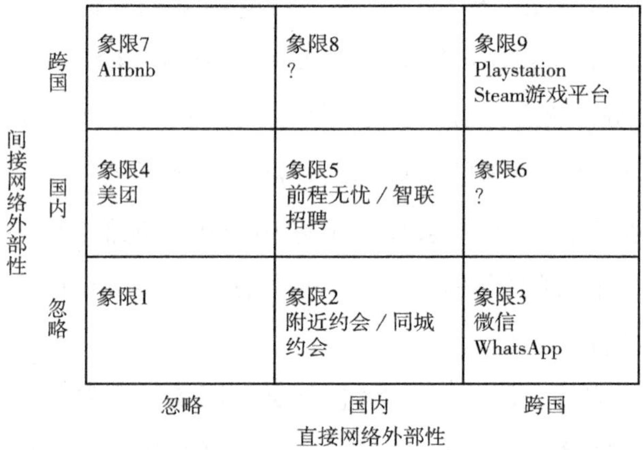

图 3－1　网络外部性的地理范围划分

美团外卖、蜂鸟配送、达达等食物配送平台就属于典型的国家内部的间接网络外部性。一个国家的顾客不可能因为另一个国家的餐馆加入该平台而获益（象限 4）。Airbnb 具有跨国间接网络外部性特征（象限 7），因为很多人使用这个平台在国外寻找住宿。附近约会/同城约会（象限 2）等数字平台依赖于直接网络的外部性，因为用户在他们附近寻求志趣相投的群体。微信、WhatsApp（象限3）等数字平台属于跨国直接网络外部性，此类数字平台被广泛用于跨境通信。越来越多的数字平台结合了直接网络外部性和间接网络外部性。例如，索尼的PlayStation、7723游戏盒子（象限9）等数字平台结合了跨国间接网络外部性（更多玩家吸引更多游戏开发者，反之亦然），以及跨国直接网络外部性（多人在线游戏）。前程无忧、智联招聘、Boss直聘、领英等作为一个以职业为导向的社交网络，在专业人士之间（主要是在国内）产生直接的网络外部性。此类数字平台还通过多种沟通渠道，将求职者和雇主联系起来，这也产生了国内间接的网络外部性。象限6和象限8代表了不对称的情况，其中一种网络外部性是国内的，而另一种是跨国家的。虽然这些不对称的组合在原理上是可能的，但在实践中却很少见。

间接网络外部性 \ 直接网络外部性	忽略	国内	跨国
跨国	象限7 非地域限制的企业特定优势	象限8 非地域限制的企业特定优势	象限9 非地域限制的企业特定优势
国内	象限4 地域限制的企业特定优势	象限5 地域限制的企业特定优势	象限6 非地域限制的企业特定优势
忽略	象限1	象限2 地域限制的企业特定优势	象限3 非地域限制的企业特定优势

图3-2 基于用户安装基数的企业特定优势

跨境网络外部性既影响数字平台追求国际化的动机，也影响其在国外市场的成功率。为了更为形象具体地说明数字平台国际化进程，本书将搜索引擎、社交媒体、电子商务、数字支付、视频配送、拼车等数字平台进军国际化难易程度做了进一步对比分析。搜索引擎和社交媒体面临较低的国际化障碍，属于非地域限制的企业。同时，它们具有较强的跨境网络性，线下重要程度低，国际化扩张较为容易。因此，谷歌和脸书在全球许多重要国家市场上取得了主导地位。然而，百度搜索引擎却选择专注于赢得国内市场的主导份额，仅是世界上最大的中文搜索引擎。电子商务和数字支付平台则通常采用多国战略，而不是全球化战略，以克服其面临的国际化障碍。这些行业中的数字公司在开发当地生态系统进行了大量专业化投资，并与当地互补者建立联系。例如，在印度，亚马逊与数千家小型零售店建立了合作关系，并接受现金支付。对当地企业的收购和投资似乎也在为此类数字平台建立新生态系统发挥着重要作用。阿里巴巴收购东南亚领先的电子商务业务 Lazada 就是一个很好的例证。同样，支付宝通过两条主要途径将其国际生态系统扩展到国外市场：与当地线下零售商和银行的合作，以及与独立的当地数字支付提供商（如印度 Paytm）的合作。与此同时，Apple Pay 已将其生态系统扩展到新市场，通过与中国银联（Union Pay）等当地支付方案建立合作伙伴关系，并与当地银行、发卡机构和零售商合作，来克服外来者劣势。最后，具有高度地域限制的数字平台在目标东道国需要建立有效的生态系统来克服其外来者劣势。例如，在拼车行业，优步（Uber）在试图进入的许多国家与政府监管机构进行有效合作时遇到了巨大的挑战。相比之下，当地数字平台与监管机构和当地互补者建立平台生态系统联系方面往往要容易得多。因此，优步仅仅在少数几个国家明显占据主导地位，而且它已经退出了几个国家市场，并将其业务出售给了当地企业，包括中国的滴滴、俄罗斯的 Yandex 和东南亚的 Grab。另外，滴滴则把进军重点放在发展中国家，通过收购当地知名企业或与当地知名企业建立合资企业，滴滴克服了地域限制。同样，在线外卖行业美团一直没有尝试在海外市场拓展（见表 3.1）。

3.2.2 企业特定优势——非地域限制国际化

国际商务理论通常认为，任何企业国际化过程中都将面临比当地企业更多的困难和产生额外的成本，面临外来者劣势。因此，国际化理论认为，凡

表 3.1　典型数字平台国际化一览表

数字平台类型	国际化难易程度	企业国际化绩效	全球产业集中度
搜索引擎	低	谷歌是当前世界上最大的搜索引擎，占据全球搜索量的91%以上。除在中国、韩国等几个特定的国家，百度和 Naver 可以与谷歌竞争	极高的市场集中度 谷歌占据全球90%以上的市场份额
社会媒体		脸书在全球大部分市场占据主导地位，海外销售额占53.93%，预计在中国、日本等，当地平台企业微信和Line可以与脸书竞争，甚至击败脸书	极高的市场集中度 脸书占据了全球70%的市场份额
电子商务	中	亚马逊主导北美和欧洲市场，海外销售额占39.3%；开发针对本地的解决方案，建立本地合作伙伴网络。 阿里巴巴海外销售额仅为7.36%；选择拥有类似机构的新兴市场；通过收购、投资或与当地企业合作，采取间接国际化战略	市场集中度中等 市场份额接近的数字平台：淘宝、亚马逊、天猫、京东和 eBay
数字支付		支付宝：选择新兴市场；与线下零售商、银行整合；与东南亚的 HelloPay 等本地数字支付供应商合作。 Apple Pay 主要在北美和欧洲；与中国银联（Union Pay）等当地支付计划建立合作关系；与当地银行、发卡机构和零售商合作	市场集中度中等 市场份额接近的数字平台：PayPal、支付宝、Zelle、Apple Pay、谷歌 Pay 等
共享汽车	高	优步与当地数字平台激烈竞争；随后退出了几个国际市场，并将业务出售给了中国的滴滴等本土企业。 滴滴通过收购、投资、合资等方式进入发展中国家，如收购巴西的99，投资印度的 Ola	市场集中度低 不同国家/地域有不同的数字平台
食品配送		Uber Eats 与澳大利亚的 Menulog、英国的 Deliveroo 等本土平台展开激烈竞争。 美团本土化程度高，有意走出国外，目前海外投资只有2家	市场集中度低 不同国家/地域有不同的数字平台

资料来源：作者自行整理。

是成功国际化的企业都具有企业特定优势。所谓企业特定优势（firm - specific advantage）是指相对于竞争对手所拥有的能够生存、盈利和增长的优势。企业特定优势包括与产品和生产相关的专有技术、品牌资产、管理和组织能力，以及与利益相关者之间的关系。作为网络外部性的重要结果，用户的安装基数就是数字平台企业的一个重要的企业特定优势。因为，拥有一个庞大的安装基础平台可以比拥有较小用户网络的竞争对手产生更多的经济价值。在全球化战略背景下，一个数字平台的现有用户基础是否可以帮助其将业务拓展到海外市场是值得关注的问题。

具有非地域限制的数字平台特定优势可以跨越地理区域限制，开展国外业务。因此，像索尼的 PlayStation 这样的电子游戏平台具有跨国网络外部性（直接和间接）。如果 PlayStation 平台在国外市场推出，该国家的用户将受益于为该数字平台在其他国家庞大的用户群，而且还可以与世界各地的无数玩家一起参与在线多人游戏。这使该数字平台对目标市场的潜在用户具有吸引力。奈飞（Netflix）作为社交媒体上表现最好的流媒体平台之一，在 TikTok、Facebook、Instagram、YouTube 和 Twitter 上拥有 1.633 亿粉丝，领先于亚马逊 Prime Video、Apple TV Plus 和 HBO Max 等，成功覆盖全球 150 个国家/地区，成为全球最大的流媒体平台。这从图 3 - 2 中的象限 3、象限 6、象限 7、象限 8 和象限 9 可以看出。在此情况下，如果一个数字平台进入外国市场，目标国家的用户将受益于该数字平台在其他国家的现有用户基础。因此，在具有跨国网络外部性的行业中，若数字平台拥有大量用户基础则构成了一个非地域限制的企业特定优势；该特定优势可以通过抵消数字平台企业的外来者劣势，提高企业竞争力，支撑平台企业的国际扩张。

众所周知，具有地域限制的数字平台特定优势只有在特定国家或地点才有价值。因此，该类平台现有用户基础的任何优势都是受地域限制的，如图 3 - 2 中的象限 2、象限 4 和象限 5 所示。例如，美团外卖这样的食品配送平台可能通过吸引大量客户和餐厅（有时还包括送货司机），在我国培育出了强大的企业特定优势。然而，间接网络外部性的地理范围在这个行业是高度本地化的，因为需要及时将新鲜准备的饭菜送到客户手中。因此，数字平台的用户群中的企业特定优势是位置绑定的（见图3－2中的象限4）。在这种类型的行业中，数字平台必须发展其他类型的不受地域限制的企业特定优势，如品牌、技术和管理能力，以实现国际化。此外，他们必须在目标市场迅速发展强大的用户基础，因为数字平台的吸引力取决于其本地用户网络。因此，该类数字平台运营商必须在每个国外市场分别解决“先有鸡还是先有蛋”的问题。相比之下，在具有跨国网络外部性的行业中，在每个市场建立和增长本地用户基础就显得不那么重要了，而全球用户基础的规模则显得更重要。

3.2.3 商业生态系统构建国际化

商业生态系统理论的最新进展也对国际商务理论产生了新的影响。商业生态系统是指生产商、销售商、竞争者、客户之间因交易关系形成的经济依赖性群体[185]。数字技术的飞速发展为了解生态系统对经典国际商务理论的影响提供了独特的研究情境。首先，不同于经典的价值链理论，与数字平台相关的价值网络通常采取更加复杂和动态演变的形式。数字生态系统成员之间因潜在的互补性、交互性而极端复杂化。其次，数字平台往往寻求利用颠覆性商业模式进入国外市场。颠覆性通常需要创建新的细分市场，而不是逐步适应现有成熟的市场[186]。最后，作为数字服务提供商，数字平台的成功在很大程度上取决于与其所连接的用户网络的互动质量，而不是传统跨国公司中占主导地位的可转让资产[187]。总之，与其他行业相比，这些特征在数字化行业中更为常见，也更为重要。采用商业生态系统视角分析数字平台的国际化进程有助于拓展国际商务理论。

3.3 数字平台国际化战略命题构建

数字平台多具有虚拟特征，用户可以通过网页浏览器或移动应用程序远程访问。若不考虑国家间政治和安全因素，数字平台可以被世界上任何地方的人使用，从而形成一个“默认的”国际平台。若无政府监管，YouTube 网站可以被世界上任何角落的人们登录。然而，并非所有的数字平台都具有“天生国际化”性质，而需要在特定国家的应用商店中发布应用程序或针对特定地理区域进行激活服务。为此，数字平台若能国际化，必能加速基于平台的新创企业国际化进程。为此，本书通过对数字平台的实地调研和二手资料收集（见附录 A），解析数字平台国际化进程，具体如下。

3.3.1 数字平台的国际化模式分析

当数字平台向国外市场扩张时，网络外部性将会影响其市场进入模式的选择。虽然学界从交易成本、文化和制度、企业资源和能力以及从外部市场获得互补资产的难易程度等角度探讨了数字平台进入国际化模式的选择[188]，但是网络外部性对数字平台来说仍是一个重要的考虑因素。数字平台的网络外部性可以分为国内网络外部性和跨境网络外部性。具体解析如下：

首先，跨境网络外部性意味着目标国家的用户受益于数字平台在其他国家的现有用户基础。当存在显著的跨境网络外部性时，数字平台向外扩张时就不需要在每一个国家创建一个全新的本地用户网络，而仅仅是将目标国家的用户吸引到全球网络中。例如，Steam 游戏平台、WeGame 游戏平台拥有强大的非地域限制的企业特定优势。因此，一个拥有全球用户基础的数字平台很有可能去挑战任何一个国家的现任者。与只有国内网络外部性的市场相比，跨境网络外部性的数字平台更容易进入国际市场。其次，国内（区域）网络外部性意味着数字平台必须思考如何快速吸引大量的海外用户使用该平台。当网络外部性主要存在国内类型的平台时，数字平台若进军海外市场就必须在每个国外市场分别解决“先有鸡还是先有蛋”的难题。若一个数字平台在目标市场上平稳运行，那么该平台将会具有先驱优势（early - mover advantage）。由于网络外部性产生的正反馈循环，后期进入者很难与已经建立相当规模用户基础的早期进入者竞争。克服此类挑战的一个方法是新进入者收购现有数字平台或与之合作，而不是独立进入。收购和联盟允许新进入者获得先前嵌入在另一个组织的资源——用户安装基数。例如，支付解决方案提供商 PayPal 通过与软银集团股份有限公司合作，在日本推出移动支付系统，通过利用软银集团股份有限公司的用户基础进军日本市场。同理，对于食品配送、家政服务行业等数字平台公司经营者而言，收购和联盟是获取国外目标市场的重要方式。若没有合适的收购或联盟目标，数字平台为减少高昂的进军成本，最好的实施策略就是绕过拥有此类平台的国家。

基于上述分析与推理，我们可以得出以下研究命题。

命题 1a：与以国内网络外部性为主的数字平台相比，具有跨境网络外部性的数字平台向国外扩张时更倾向于独立进入国外市场。

命题 1b：与以跨境网络外部性为主的数字平台相比，具有国内网络外部性的数字平台向国外扩张时更倾向于收购或联盟的方式进入国外市场。

3.3.2 数字平台的国际化战略分析

网络外部性的范围必将影响数字平台所采纳的国际战略类型。首先，在具有强大跨境网络外部性的行业中，数字平台必须能够确保平台用户轻松地跨越国界相互交流。为了实现无缝对接的跨国界相互操作性，该类数字平台的主要运行功能至少与目标国家具有兼容性。例如，索尼的 PlayStation 在全球范围内拥有基本相同的硬件规格，这使游戏开发人员能够使用单一的标准化硬件平台面向全球用户开发新游戏。如果一个数字平台的关键性能不能在不同国家之间无缝对接，将会存在不兼容的风险，进而削弱跨国网络的外部性。其次，具有跨境网络外部性的数字平台战略将会影响该平台在其他国家的吸引力。例如，在一个国家提供激励措施吸引更多用户，数字平台就可以增加该平台在其他国家的吸引力。由于不同国家或地区市场之间存在的这种相互依赖关系，具有显著跨境网络外部性的数字平台将更加倾向于采纳全球化战略。即具有跨境网络外部性的数字平台将采取集中的战略决策、全球化的研发活动和高度标准化的产品实现全球快速流动。

相反，以国内网络外部性为主的数字平台在每个区域具有独立的用户基础，不同国家或地区之间的协调就没有那么关键。为了在每一个国家或地区吸纳足够多数量的用户，数字平台需要提供比本地区或国外竞争对手更大的价值。只有更好地满足当地市场用户的需求，以国内网络外部性为主的数字平台才能形成以地域为核心的企业特定优势。例如，医疗平台基本开展本地域医患营销活动，并根据当地情况调整看病模式；以便民服务为核心的社区服务平台，通常开展本地营销活动，并根据当地发展的具体情况调整服务内容、调整支付和配送模式。在这种情况下，数字平台企业会向下授权，赋予每个国家或地区更大的自主经营权。即数字平台提供技术基础设施，每一个地域根据消费者需求、参与者的创新能力和谈判力量等指标开展特色扩张战略。因此，与以跨境网络外部性为主的数字平台相比，具有国内网络外部性的数字平台更有可能采用本土化战略。

基于上述分析与推理，我们可以得出以下研究命题。

命题2a：与以国内网络外部性为主的数字平台相比，具有跨境网络外部性的数字平台更有可能采用全球化战略。

命题2b：与以跨境网络外部性为主的数字平台相比，具有国内网络外部性的数字平台更有可能采用本土化战略。

3.3.3 数字平台国外市场选择分析

具有跨境网络外部性的数字平台所形成的非地域限制的企业特定优势，也可能影响平台公司优先考虑向哪些国家进行国际扩张。企业向国外扩张的过程中，必须考虑国家文化之间的相似性或者兼容性。文化相似性在一定程度上促进了沟通和交流，进而在用户或参与者之间产生更多人际关系。在文化相似的国家中，用户之间的互动所产生的直接网络外部性预期将会更强。同样，以跨境网络外部性特征的数字平台也不例外，一个数字平台在其母国的现有用户基础所产生的企业特有优势向文化相似的国家扩张通常应该更有价值。例如，一家总部设在美国的视频媒体平台公司，观看其制作节目的加拿大用户的网络效应可能要高于中国、日本等国家的普通用户。在中国、日本等国家的语言和文化障碍在一定程度上会降低美国视频媒体制作内容的价值。这与国际商务学者研究结论基本一致，即企业向文化相似国家扩张是一种基本趋势。

基于上述分析与推理，我们可以得出以下研究命题。

命题3：与以国内网络外部性为主的数字平台相比，具有跨境网络外部性的数字平台也倾向于向文化上与母国相似的国家扩张。

国与国之间经济社会交往的密切程度也会影响数字平台运营商国际化战略。即数字平台国际化进程必将受到国家之间经济交往的影响。国家经济社会之间的联系主要包括贸易往来、对外直接投资、旅游、移民等，这些影响因素也可以产生边界跨越效应，增强跨境网络的外部效应。如社交媒体平台，小红书、Facebook、WhatsApp、Skype 和 Reddit 均具有较强的跨境直接网络外部性。当不同国家用户之间的潜在需求足够强时，会出现这种跨境直接网络外部性。考虑到国家边界在限制个人和商业互动方面的持续作用，即使在数字平台中，跨境交流的需求也不能为所欲为。若不同国家之间的双边贸易、多边贸易、人员流动较为频繁，频繁的交流互动将会产生较强的跨境互动需求。数字平台可通过跨境连接来挖掘这一潜在需求，加强跨境网络效应。在巴黎的中国侨民可以通过微信与在上海的亲戚联系，在多伦多的韩国学生可以通过 KakaoTalk 与在首尔的朋友保持联系。类似地，这种跨界需求可以通过在国外市场创造针对国内市场开发的应用、游戏和其他内容的需求，强化跨境间接网络效应。

因此，当目标国家与母国有强大的经济社会联系时，数字平台上现有用户基础所产生的企业特有优势就会增强。目标国家的用户可为数字平台在市场上提供最初的立足点，进而帮助数字平台在该区域吸引更多的用户安装基数。

基于上述分析与推理，我们可以得出以下研究命题。

命题4：与以国内网络外部性为主的数字平台相比，具有跨境网络外部性的数字平台也倾向于向与母国有较强经济社会联系的目标国扩张。

3.3.4 数字平台国际市场退出决策

众多数字平台具有较低的边际成本，能够迅速扩大规模以吸纳大量的用户。因网络外部性和规模经济相结合形成的正反馈循环，许多行业内以数字平台为中介的市场趋于均衡，多由一家或少数几家大企业主导市场，形成“赢者通吃”的局面。“赢者通吃”的结果通常在相对同质的消费者偏好和参与者多宿主成本的高昂成本条件下才会发生。

研究表明，具有跨境网络外部性和国内网络外部性的数据平台之间的竞争动态是不同的。首先，当网络外部性具有跨境特征时，数字平台极易获得全球客户和非地域性的竞争优势。随着时间的推移，具有跨境网络外部性的数字平台不断扩展到更多国家，并吸引到更多用户，该类型平台将会变得更加强大，更加具有影响力。因此，有跨境网络外部性的数字平台容易获得全球最大用户群体，极易实现非地域的企业特定优势。目前，智能手机操作市场几乎被谷歌的 Android 和苹果的 iOS 所占据。其次，当网络外部性仅局限于国内市场时，数字平台获得竞争优势多具有地域特征。即使拥有全球用户网络的外国数字平台企图进入它们的市场，已建立本地用户网络的领军数字平台仍然可以保持竞争力。因此，该种类型的数字平台多是与国家或区域形成“赢者通吃”的局面，难以在海外市场吸纳用户。以快递行业为例，在我国顺丰、菜鸟、京东以及中国邮政占据了很大的市场份额，但在美国是联邦快递、XPO Logistics、UPS Supply Chain Solutions等快递公司。

不同的竞争动态意味着数字平台在日常经营过程中如何与竞争对手开展竞争。若以国内网络外部性为主的数字平台进军国外市场时，该种类型的数字平台必须迅速吸引当地用户，以克服“先有鸡还是先有蛋”的问题，进而形成比现有市场中竞争对手更大的用户群体。在这种类型的数字平台中，领先的数字平台受益于正反馈循环，并获得当地市场的很大份额。然而，若一个数字平台不能吸引到足够多的用户，那么该平台将成为市场的失败者。出于此原因，以国内网络外部性为主的数字平台更倾向于通过激烈竞争的方式确立在国外目标市场的领先地位，以获得巨额回报，实现正反馈循环。因此，面对拥有自我强化网络优势的竞争对手时，焦点数字平台可能会遭受损失，并退出国外目标市场。

在具有跨境网络外部性的行业中，数字平台具有非地域限制的企业特定优势，因此不同于以国内网络外部性为主的动态。数字平台的竞争力取决于全球用户的基础，导致其在任何一个国家获得早期领先地位并不重要。即使在一个国家仅仅吸引了有限的市场份额，该焦点平台也不会轻易退出市场。一方面，若该焦点平台退出，将会允许竞争对手扩大市场；另一方面，一个国家的市场份额难以撼动该焦点平台的国际市场地位。在具有跨国网络外部性特征的行业中，由于国外进入者带来了非地域限制的企业特定优势（non - location - bound FSAs），因此平台间竞争的动态是不同的。在任何一个国家获得早期领先地位并不重要，因为平台的竞争力取决于全球用户基础。此外，即使数字平台在一个特定的国家只吸引了相对有限的市场份额，也有不退出该市场的动机，因为这将减少竞争对手的全球用户基础。

基于上述分析与推理，我们可以得出以下研究命题。

命题5：与以跨境网络外部性为主的数字平台相比，具有国内网络外部性的数字平台更有可能退出国外市场。

3.4 结果讨论与启示

将网络外部性与内部化理论相结合，可以更好地了解数字平台的国际化运作机理。本书详细讨论了网络外部性如何影响数字平台的国际化模式选择、国际化战略选择、国外市场选择以及国际市场退出决策等。本书的研究结论表明，本书研究的数字平台是指具有跨境网络外部性的数字平台。数字平台赋能是指跨境网络外部性的数字平台基于所处的枢纽中心位置提供在线基础设施和服务，运用算法、大数据、人工智能等数字技术，加速新创企业出海以形成平台生态系统的过程。

3.4.1 结果讨论

首先，网络外部性的地理位置划分为数字平台国际化扩张提供了一个全新的见解。因为，数字平台若存在强大的跨国网络外部性，则成为任何特定国家的早期进入者均不如在全球建立一个庞大的用户网络。以往研究成果认为，快速的国际扩张可以提供先发优势，允许企业抢在潜在竞争对手之前建立用户基础[179]。本书的研究结论认为，数字平台国际化取决于网络外部性类型。先发优势可以在国内网络外部性的情境下创造优势。因此，网络外部性的地理范围应该是数字平台国际化扩张优先考虑的一个重要因素。

其次，研究结论可为数字平台企业国际化运作提供战略研判。基于命题3和命题4的研究结论，国家间的文化相似性和经济或社会联系可以加强跨国网络外部性，从而影响目标市场的选择。然而，这些因素也可能只有利于总部设在某些国家的数字平台的国际扩张。例如，与日本的数字平台企业相比，来自英语、西班牙语或阿拉伯语国家的平台公司可以访问许多语言和文化相似的国家。同样，在海外侨民较多的国家（如中国）的数字平台运营商也可以利用这些民族网络进行跨境扩张。来自这些国家的数字平台运营商实际上享有支持其国际化的特定国家的优势。

最后，虽然本书的研究讨论了网络外部性对数字平台国际化扩张的作用，但是仅靠网络外部性并不能完全说明数字平台的国际化战略。第一，用户安装基数仅仅是企业特定优势中的一种，许多拥有安装基数和管理能力的数字平台也具备非地域限制的企业特定优势。第二，数字平台安全立法限制了许多大型平台企业的国际化战略。众所周知，大型数字平台具有垄断性、快速扩张性、高度逐利性、国际流动性四大特点。一是在垄断性方面，以两款已成为国民必备的手机软件为例，两者共计活跃用户22亿人，具有典型的垄断性和国民性。二是在快速扩张性方面，由于在算法和数据上有难以比拟的优势，一旦大型数字经济平台找准用户需求的痛点、痒点后，仅需要通过投资算力成本就能够快速推广，并且随着算法的升级扩张速度日益迅速。近年来，产生的几家等大型数字经济平台的发展历程都短于淘宝与腾讯，呈几何数增长。三是在高度逐利性方面，大型数字经济平台为供给侧和需求侧提供中介服务，并从中抽取高额利润。四是在国际流动性方面，由于数字经济平台的核心资源在于算法和数据，使其具有高可复制性和流动性。大型数字平台都在进行快速的国际化，并利用现代企业私权的属性注册多个公司，在法律以及财务上规避风险提高利润。第三，数字平台在进行国际扩张时还必须考虑空间交易成本。虽然，对于许多数字平台而言，数字化大大降低了与距离相关的成本，如运输和协调成本[189]，然而，各种与边境相关的成本依然存在。除上述运营成本外，国际化扩张成本还包括使产品和业务适应每个不同国家的语言、文化和环境的成本。

3.4.2 理论贡献

结合网络外部性理论和内部化理论，本书从网络外部性地理范围视角探讨了跨国情境下数字平台的国际化战略扩张机理，拓展了数字平台理论。现有文献通常忽略了国界，多专注于单一国家背景下的数字平台相关研究，对数字平台国际化运作的研究尚处于初始阶段。现有研究多强调了网络外部性在数字平台成长中的作用，网络外部性对于理解数字平台的国际化战略选择和绩效结果至关重要；但直接和间接网络外部性难以解释数字平台国际化运作过程中的进入模式、国际市场选择等。本书直接拓展了网络外部性的类型（直接 vs. 间接，国内 vs. 跨国），认为当存在跨国外部性时，数字平台的安装基数则形成了非地域限制的企业特定优势。进而，本书基于网络外部性理论和内部化理论，探究数字平台国际化过程中的进入模式选择、国际市场选择等，并构建了相关研究命题。研究结论表明，不同类型的网络外部性对数字平台的国际化战略具有异质效应。该研究结论为深入探究数字平台国际化战略奠定了基础。

3.4.3 实践启示

本书的研究结论对数字平台国际扩张具有十分重要的指导意义。寻求国际扩张的数字平台需要探究平台自身直接或间接网络外部性范围。一方面，基于平台网络外部性是否具有国界性，数字平台运营商制定契合实际的数字平台国际扩张战略。具有跨境网络外部性的数字平台可以充分利用当前的用户基础以产生竞争优势，具有国内网络外部性的数字平台可以利用技术、品牌、能力形成的特定优势，实现国际扩张。另一方面，当面临大型国外竞争对手进入平台市场威胁时，数字平台应该努力增强国内网络的外部性，加大缺乏本地用户基础的国外数字平台的进入门槛。

本章小结

将网络外部性与内部化理论相结合，可以更好地了解数字平台的国际化运作机理。当存在跨国外部性时，数字平台的安装基数则形成了非地域限制的企业特定优势。首先，基于网络外部性理论、企业特定优势理论、商业生态系统理论，从理论视角探究数字平台国际化扩张的动机。其次，运用多案例研究法，基于网络外部性理论和内部化理论，探究数字平台国际化过程中的进入模式选择、国际化战略选择以及国际市场选择等，并构建了相关研究命题；研究结论表明，不同类型的网络外部性对数字平台的国际化战略具有异质效应。最后，讨论了本书的理论和实践意义，强化了研究主题中数字平台赋能特定情境，为深入探究数字平台国际化扩张战略奠定了理论基础。

本章结论表明，本书研究的数字平台聚焦于具有跨境网络外部性的数字平台。因此，该研究结论进一步收缩了数字平台赋能的边界。基于本章的研究结论，数字平台赋能是指跨境网络外部性的数字平台基于所处的枢纽中心位置提供在线基础设施和服务，运用算法、大数据、人工智能等数字技术，加速新创企业出海以形成平台生态系统的过程。因此，基于网络外部性的数字平台扩张也是“多环状价值共创生态圈”形成过程，通过共同创造价值和分享价值可实现平台生态的长期稳健发展。

第4章

基于数字平台的国际新创企业成长中关键能力解析

本章在文献综述的基础上，对“数字平台生态系统中国际新创企业如何依托数字平台实现成长”这一问题展开探索性案例分析，对国际新创企业成长过程中关键能力进行初步探索。运用扎根理论，基于数字平台生态系统中典型国际新创企业的多案例数据，解析国际新创企业成长过程中关键能力构成，研究成果可为后续研究假设的提出、实证研究的讨论提供了现实依据。

4.1 研究设计

4.1.1 研究问题提出

国际创业领域现有研究成果多聚焦于通过出口产品或国外直接投资（包括开设新子公司、收购现有国外企业、合资企业）等“实体”方式实现的新创企业国际化[19]。学术界普遍认为，新创企业国际化的速度与企业动态能力禀赋有关，如创新、市场导向和国际营销技能[190][191]。众多研究成果证实了这些能力对新创企业国际化绩效[192]、产品创新[10]、国际化速度[193]产生了积极性作用。然而，这些研究通常聚焦在基于产品的新创企业上——即，国际出口企业。

收入源于全球虚拟市场且仅提供数字产品的国际新创企业突飞猛进的现象引起了学术界、实践界的广泛关注。此类企业呈现出新颖的商业模式，如互联网平台（如允许用户创建内容并相互交互的社交网络等）、数字解决方案提供商（云播放器、数字支付运营商、基于互联网的服务提供商和互联网解决方案等）以及数字内容的生产者和分销商（门户网站、数字动画、数字媒体、游戏和娱乐等）。此类国际新创企业通过数字平台在世界各地以电子方式提供、销售、传输产品和服务。因此，数字平台在这些企业的运营和交付模式中发挥着重要作用。此类国际新创企业成长过程中具有较高的国际参与度，减少了对实体资产和地理位置的依赖性。数字化具有显著的颠覆性特征，国际新创企业只有具有独特的动态能力才能实现数字化转型，优化客户需求和体验。由于外向资产较少，探究国际新创企业能力构成极其重要。理论研究的滞后引发了一系列亟待研究的研究问题：(1) 国际新创企业应该具有哪些动态能力？(2) 这些动态能力与普通国际新创企业有何异同？(3) 此类动态能力如何促进国际新创企业成长。

厘清这些问题，对于深入揭示基于平台的国际新创企业成长十分重要。因此，本章在系统梳理现有文献的基础上，结合案例分析构建本书的理论模型，并对理论模型进行补充和完善，最后得出相应的研究结论。

4.1.2　研究方法选择

案例研究方法可按照研究目的、案例数量和案例层级进行分类[194]。案例研究方法按照研究目的可划分为探索性、描述性以及解释性三种类型。探索性案例研究主要目的在于界定研究问题或者研究假设，或者对研究方案可行性进行预判[195]；描述性案例研究主要目的在于完整描述观察到的实践现象及其所处情境；解释性案例研究主要目的在于解释实践发生过程及其因果关系。案例研究方法按照案例数量可划分为单案例研究和多案例研究[196]。单案例研究一般选择代表性极高的典型案例；而多案例研究涉及案例较多，包含两个或两个以上的案例数量，侧重于进行跨案例分析，对案例研究发展进行归纳和汇总[197]。案例研究方法按照案例层级可以划分为整体性案例研究和嵌入型案例研究[198]。整体性案例研究一般指单层次分析，侧重于揭示案例的整体特征和属性，并非进行次级单位的分析；嵌入性案例研究一般指多层次分析，侧重于同时对一个或多个分析单位（次级分析单位）的研究。

综上所述，本章采用探索性多案例研究方法，理由如下：首先，目前国际创业领域的研究成果多聚焦于通过出口产品或国外直接投资（包括开设新子公司、收购现有国外企业、合资企业）等“实体”方式实现的新创企业国际化，缺乏对基于平台的数字企业（digital companies）快速国际化的关注，致使研究成果呈现出支离破碎的局面。其次，立足数字平台赋能下国际创业的情境，国际新创企业成长更多地体现在国外市场的数字销售，体现在与国际客户和数字伙伴之间的互动，体现在非股权进入模式上。基于平台的国际新创企业无需或仅需少量国外直接投资，便可以参与国际化市场。因此，本书所涉及的研究现象新颖独特，相关研究较少，这一新兴领域需要通过案例研究来提炼和补充现有理论；同时，多案例研究的“复制逻辑”能够提升案例研究的“外部效度”，使所构建理论的普适性和稳健性更强。最后，本书旨在探究国际新创企业应具备哪些关键能力推动自身国际化进程——属于“怎么样（how）”和“为什么（why）”的研究问题，研究问题的属性决定了本书适合采用案例研究，从而更生动、细致地挖掘出复杂现象背后所隐藏的理论逻辑和规律，如解析国际新创企业国际化过程中关键能力构成及其国际化道路的细微差别[199]。

本书聚焦于基于数字平台的国际新创企业，选择探索性案例研究探寻和摸索国际新创企业关键能力（或关键动态能力）构成及作用机制，增强本书的科学性、理论性和规范性，为后续研究奠定基础。

4.1.3 研究案例选择

遵循“理论抽样”和“竞争性设计”原则，本书选取九家国际新创企业作为案例研究对象，如表4.1所示，理由如下：（1）案例整体的典型性。根据Newzoo以及SensorTower数据预测，2020年，全球游戏App市场规模约772亿美元。其中，中国以264亿美元的市场规模继续领先全球，占全球市场份额超过三成；其次是美国、日本和韩国，分别为197亿、160亿和40亿美元。中美日韩四大市场共占全球市场规模高达85%，龙头地位显而易见。中国、美国、日本和韩国是成熟App市场的典型代表。因此，我国国际新创企业生态较为成熟，海外竞争力强。选取的样本极具代表性和典型性。（2）案例之间的异质性。国际新创企业分别属于不同的行业，提高了案例研究跨行业的普适性，数字平台上国际新创企业在规模、年龄、国际化过程、商业模式等方面存在显著差异性。案例之间的这种差异性可以准确地理解国际新创企业成长中的关键能力。因此，本书在一定程度上避免了案例研究的幸存者偏差，提高了稳健性，进而为案例间基于“复制逻辑”的对比和扩展提供了有效支撑。（3）数据研究的完整性。案例样本企业与课题研究团队保持了长期的交流和联系，提供了比较完整的内部资料，用以支撑案例研究。（4）数字平台的依附性。所选取的国际新创企业均是基于数字平台积极参与任何类型的国际化活动，多是在线国际化的数字型企业。这就意味着所选取的国际新创企业多是拥有数字销售、数字用户和数字合作伙伴的数字企业，他们的大多收入都是来自虚拟市场中的交易。

基于以上遴选原则，本书选择了9家基于数字平台的国际新创企业。针对9家基于数字平台的国际新创企业，采用一手数据（如实地访谈、现场考察等）和二手数据（如年度报告、财务报告、官网信息等）相结合的方式收集数据，形成翔实的资料数据，构建完整的数据链。所选国际新创企业为了更便于深入访谈、在线发表等目的，出于保密原则，对案例研究过程中涉及的9家国际企业均以匿名形式呈现，均用字母进行了替代。

表4.1　　国际新创企业基本信息一览表

企业名称	所属性质	成立时间	员工人数	国际销售占比	出口地区
A	互联网解决方案	2018	21	50%	37个国家、地区
B	互联网解决方案	2016	38	70%	23个国家、地区
C	手机游戏	2014	298	50%	日本、美国、韩国等
D	手机游戏	2017	45	60%	日本、美国、韩国等
E	社交工具 语音社交	2017	46	75%	中东地区
F	社交工具 视频社交	2016	35	40%	中东地区
G	视频剪辑	2015	55	55%	东南亚地区
H	娱乐	2015	64	65%	东南亚地区
I	在线影视	2012	37	60%	拉美国家

资料来源：作者自行整理。

4.1.4　数据收集

本书的研究数据收集过程遵循Yin[200]（2003）“三角验证”的要求，涵盖了一手访谈资料、二手数据资料、参与者观察等方面。多渠道信息来源有利于获取丰富的案例材料，提高案例研究的“建构效度”，并且为确保案例材料的真实性和可靠性，研究成员在此过程中对已收集的材料进行“三角验证”[201]，最终基于所收集的材料建立案例文档库，为案例分析奠定了基础。

基于数字平台上的国际新创企业，本书采纳了四种不同来源，具体如下：第一种是多次深入、半结构化的访谈。对于每个国际新创企业，案例研究过程中都尽可能采访该公司的创业者/董事长/总经理。这个人是最有资格讨论公司能力及其国际化进程的人。对于访谈，我们准备了一份访谈提纲（详见附录B），提纲由重点明确的开放式问题组成，以指导讨论。访谈提纲分为三个部分。第一部分包括：询问创业者为什么创办这家公司，公司的董事会以及他们如何在数字平台下创造价值，该公司的国际化发展道路（时间、范围和规模雄心）。第二部分包括：询问国际新创企业在线国际化和实体国际化的国际化过程。第三部分包括：探讨公司的关键能力及其与国际化的关系。在每家公司，访谈持续1~2小时，时间为2019~2022年。2022年10月，我们与这些公司的首席执行官进行了电话跟进。所有访谈都被记录下来。第二种，在访谈期间中，被访谈企业提供的内部文件（如资产负债表、财务报告和幻灯片演示）补充了相关访谈内容。第三种，系统地收集了所有被访谈企业的二手数据来源，包括官方网站的在线材料、营销材料、新闻稿、新闻采访、公开演讲和公司负责人演讲的报告以及内部报告。第四种，系统地收集了中国信息产业网、赛迪网、计世资讯网等IT界的资讯网站资料。在多案例分析过程中，资料的收集与补充持续进行，并且在数据收集过程中，通过多个信息来源的交叉验证，以确保所有案例资料的准确性。本书案例材料具体来源如表4.2所示。

表4.2 数据来源一览表

开放式访谈	档案文件	直接观察	专业网站收集
对象：被选中企业的高级管理人员 时间：1~2个小时 方式：半结构化面对面访谈 主题：数字平台赋能形式有哪些？天生国际化企业国际化过程关键能力体现方式等	文件类型： 在线商业计划书 内部备忘录 年度战略规划文件 客户名单 历史销售资料等	时间：2019~2021年 内容：记录会议 参加在线企业规划会 列席规划会 观察调研网站实地活动 观察网站和报纸故事创造过程	来源：中国信息产业网、赛迪网、计世资讯网、中国信通院、199IT互联网数据中心、工业互联网观察、移动互联网观察

资料来源：作者自行整理。

4.2 数据分析

4.2.1 信度和效度

案例研究要遵循一系列严格的研究程序和使用科学化的工具，以确保研究结论的信度和效度[202]。案例研究的信度强调案例的可信性，指检验案例研究是否具有一定的可复制性[203]。案例研究的效度强度案例的有效性，指案例研究过程和案例研究结果均能准确反映所需测量构念的程度[204]。因此，本书的案例研究基于科学性、规范性、适用性等原则，采用实地调研、访谈、观察、文本编码等方式，严谨地对案例进行逻辑梳理、规范把控、提炼理论，使案例研究整体过程较为规范，确保研究的信度和效度[205]-[208]。

4.2.2 数据处理与呈现

数据处理与呈现是案例研究的核心，案例研究理论建构包含三大要素，分别为构念、构念之间的关系命题和命题的理论支撑。提炼构念及其关系命题过程中，要求来自案例数据。因此，本书的相关研究命题是通过多案例归纳而来的。多案例研究的资料收集、资料分析和理论生成交替进行，部分研究数据收集完成后，即对符合条件的资料开展案例分析，将理论与案例进行比较分析，并且随着理论的调整与扩充添加新的案例。具体分析过程如下。

首先，课题组逐一查看案例，并根据先前建立的理论类别对文本材料进行编码。在这一阶段，课题组撰写了每家国际新创企业的纵向国际化历史，以了解它们为什么要经历国际化过程，进而根据企业成立环境、国际市场竞争以及国际市场战略（包括成功与失败）的时间细节来识别关键能力。每一个案例的特质都被识别出来，以发现能够加深对国际新创企业国际化的关键能力的理解。这些个案研究报告也提交给了受访者，以确保研究的精准性。

其次，进行了跨案例分析，以确定这些企业快速国际化的关键能力。这是通过使用每个案例和每个理论类别的数据创建表格来完成的，然后比较这些类别中的案例，同时寻找相似性和差异。该过程主要采用 Gioia 的编码程序，通过三级编码，逐级对每一个案例进行编码，形成概念、范畴，并通过不断比较，建立概念与范畴之间的关系。为避免案例研究中关键信息的遗漏或缺失，课题研究团队的两名博士研究生和一名硕士研究生同步进行数据的编码，并进行编码过程的交流与探讨，对比数据编码结果。当两两对比结果时，出现不一致情况，再将数据结果递交给第三名博士研究生，令其重新比对案例数据进行系统分析/编码，寻找矛盾重新研判。同时，在数据处理过程中，及时吸纳该领域专家的建设性意见，最终形成较为统一的数据编码结果（见表4.3）。

表4.3　　定性研究过程中数据编码过程

<table>
<tr><th>开放式编码</th><th>选择性编码</th><th>理论整合</th><th>理论编码</th></tr>
<tr><td rowspan="13">文化意识、编程能力、即插即用的平台、商业模式、参与在线社区、参与搜索引擎、参与广告宣传、数字互联伙伴关系、多元化收入、国际用户付款、多元支付方式、战略灵活性、识别不断变化的国际机会、调整日常流程、修改常规操作、企业员工价值观、实时处理能力、跨界迁移能力、发现新的市场机会、抓住市场机会、探索顾客兴趣……（篇幅限制，不再一一罗列）</td><td>跨文化理解能力</td><td rowspan="3">全球跨文化编程能力</td><td rowspan="13">关键能力</td></tr>
<tr><td>跨地域编程能力</td></tr>
<tr><td>跨地域共享设施</td></tr>
<tr><td>跨境虚拟销售额</td><td rowspan="3">跨境数字货币适应能力</td></tr>
<tr><td>不同客户付款模式</td></tr>
<tr><td>国外货币化支付</td></tr>
<tr><td>国际战略灵活性</td><td rowspan="4">国际商业模式重构能力</td></tr>
<tr><td>业务系统灵活性</td></tr>
<tr><td>盈利模式灵活性</td></tr>
<tr><td>企业价值观前瞻性</td></tr>
<tr><td>提供虚拟访问</td><td rowspan="3">全球虚拟网络嵌入能力</td></tr>
<tr><td>提供虚拟认知</td></tr>
<tr><td>共享数字资产</td></tr>
</table>

资料来源：作者自行整理。

最后，访谈的结果与提供给我们的内部文件和系统收集的二级数据进行了三角测量。根据数据分析，课题组提出了一些研究命题。我们不断将我们的结论与收集的数据和相关理论进行比较，进而完善了相关研究命题。

一个学术同行小组对这些新出现的命题进行了批评，然后重新审查，在某些情况下，根据他们的反馈进行了修改。接下来，将案例的结果与命题的发展相结合。

4.3 研究结果分析与命题提出

仅仅依靠数字平台的网络外部性难以有效地推动国际新创企业健康成长，国际新创企业只有具备相应的关键能力才能更好地与数字平台进行耦合，才能抓住细分品类新机会，才能构建差异化的产品生态。国际新创企业只有具有较强的关键能力才能适应国外市场的特点，研发、销售适合国际用户的产品，才能快速地应对国际市场变化，才能更好地适应国际商业环境的不确定性。国际新创企业具备较强的关键能力，才能正确运用消费者在各种平台和社交媒体上提供的丰富信息（例如，消费者人口统计资料、心理数据、产品/服务评级），才能准确获得消费者的态度、习惯、兴趣和偏好等有用的信息，才能帮助企业制定和实施国际营销战略，实现国际扩张。因此，识别国际新创企业的关键能力有助于推动新创企业的国际化进程，进而减少国际新创企业的直接投资。基于表 4.3 数据编码过程可知，国际新创企业关键能力由全球跨文化编程能力、跨境数字货币适应能力、国际商业模式重构能力、全球虚拟网络嵌入能力构成。

4.3.1 全球跨文化编程能力与国际新创企业成长

全球跨文化编程能力是强大的技术编程能力和跨文化敏感性相结合。跨文化编程能力是指国际新创企业能够主动调整用户界面，为来自不同文化的用户创造价值，通过应用编程接口（APIs）参与涉及多家数字平台的共享数字系统，以及在世界任何地方的用户都可以访问的标准化虚拟市场上即插即用的能力。全球跨文化编程能力不仅可以帮助国际新创企业吸引不同国家的用户，而且能够帮助国际新创企业快速适应数字平台成长，为每个新市场快速编写出相同的应用程序。强大的全球跨文化编程能力使国际新创企业能够为国际市场开发接口，而无须为每个新的本地市场重新编写相同的应用程序。跨文化编程技能对于将其数字产品与数字平台无缝对接（即插即用）非常重要。谈到被访谈企业的国际化市场扩张，所有企业都强调跨文化编程能力是一项关键能力。只有具备跨文化编程能力，国际新创企业才能迅速在国际市场上扩张。

由于语言、用户习惯等因素，国外用户有着截然不同的产品偏好。因此，基于平台的国际新创企业成长中的主要障碍是对国际市场的陌生感，对用户需求、习惯、文化等的不了解。具有较强的全球跨文化编程能力的国际新创企业可以快速了解国际用户偏好、生活习惯等。出海的国际新创企业必须依据顾客需求及时进行大量修正，以满足国际用户的需求，如应用程序界面、支付流程和安全问题等。正如A企业的高管指出的那样，如果我们想在非洲地区增加用户数量，我们会根据当地文化、风俗习惯、用户使用方式等特征，迅速开发出适合当地的互联网解决方案，开发出满足当地人需求的产品。E、F企业在中东地区呈现井喷式增长，得益于对该地区用户习惯的理解。其余调研企业均表示，在国际化进程中，企业均会研发出具有当地风格的产品，以减少客户抵触心理，增加产品的销路。

跨文化编程能力将有助于国际新创企业与数字平台领导者无缝对接，迅速开展国际化运作。Facebook、谷歌和亚马逊等互联网领导者开发并推出了一系列编程的数字产品，其他较小的新创企业紧随其后。数字产品的开发需要国际新创企业具备熟练的编程技能，及时解决产品跨国销售中的各种问题，还需要有关访问这些全球平台的不同文化群体的文化知识和信息源。例如，在线影视公司（I）、手机游戏公司（C 、D）在新产品开发过程中，均会了解国际客户当地文化，进而开发出符合当地文化的影视、游戏等产品。所有调研案例均表明，每家国际新创企业均具备了不同的跨文化编程能力。这些差异性要么取决于企业独特的商业模式，要么取决于企业是否有更标准化或定制的虚拟产品。基于此，形成以下命题：

命题1：全球跨文化编程能力有助于国际新创企业更有效接触和服务国际用户，从而实现国际扩张。即，全球跨文化编程能力越强的国际新创企业越能实现快速成长。

4.3.2 跨境数字货币适应能力与国际新创企业成长

国际新创企业在进军国外市场时，需要一种合理的收入模式，以适应国外市场的本土化要求。在被访谈对象之中，大多国际新创企业强调了企业需要相应的盈利能力。只有具备一定的盈利能力，国际新创企业才能不断地更新产品，不断地满足国外市场的本土化要求。在案例调研过程中，国际新创企业要想扩大国际市场，获得更多的国际客户，增加销售收入，则需要对本地用户进行数字货币化。

跨境数字货币适应能力是指国际新创企业通过数字平台实现国际扩张时，选择合理的收入模式，对销售产品或提升服务收取一定费用，适应国外市场的收益能力。因此，国际新创企业若想快速吸引国际用户，增加产品的销售金额，则需要提升跨境数字货币适应能力。若国际新创企业仅仅使用一个在线支付标准，必将会失去众多小微客户。虽然，国际新创企业货币化战略因商业模式的不同而大相径庭，但是数字货币化适应能力是国际新创企业向外扩张过程中的一个研究热点。正如B、C企业结合产品和区域特色，并基于渠道受众的差异化，细分投放渠道组合和策略，采取灵活的盈利模式。E、F企业为了迅速获得国际客户，抢占海外市场，采取了免费模式。E、F企业的受访者提到“我们企业构建短视频社交平台，并根据国际用户上传内容后所获点赞、评论、分享等数据量级，为平台用户进行智能推荐”。E、F企业通过建立数据增长中台，将海量数据和强大的技术能力转化为本公司的基础设施，进而实现技术与数据的高度复用。为了实现持续盈利，保障企业可持续发展，E、F企业与当地日常用品龙头企业签订了合同，通过直播带货、产品宣传等方式获得赞助。同时，E、F企业通过在线广告，在中东地区收取会员费、交易费等，以当地货币接收不同客户的付款。面对不同的地区，基于此，形成以下命题：

命题2：跨境数字货币适应能力有助于国际新创企业更有效接触和服务国际用户，从而实现国际扩张。即，跨境数字货币适应能力越强的国际新创企业越能实现快速成长。

4.3.3　国际商业模式重构能力与国际新创企业成长

国际商业模式重构能力是指国际新创企业在最短的时间内以快速有效的方式改变商业模式的能力。国际商业模式重构要求国际新创企业在改变商业模式的组成部分时具备战略灵活性。为了抓住数字商务国际背景下的机遇，国际新创企业需要结合动态修订和重塑其战略的技能来重新配置商业模式。根据国际新创企业竞争所在国际环境的变化，商业模式的变化因国际化商务活动而异。在企业访谈过程中，所有国际新创企业均强调了企业商业模式创新的重要性。数字技术的飞速发展促使企业必须及时进行商业模式创新，以紧跟时代发展的需求。应用程序市场是一个迭代创新快速发展的世界，所以A、B企业需要紧跟技术和消费者的变化，重构企业的商业模式。否则，企业将会快速失去原有顾客，处于倒闭的边缘。

国际商业模式重构可促使国际新创企业精准迎合国外市场新用户的需求。根据公司的在线国际目标，国际新创企业可以从顶层设计、业务运营、支撑体系三个方面进行国际商业模式重构。在社交产品发展成熟的美国，移动应用全球化需要构建合规体系，满足用户对社交类应用“安全可靠”的基本诉求。

E、F企业运营体系基于数字平台和国际市场需求从产品设计、营销推广、运营监察等方面进行商业模式重构。在产品设计方面，设置自动模糊屏幕保护功能，避免用户环境曝光；在营销推广方面，坚决不向未成年人进行推广投放，引入基于 AI 的年龄识别技术，对于疑似未成年（<18 岁）的用户，强制要求进行身份验证。在运营监察方面，建立内容监督机制，即通过 AI 技术以秒级的速度处理不良内容审查。建立三级分级举报机制，即分别为暂无人身威胁、存在可能的人身威胁、已存在人身威胁，并匹配差异化处理方式与预期响应时间。

A－I 企业所有的创业者均认为，应用程序市场发展速度极快，企业每天都在思考和反思企业商业模式能改变什么。因为如果企业不改变，那么企业可能会在一夜之间倒闭。H 企业最早是 B2B 平台，但是扩展到东南亚后迅速转变为 B2C 平台，以便为当地创业者提供相关服务。

国际新创企业拥有的国际商业模式重构能力越强，越能快速地参与数字技术不断变化过程中涌现的机会，并允许其灵活快速地放弃虚拟市场中失去的主动权。因此，国际商业模式的重新配置可以与国际新创企业在线国际扩张相联系。创业者需要调整构建模块，甚至整合商业模式的总体变化涵盖新的业务情况，以增加互联网销售和新的国际用户的参与。基于此，形成以下命题：

命题 3：国际商业模式重构能力有助于国际新创企业更有效接触和服务国际用户，从而实现国际扩张。即，国际商业模式重构能力越强的国际新创企业越能实现快速成长。

4.3.4 全球虚拟网络嵌入能力与国际新创企业成长

全球虚拟网络嵌入能力是指国际新创企业在虚拟市场中接触和管理用户虚拟网络和数字互联伙伴关系的能力。这一关键能力使受访公司能够从与规模更大、知名度更高的数字平台的虚拟合作伙伴关系中获益。反过来，这些大公司通过访问其虚拟用户网络，为受访公司提供了全球范围的服务。受访的国际新创企业均具有全球虚拟网络能力，能够有效地处理在线社区中的虚拟关系、虚拟广告和其他虚拟行为。这些能力可以轻松地将国际新创企业与全球用户联系起来。如果一家小型数字公司没有能力成为这些用户虚拟网络的一部分并与数字合作伙伴管理这些虚拟网络和共享虚拟网络，那么它将极难实现重大的在线国际扩张。例如，G 公司自 2015 年 1 月以来，我们与苹果建立了虚拟合作关系，在苹果应用商店 iOS 中开发新功能。对于我们公司来说，作为合作伙伴在 iOS 平台上使用是全球的一场革命产品曝光率和技术升级。用户平均每天制作 1400 个新视频，但在我们在 iOS 上发布 24 小时后，视频产量就增加了 6 倍，并且从那时起，视频产量呈指数级增长。

所有创业者都谈到拥有大量用户为其数字产品创造价值的重要性。他们表示，在互联网上随处可见并不一定意味着该产品会吸引国外市场的用户。所有接受采访的公司都报告，他们正在努力在目标国外市场建立虚拟用户网络。这些公司描述了访问现有虚拟网络的两种方式：第一种是通过共享数字资产（数字互联伙伴关系）与其他公司建立虚拟伙伴关系，这种共享数字资产可以快速有效地吸引和接触新的国外市场的用户。这些虚拟伙伴关系可以包括共享数字资源池、数据交换、共享虚拟销售、共享用户网络和其他电子链接[41]。第二种方法是通过积极参与在线社区、搜索引擎和广告来建立虚拟连接，从而为潜在用户提供访问和认知。C、D、I 等企业嵌入在 Facebook 、Google、亚马逊、速卖通、eBay、东南亚的 Shopee 等国际主流平台上，运用各种方式宣传、销售企业的产品，实现了快速的国际扩张。基于此，形成以下命题：

命题 4：全球虚拟网络嵌入能力有助于国际新创企业更有效接触和服务国际用户，从而实现国际扩张。即，全球虚拟网络嵌入能力越强的国际新创企业越能实现快速成长。

4.3.5 数字平台企业赋能机制与国际新创企业成长

在数字经济背景下，数字平台对基于平台的国际新创企业（也可以称为平台依附型国际新创企业）生存和成长至关重要。资源基础理论认为，有价值、稀缺的、难以模仿的和不可替代的资源能够提升企业绩效，帮助企业构建竞争优势。数字平台通过资源贡献、信息提供、授权自治、给予奖励等措施，为国际新创企业提供关键成长资源。例如，数字平台通过持续聚合多种数据资源，降低国际新创企业运营成本，提供数字基础设施帮助国际新创企业打破“数据孤岛”，运用人工智能技术促进了平台大数据的收集、处理、分析，运用人机协同技术解释和组合来自各种来源的复杂信息，促进国际新创企业关键能力发展，进而提升了平台生态信息的搜集、分析和连接的效率和速度，帮助国际新创企业的管理者使用这些信息来减少市场不确定性，进而做出科学决策加速企业成长。同时，数字平台赋能还能够通过聚集在平台上的最终用户的各种交互行为获得浏览记录、点击偏好、留言评论、消费意愿和支付选项等各种用户“交互”数据，将用户与国际新创企业进行匹配，将大数据背后的商业信息传递给国际创业者，降低信息不对称的风险。

同时，全球跨文化编程能力、跨境数字货币适应能力、国际商业模式重构能力、全球虚拟网络嵌入能力是本书研究形成的重要能力，是影响国际新创企业国际化扩张的重要因素，也是基于平台的国际新创企业成长的关键能力的重要组成部分。这些能力反映出国际新创企业在国际市场扩张的程度。这些能力在国际市场销售额、国际用户拥有量、国外数字伙伴关系中占有重要地位。这四种能力对于基于平台的国际新创企业成长非常重要。

因行业不同、国际客户偏好不同，不同的国际新创企业的四种能力将会有所不同。基于平台的国际新创企业会随着平台演化、技术迭代等发展不同的能力，进而展现出不同的成长路径，如图 4 – 1 所示。

在实证过程中，本书省去了全球虚拟网络嵌入能力的测量（见图 4 – 2），理由如下：第一，本书研究的情境不同于一般国际新创企业成长的情境，数字平台通过提供数字基础设施，营造了良好的数字生态，提高了国际新

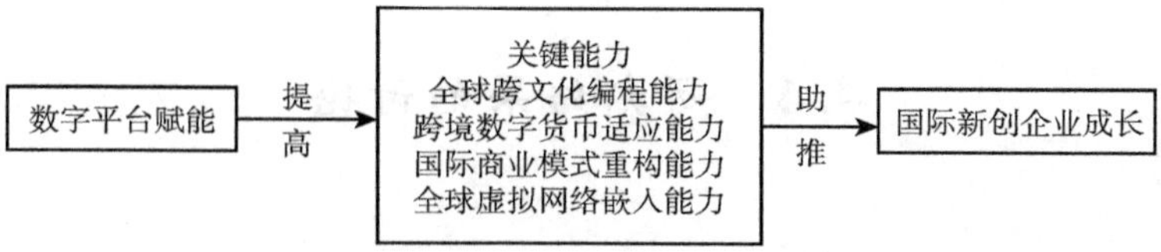

图4-1 基于平台的国际新创企业成长的关键能力剖析

创企业合法性。例如，万里汇正在以数字化技术帮助更多的国际新创企业和消费者建立起线上和线下的新连接，服务商家和消费者实现“全球收”“全球付”和“全球汇”，为国际新创企业提供快捷、方便和实惠的跨境收款、付款、兑换及金融服务。因此，数字平台利用自身技术优势，联合跨境支付全球合作伙伴力量，为中小企业提供资金安全保障与产品解决方案，国际新创企业可以直接嵌入全球虚拟网络之中。第二，在多案例分析和大样本调研过程中，大多国际新创企业具有轻资产特征，表现为基于数字平台的创业和基于数字平台的在线扩张，表现出较强的全球虚拟网络嵌入能力。众多国际新创企业主动利用 APPTouch 和 AppGallery 来克服水土不服的情况。AppTouch 通过当地运营商资源，帮助国际新创企业快速深入本地市场，以精准本地化服务帮助触达更多用户；AppGallery 为国际新创企业提供全方位的扶持，包括本地化服务、全球化优质推广资源、多样化投放策略、技术及运营支持等多方面。第三，在问卷预调研过程中，众多业内专家建议删除全球虚拟网络嵌入能力测量题项。第四，听取学界和业界众多专家组的建议，在实证过程中省去了全球虚拟网络嵌入能力测量。因此，基于数字平台的国际新创企业在实证过程中主要由全球跨文化编程能力、跨境数字货币适应能力、国际商业模式重构能力构成。

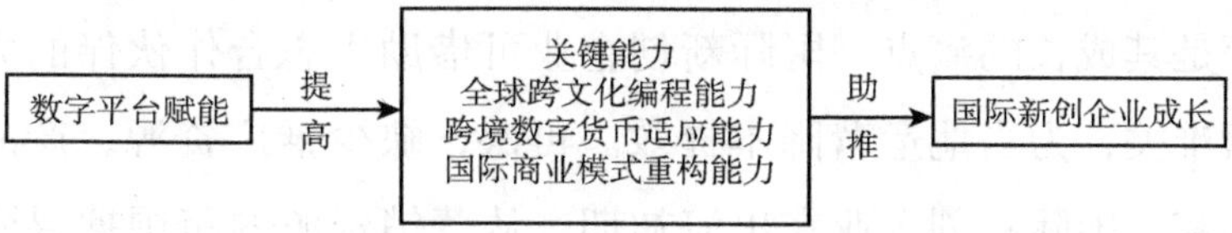

图4-2 数字平台赋能国际新创企业成长的机理分析

4.4 研究结果的讨论

近年来，基于数字平台的国际新创企业以前所未有的速度在全世界扩张。数字技术消除了新创企业进入国际市场的诸多障碍，大大降低了新创企业开展国际业务所需的企业规模[209]。基于国际化平台的数字产品在互联网上随处可见。与基于实体产品和基于服务的国际新创企业相比，基于平台的国际新创企业国际化过程既不是基于实体产品的出口，也不是基于FDI，更具有在线国际扩张的特征——即通过共享的数字资产与其他企业建立了虚拟合作关系，拥有越来越多的国际用户，多从事国际数字销售活动。

基于平台的国际新创企业快速成长引起了学界、业界、政界的广泛关注，但是其在成长过程中仍面临着众多障碍。首先，出海最大的阻力仍然是外来者劣势、新进入者劣势。尽管国际新创企业在走出国门之前都会详细研究当地人文环境，但在进军海外市场后，水土不服的情况依然难以避免。一方面，由于许多海外用户的习惯是难以全部用语言描述的，具有知识的缄默性，需要国际新创企业长期深入当地提升认知；另一方面，当地运营、营销推广、流量变现等环节都始终基于对海外用户的了解，信息偏差可能会传导到企业各个部门，进而对国际新创企业的战略决策造成困扰。因此，在国际新创企业出海的计划阶段以及出海之后，无缝对接的专业服务咨询可提高信息的可靠性，从而提高国际新创企业决策的精准性。其次，出海地的文化了解不深、市场信息不足、收集信息速度较慢。国际新创企业成长过程中目标市场的文化习俗、支付偏好、当地市场信息收集速度和精准性等是其成长的痛点。国际新创企业可借助生态合作伙伴的力量逐一突破运营难关，为当地运营降本提效。再次，缺少推广资源，产品营销渠道有待丰富。国际新创企业在出海初期，从营销资源的跨国搜寻到建立长期稳定的合作不仅是时间难题，而且是成本效率的难题，选择能整合渠道资源的数字平台，能在一定程度上减轻推广与获得顾客方面的成本。最后，对海外监管政策的不熟悉、无缝对接式合作伙伴的缺乏也是国际新创企业出海的障碍。例如，印度电子信息技术部以“安全威胁”为理由，连续5次对中国移动应用采取禁用措施，累计下架300多款App；2020年8月，美国签署对抖音、微信等应用下载和使用的禁令。因此，国际新创企业若能熟悉当地的数据合规、隐私保护政策等能在很大程度上减轻由于监管收紧带来的影响。

综上所述，国际新创企业在线国际扩张程度取决于企业拥有的关键能力。然而，目前国际商务和国际创业的研究文献较少探究基于数字平台的国际新创企业成长中的关键能力。本书运用动态能力理论[160][210]、关键能力[211]，对9家基于平台的国际新创企业进行实地调研，探究促进基于平台的国际新创企业成长中的关键能力，进一步丰富了Knight和Kim[192]（2009）、Knight和Cavusgil[10]（2004）、Blesa和Haenlein[163]（2021）的研究成果，拓展了国际新创企业能力的构成。本书认为基于平台的国际新创企业成长中的关键能力由全球跨文化编程能力、跨境数字货币适应能力、国际商业模式重构能力、全球虚拟网络嵌入能力构成。这四种能力因企业而异，也使基于平台的国际新创企业商业模式各有特色。国际新创企业成长中的关键能力与企业高层领导的先验知识、领导力、人际关系能力以及创业者和在这些公司工作的员工的总体管理技能相关。我们对关键能力的分析与Oviatt和McDougall[9]（1994）的分析结论一致，即创业者在新创企业国际化过程中起着关键作用。创业者或创业团队若拥有关键能力，可以加速新创企业快速实现国际化。资源在新创企业的创建和成长过程中发挥着重要作用。数字平台应以营造平台生态为出发点，以构建共同愿景为抓手，通过赋能国际新创企业以帮助其突破资源约束，减轻国际新创企业的资源劣势、外来者劣势，提高国际新创企业合法性，增强国际新创企业市场合法性，助推关键能力提升。

本章小结

基于动态能力、资源基础等理论，本章通过探索性多案例的研究方法，对9家基于平台的国际新创企业进行总结和分析，归纳并提炼了国际新创企业关键能力的构成——全球跨文化编程能力、跨境数字货币适应能力、国际商业模式重构能力、全球虚拟网络嵌入能力。首先，介绍了研究设计的主要内容，包括研究问题提出、研究方法选择、研究案例选择、数据收集；其次，介绍了数据分析，包括信度和效度以及数据处理与呈现；再次，介绍了研究结果分析与命题提出，探讨了关键能力（全球跨文化编程能力、跨境数字货币适应能力、国际商业模式重构能力、全球虚拟网络嵌入能力）与国际新创企业成长之间的关系；最后，基于数字平台赋能视角，结合这些变量与国际新创企业成长的关系，构建了本章的理论分析模型，进一步验证了“资源——能力——成长”的理论分析框架的科学性、合理性。

第5章

数字平台赋能国际新创企业成长机理分析

基于前面研究基础，本章为全面厘清数字平台与国际新创企业成长之间的关系，从平台分层模块视角、静态视角、动态视角深入揭示数字平台赋能国际新创企业成长的内在机理。

5.1 平台分层模块化架构赋能国际新创企业成长的机理解析

基于 Yoo、Henfridsson 和 Lyytinen[155]（2010）的分层模块化架构框架，数字平台可以分为内容层、服务层、网络层、设备层，如图 5-1 所示。数字平台依赖于不同模块化架构的参与者提供的资源，并对国际新创企业的国际化进程产生了重要影响。例如，Netflix（数字平台提供商）在服务层内提供视频点播服务，而电影制片厂在内容层内为 Netflix 的服务提供内容。Netflix 服务的最终用户可以通过网络运营商运营的网络层访问电影。设备层由硬件制造商和设计师运营，他们提供电视和平板电脑等设备来观看电影。然而，数字平台提供商倾向于依赖其他公司提供的资源，在架构的不同层中运作。Netflix 的服务需要电影，可以从位于几个国家的内容提供商那里获得。此外，为了将全球范围内的内容提供商、最终用户和其他行动者聚集在数字市场空间，数字平台提供商必须在不同国家的双边或多边市场中运营。

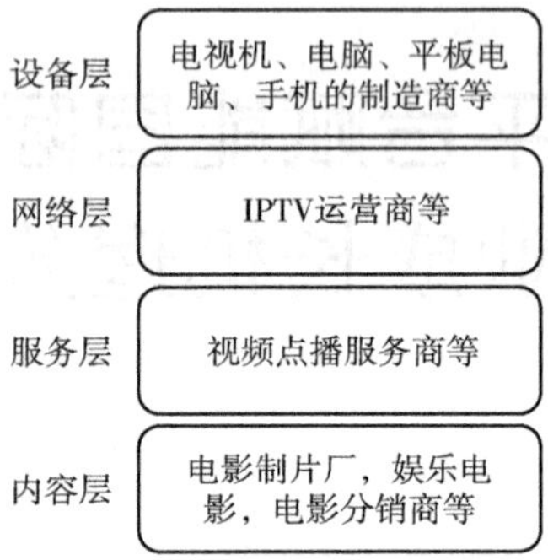

图 5-1　数字平台分层模块结构

综上所述，数字平台模式的核心是构建平台生态系统，维系平台生态系统稳定，实现价值共创。平台生态系统健康与否决定了平台运营模式成败。平台生态系统发展起于利益相关者分析，生于利益相关者联系，成于利益相关者互动。平台运营商通过平台吸引力和资源集结力共同作用实现网络效应、反馈效应、长尾效应和协同效应。数字平台生态系统在平台赋能作用下，不断提升自我吸引力以及资源集结力，从而给平台参与者（国际新创企业）提供优质的资源。基于企业生命周期理论，数字平台生态系统可以分为诞生阶段、发展阶段、成熟阶段和衰退阶段。由于不同数字平台在发展过程中可能经历多种状况，有的平台企业在刚刚成立就被市场淘汰，有的发展速度快，直接形成大规模的平台生态系统。因此，本书结合模块化架构和生命周期理论，探讨了平台分层模块化架构赋能国际新创企业成长机理。

5.1.1　获取模块化资源开展国际化扩张

数字平台生态系统依赖于不同层面的技术架构提供的异质性资源，对国际新创企业国际化进程产生了重要的影响。数字平台的早期国际化和随后国际化受到分层模块化架构的控制。数字平台国际化概率在很大程度上取决于平台运营商在不同国家复制分层模块化技术架构的能力。在某种程度上，数字平台的国际化进程早期由资源驱动的，然后才成为市场驱动的。对于数字平台运营商来讲，对外部资源的依赖似乎比对邻国环境的熟悉更能决定国际化速度和国外市场进入方式。因此，数字平台赋能国际新创企业成长过程首先是自身国际化过程，也是其进入国外市场获取关键资源的过程。该阶段，数字平台获得资源包括服务层、内容层或网络层的资源，故其发展一般受到技术瓶颈制约，平台运营商努力进入那些可以获得商业化所需资源的国家或地区，以构建或完善数字平台不同层的架构。平台运营商必须让其合作伙伴相信其平台的技术能力，以及为多边市场的参与者创造经济价值的可能性。正因为如此，数字平台的国外市场进入仅限于某些国家，这减缓了新创企业国际化进程。

在数字平台生态系统涌现阶段，数字平台运营商的价值主张、参与者的数量、参与者的角色定位、生态系统特定投资的需求以及合作的规则都不清楚、不明确。数字平台运营商首要任务是创建一个共同的愿景，使其他参与者能够看到“大局”和他们在其中的角色，同时也要在参与者之间创建足够的信任，创造一个互惠互利的平台，让他们愿意遵循平台规则并进行生态系统专业化的投资。其次，数字平台生态系统是众多法律上独立但相互依赖的经济主体，需要各部分之间相互配合，才能创造价值。因此，平台参与者必须通过专业化投资，共建平台生态系统，以实现平台生态价值。最后，平台运营商要确保生态系统参与者的价值主张和平台生态价值主张保持持续的一致性。因此，在涌现阶段，数字平台运营商的核心任务就是影响其他参与者，以便形成共同愿景。平台生态愿景越明朗，越易被不同成员接受，不同成员间的角色压力将会降低，合作程度将会增加，进而提高预期的可控性。因此，有先见之明、善于沟通、值得信任的数字平台运营商有助于降低平台生态内初始协调成本。

5.1.2 服务推向市场加速国际化运作

数字平台通过与控制或拥有所需资源的伙伴建立网络关系，以获得平台架构所需资源，构建完善的数字平台模块。当数字平台通过技术架构形成新的价值主张时，数字平台就开始了全球市场扩张模式。随着数字平台的互补者可以自由地进入和退出平台，平台网络的增长速度变得难以控制。数字平台运用广告宣传、购物优惠、现金奖励等多种措施吸纳大量的国际用户，形成正向网络效应。该阶段，数字平台发展一般受到战略“瓶颈”制约，该“瓶颈”一般是指最大限度限制平台生态系统快速增长或影响平台绩效的组件或要素。正因为如此，战略作为进入壁垒，超越了先前研究文献中强调的文化、心理和地理距离的因素[212]，数字平台需要让潜在国际创业伙伴相信平台生态的商业利益、经济价值和潜力，以启动多边市场[23]。

若数字平台运营商能灵活运用激励机制，那么平台生态系统就可能变得稳定和成熟。因为国际新创企业作为参与者不仅需要一个共同的愿景，还需要让企业发展服务于双方乃至多方同意的平台规则和标准（关于产品架构的协议)，确保不同平台生态系统成员提供的组件之间的兼容性的技术接口一致性。该阶段是数字平台国际化扩张期，也是成长期，成员之间的交流增多，互动增加，此时易产生冲突。因此避免四种冲突十分必要：第一，应着力避免因观点差异而造成的冲突；第二，避免因完成目标方式方法的差异而形成的冲突；第三，对权责的理解不一致而造成的冲突；第四，因互动关系不匹配而造成的冲突。因此，平台运营商要通过自身投资来彰显平台生态系统塑造是认真的，从而引起其他参与者效仿；同时，平台运营商还需要制定和实施平台运营规则以供它们遵守，进而建立服务于整个平台生态系统的标准。

5.1.3 维系平台生态稳固国际化运作

当平台网络增长拓展到平台生态系统的层面时，数字平台变得成熟并被全球接受。平台运营商可以专注于在全球范围内许可该平台，这样内容提供商、交付渠道和各地域的用户都可以加入和退出该服务，而不考虑他们的地理位置。数字平台已从严格控制的网络到松散耦合和控制的网络。数字平台通过与大量的国际新创企业合作，吸纳足够多的合作伙伴，拓展服务可用性，国际新创企业能够相互独立地使用数字基础设施服务。该阶段，数字平台已经成功地与控制重要资源的企业构建了稳固的网络关系，进而获得了该类资源，利用网络效应重新配置获得的资源，从而消除技术和战略“瓶颈”，促进了平台生态演化。该阶段，如何从数字平台生态系统中提高文化理解及价值观的一致性，是保障成熟的国际化平台生态系统共生演化的决定因素。

在一个成熟的平台生态系统中，平台运营商基于控制规则和标准对其他生态系统参与者具有讨价还价的能力。平台运营商若处于生态系统有利位置，则必将调整规则以对其自身有利。例如，谷歌和苹果在它们的操作系统中增加了新的支付功能，使整个生态系统参与者受益；但在此过程中，它们可以调整规则，以便获得所创造附加价值的最大份额。

综上所述，数字平台赋能的形式会随着平台生态系统涌现、成长、成熟而发生变化。数字平台赋能本质上吸引国际新创企业参与平台生态系统构建、引导国际新创企业进行专业化投资、促进平台生态系统演化。数字平台赋能在一定程度上也体现出平台运营商协调能力，以应对突发事件，降低交易成本。因此，建立数字平台生态系统中的信任治理机制，对数字平台生态系统中多主体价值共创行为的理论体系构建以及完善数字平台生态系统中的治理具有重要的理论和现实价值。

5.2 数字平台赋能国际新创企业成长的静态机理

基于资源基础观（RBV）的 IT 商业价值研究成果[213]和我们的实地访

谈，数字平台赋能本质上是提供新创企业国际化资源，帮助新创企业克服规模劣势和新进入者劣势，提高它们的存活概率[214][215]，提高国际新创企业市场合法性，降低交易成本。基于 Chen 等[40]（2022）研究，数字平台赋能主要体现在资源共享、信息提供、授权自治、给予奖励四个方面。借鉴 Chen 等[40]（2022）的研究成果，本书从资源共享、信息提供、授权自治、给予奖励四个方面论述数字平台赋能国际新创企业成长的静态机理，如图 5-2 所示。

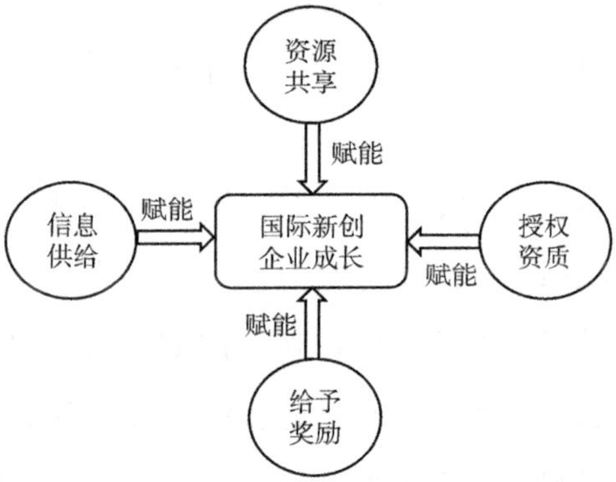

图 5-2　数字平台赋能国际新创企业成长静态机理

5.2.1　平台资源赋能国际新创企业成长机理

平台资源共享是指数字平台通过提供程序编程接口（APIs）、软件开发工具包（SDKs）、代码库、设计参考和技术规范等边界资源，以吸纳国际新创企业参与平台价值创造。研究表明，数字平台通过资源共享，激发了互补者参与的积极性和主动性，甚至“倒闭”的初创企业为了扩大市场而主动寻找跨境数字平台服务商，提高了产品创新的效率和有效性，扩大了平台生态系统价值创造。数字平台通常与国际新创企业共享生产性资源，国际新创企业在平台生态系统内进行价值创造。数字平台通过程序编程接口、软件开发工具包、代码库、设计参考和技术规范等边界资源，吸纳国际新创企业。一方面，标准化接口的使用实现了数字平台与国际新创企业的即时交互，降低了协调成本；另一方面，专业知识蕴含于特定数字平台，可引导国际新创企业利用这些知识资源开展进一步投资。

数字平台通过资源共享，增强国际新创企业的产品开发能力，从而提高国际新创企业的生产能力和投资回报率，促进国际新创企业成长。因此，资源共享是一种重要的激励机制，数字平台通过激励机制引导国际新创企业的价值创造活动，并促进平台生态系统内互补产品的扩展。例如，苹果为互补者提供程序编程接口，以与其操作系统进行互动，拓展平台生态系统价值；谷歌则提供 Android Studio 和软件开发工具包，以支持互补者的产品设计、开发、调试、测试以及销售；Linux 等开源平台还发布了与平台技术相关的设计参考和技术蓝图，以帮助开发人员创建产品。

数字平台提供了关键的共享资源，该类资源可以重新定义所有权优势的性质，促使国际新创企业基于平台资源展开国际化活动，而不必担心距离、地理和行业的障碍和界限。例如，索尼通过 PlayStation Indies，吸引互补者并支持其在 PlayStation 和整个独立社区上发行最好的各款独立游戏，进而让 PlayStation 成为开发、发现和体验优秀独立游戏的最佳场所。苹果公司在应用程序商店和 iOS 平台的支持下，吸纳了众多参与者开发互补产品。例如，某国际新创企业通过主营 B2B 业务的阿里巴巴国际站，运用3D看厂、视频会议同传等数字化高科技产品，拿到了公司成立以来的单笔最大海外订单。通过互联网平台的 B2B 模式，中小企业碎片化、零售式的交易成为可能，有效降低交易和流通成本，缓解企业经营压力。同时，国际新创企业还可以借助平台的品牌效应降低融资难度，争取更多支持，减少跨境业务发展阻碍。

5.2.2　信息提供赋能国际新创企业成长机理

信息提供是指数字平台向国际新创企业提供界面或国际客户等信息，

以期引导国际新创企业经营行为。国际新创企业具有新进入者劣势、外来者劣势及资源匮乏劣势等显著特征，若没有数字平台及其国际客户的相关信息，将难以与数字平台形成联合生产的机会，难以快速抓住国际市场机会提高生产率。数字平台运营商通过主动提供行业发展趋势、市场规模及发展前景等信息吸纳更多的创业者到平台生态系统中开发或销售市场需求产品或服务。平台信息提供通过信息发布方式为平台依附型企业提供发布供求信息的，以方便产品在网上有更多的曝光率，通过互联网轻松获得订单或成交。例如，开放的安卓平台和较低的创业门槛吸引了许多创业者，成为移动互联网时代创业者的最好选择。阿里跨境电商通过“线上+线下”的方式累计举办了数十场中国共享经济大会，会上发布的创新项目万余个，吸引了众多中小创业者。索尼每年都举行 PlayStation 游戏发布会，通过提供供需消息，以吸引更多创作者和玩家集聚在 PlayStation 上。人工智能现已成为平台、产品或服务产生用户价值的重要工具。例如，导航服务利用收集到的有关用户的数据，根据不断改进的交通状况预测，提供动态的逐轮导航。随着智能手机等计算设备的处理和联网能力不断增强，用户的感知价值也随之增加。SheIn 成立了系统研发中心，对供应链进行赋能，整合供应链资源的同时也可以对供应商进行穿透式管理。数字化系统共享体系内供应商的面料、产能、生产信息，如 SHEIN 在系统内发布订单后，系统根据算法自动派单或供应商在线抢单；移动端的“GMP（给我货）系统”数字化订单流程，辅之以线上线下的运营培训，指导供应链高效生产；MES 系统（根据实际业务需要自主开发的订单跟进系统）可以对供应商每笔订单的各个环节进行实时和可视化的跟踪，控制生产效率。

数字平台通过提供精准信息，引导国际新创企业进入特定生产领域，产生协同效应，进而也提高了平台生态系统的整体价值。学术界考察了国际新创企业应该如何参与数字平台。国际新创企业应该基于数字平台属性（如平台安装基数、平台核心技术能力、平台的运行规则等），做出是否加入某些数字平台的决策。然而，在许多情况下，国际新创企业缺乏足够信息支持其是否加入数字平台，或加入哪类数字平台，在一定程度上也会阻碍国际新创企业在数字平台上的进一步投资。为了降低投资风险并提高国际新创企业的参与性，数字平台可以提供与界面相关的知识，以便于国际新创企业了解哪些投资可以为其带来高额回报，哪些国际客户需求是亟待满足的。同时，数字平台可以通过召开会议和研讨会等直接沟通渠道，加强与国际新创企业的知识共享，并让国际新创企业了解数字平台的基本功能以及独特性能。数字平台通过提供精准信息，推动数字生态系统形成。例如，AppGallery Connect 提供的出海解决方案让国际新创企业契合当地法规和文化，助力应用出海无忧。Serverless 服务帮助国际新创企业快速构建应用。认证服务帮助国际新创企业构建安全可靠的用户认证系统，支持对接集成多种认证方式。本地化翻译、本地化测试等服务帮助国际新创企业解决出海应用本地化面临的多种问题。

除提供特定界面的信息外，数字平台还可提供客户需求的相关信息，以吸纳国际新创企业参与。例如，数字平台在品类垂直排名中，发布顾客最看重产品性能，以引导国际新创企业开发满足顾客的产品。数字平台开发即时聊天工具，支持国际新创企业与客户直接沟通，减少国际新创企业和顾客之间的信息不对称，更好地协调平台生态系统的价值创造。直接沟通还有助于国际新创企业与国际客户建立信任关系，以满足国际客户现实需求和挖掘其潜在需求。因此，信息提供可以促使国际新创企业更好地了解国际客户的偏好，并采取相应的行动来改进其产品，扩展平台生态系统的整体价值。例如，SheIn 为了精准触达用户，除投放谷歌广告之外，SheIn 自 2012 年开始依附于 Facebook、YouTube、Pinterest、Twitter、Instagram、Tik Tok 等社交平台大量投放广告。SheIn 通过选择能整合渠道资源的数字平台，在一定程度上减轻推广与获得顾客方面的成本。

5.2.3 授权自治赋能国际新创企业成长机理

授权自治是指数字平台所有者在平台生态系统价值创造过程中赋予国

际新创企业自主权的程度。对数字平台运营商而言，关于互补者（国际新创企业）自主权范围的决定是平台治理最重要的决定之一。国际新创企业在数字平台上的灵活性和自由裁量权将会决定他们在事前采用焦点数字平台的动机，以及在事后为平台生态系统做出贡献的意愿。

首先，数字平台通常会下放一些权力以吸纳新创企业参与到平台生态系统之中。此类权力包括使用和修改数字平台界面和核心组件的权力，或包括开发产品、设定价格、营销和推广的权力。例如，亚马逊将互补产品决策权全部交给互补者，而苹果应用商店则采用集中定价指南以吸引互补者。数字平台通过授权自治的方式实现与国际新创企业形成紧密合作、科学分工、联合生产的生产网络，推进平台价值的创造，实现国际新创企业在追求自己利益的同时推进平台价值的创造。在通常情况下，数字平台授权程度越大，国际新创企业加入数字平台意愿越高，进而享受更高自主权、更高的自由度、更高的权益保护，产生更多的第三方创新和产出。

其次，数字平台通过模块化赋予国际新创企业自主性。平台模块化允许国际新创企业专注于子系统的开发，允许国际新创企业专业知识累积，允许国际新创企业间共同专业化，提高创新效率。例如，Tiwana（2018）通过对黑莓操作系统应用程序研究，发现黑莓操作系统外部架构中具有高度模块化的应用程序能够快速响应平台的新功能[216]。因此，随着数字平台架构变得越来越模块化，国际新创企业仅仅需要较少的投资便能理解其产品与之交互的其他组件。同时，数字平台也能降低协调成本，加快平台生态系统形成，实现数字平台与国际新创企业共赢。因此，数字平台通过赋权自治促进国际新创企业提高对平台投资，加大专业化研发，实现联合生产，促进国际新创企业成长。

5.2.4 给予奖励赋能国际新创企业成长机理

奖励是最重要的激励形式。给予奖励是对国际新创企业加入数字平台的最直接奖励之一。目前，学界研究了数字平台如何通过激励方式来鼓励互补者采纳数字平台，并提高互补者的绩效。数字平台需要确保并表明，国际新创企业可以从参与平台中获利，从向数字平台提供的产品或服务中收回投资及获得正常利润，此举更会吸引国际新创企业加入平台之中。对于其他形式的数字平台，平台运营商可以实施付费功能，以刺激国际新创企业参与和提供高质量的贡献。数字平台也可以通过推荐、认证、特色等平台设计，提高国际新创企业的声誉，吸引客户的注意，推动网站流量，提高平台销售额增长。例如，阿里跨境电商、Shopify、ebay、SheIn、亚马逊等电商平台通过金融补贴、物流疏通、流量补贴、疫情特别举措、技术升级等措施，纾困平台商家、助力复工复产。SheIn 采纳的小单快返模式，吸纳了众多中小企业与其合作，该模式也给中小企业带来高额的红利。首先，“0 库存风险”。只要不是质量的问题，SheIn 不会退货，为国际新创企业承担库存积压的风险。其次，交易款时间短且入住成本低。目前 SheIn 已经做到了结算稳定及时，基本上 7 ~ 10 天做一次结算，新创企业已经可以做到平均月结。随着合作深入以及供应商评级提升，最短可以周结。企业入驻成本低，采取了无保证金、无入驻成本、无推广费、无销售佣金、无国际物流费等方式。再次，SheIn 目前可以给予评级较高的供应商利息非常低的贷款来给工厂购置厂房以及设备，而对于 100 件左右的小订单以补贴的形式进行激励。最后，物流便捷、无库存压力。供应商仅需要送货至国内仓，可以选择与公司合作的物流，也可以选择自行送货。总之，数字平台通过奖励那些能够为平台生态创造最高价值的国际新创企业，维系了平台生态系统的多样性。

5.3 数字平台赋能国际新创企业成长的动态机理分析

基于文献梳理、实地访谈和多案例企业追踪，运用生命周期理论、企业成长理论、平台生态理论，本书从国际新创企业成长视角归纳出数字平台赋能国际新创企业成长呈现出“寄生—共生—互生—再生”四个阶段，如图 5－3 所示。诚然，因数字平台赋能演化性，加之企业成长跳跃性、偶然性并存，并非所有国际新创企业成长过程都遵循该过程，甚至成长过程更为复杂。该动态过程仅仅是从平台依附程度上分析国际新创企业成长机理。

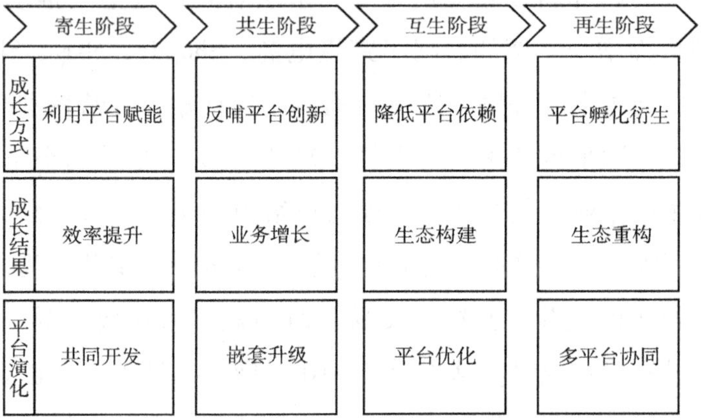

图 5－3 数字平台赋能国际新创企业成长轨迹演化简图

5.3.1 寄生过程中国际新创企业成长分析

寄生是指数字平台运营商通过资源共享、信息提供、给予奖励等多种赋能方式，吸纳众多新创企业入驻该平台，加速新创企业走出国门成为国际新创企业的过程。在此过程中，数字平台通过以技术为核心的能动性、创造性的相互作用构建和完善平台基础设施，有效连接买卖双方，启动创业企业快速发展的新引擎，促进物流、信息流、资金流以及商流的循环运转，实现连接赋能。例如，苹果公司集中精力研发核心软件和操作系统，将制造环节的 70% 分包出去，吸纳了众多创业者，将千千万万的参与者连接到苹果 IOS 平台上。该阶段是平台生态创建期，平台运营商不可能知道哪个互补产品会增加平台价值，故允许所有新创企业参与到该平台生态。此时，数字平台企业多会提出一种崭新但又相对模糊的价值主张，吸纳多元国际新创企业加入其中，共同开拓国际市场。例如，Valve为游戏开发者开启了全新的盈利模式，吸纳了全球众多第三方开发者加入Steam游戏平台中去。该阶段，若有成功的国际新创企业样板出现，则平台运营商将会吸纳大量的参与者，推动平台生态呈几何数增长。数字平台为了快速形成平台生态，国际新创企业为了快速克服新进入者劣势减少平台严重依赖性，都需要向“共生”阶段拓展。

在国际新创企业寄生过程中，数字平台运营商主要通过三种方式改善国际新创企业进入数字平台的条件。首先，平台运营商通过平台结构性治理变革（structural governance changes）增加国际新创企业创造价值和获取价值的机会。例如，苹果的iOS将应用内置广告（in - app advertising）作为额外的收益来源，索尼的playstaion推动微交易，让游戏开发者能够执行免费商业模式。其次，平台运营商通过结构性治理变革改变平台定价结构，增加国际新创企业的利益。例如，亚马逊将货币贬值风险从合作伙伴转移到贷方，苹果的iOS对不同国家的应用程序实施区别定价。苹果于2022年10月5日起在智利、埃及、日本、马来西亚、巴基斯坦、波兰、韩国、瑞典、越南以及所有使用欧元货币的地区提高App Store上的应用和应用内购买（不包括自动续订）的价格。该声明称，在越南的涨价反映了有关5%增值税和企业所得税的新规。最后，平台运营商通过结构性治理变革增加国际新创企业可获得的关于最终用户的信息的数量和质量。例如，亚马逊向国际卖家开放亚马逊搜索分析仪表盘（Amazon Search Analytics Dashboard），使用大量的匿名顾客数据，更好地了解客户的兴趣和与顾客的产品相关的购物选择；进而可以优化国际卖家的列表，改善库存规划，建立新产品开发路线图，实现在亚马逊平台上发展企业的相关业务。在寄生过程中，国际新创企业与数字平台交流沟通较少，几乎与众多互补者没有交流，难以对数字平台基础区块形成补充，也难以满足数字平台参与者的需求；嵌入的数字平台是该企业资源或收入的唯一来源，且获取方式单一；国际新创企业因资源劣势尚不能在嵌入平台实行动机性投资。

5.3.2 共生过程中国际新创企业成长分析

共生是指数字平台通过资源、信息、奖励等多种赋能方式增加国际新创企业广度和深度，集聚异质性国际新创企业的过程。该阶段平台运营商与国际新创企业之间一般不签订契约，互动交流较为松散。众多国际新创企业多是通过数字平台互动推动自身业务增长，实现企业快速发展。共生是平台生态成长期，是平台运营商和平台依附型企业满足平台生态内国际用户需求的过程。共生阶段多呈现出单方治理模式。在该阶段，平台运营商既是平台的维护者、管理者，也是平台的获利者。该阶段主要依靠平台运营商通过契约关系实现治理，参与者起到协助作用。

数字平台运营商通过突破关键产业技术，开展平台生态拓展活动，从而实现协同赋能。数字平台帮助国际新创企业从战略、制度、组织架构、企业文化、人力资源管理等多个层面进行全方位转型，实现国际新创企业快速生长，并携手基于平台的国际新创企业共同开拓国际市场。数字平台运营商基于人工智能、数据分析、机器学习等技术的场景化应用，预测行业发展趋势、发布产品需求信息，拓展价格预测模型、质量异议判定模型等数智运营的关键技术，打造国际化智慧运营体系，提高了智慧交易、智慧物流和智能风控能力，促进与国际新创企业的深度融合，扩大了数字平台国际影响力。例如，苹果的IOS、阿里跨境电商以及谷歌的安卓系统等深耕跨境行业十余年，深知当下国际新创企业发展所遇到的问题和面临的痛点，通过“出口企业数字化”为平台所有的国际新创企业提供更精准的商机、更高利润的订单、更确定性的供应链，配合行业化的知识洞察体系，完善企业能力的成长体系，真正做到帮助新创企业拥抱全球数字化营销新时代。

共生过程中数字平台运营商帮助国际新创企业抵御诱惑并及时捕捉稍纵即逝的市场机遇。随着规模扩张，国际新创企业也提高了对平台生态系统的贡献，但因企业整个业务发展和销售收入都嵌入数字平台系统之中，对数字平台依赖程度依然很高。此时，数字平台与国际新创企业的互动模式从单方赋能转向彼此需要，形成互补、依赖的关系。在共生阶段，国际新创企业经过寄生、共生两个阶段，初步积累了自主能力，持续深耕领域细分领域，持续完善产品或服务。国际新创企业开始为平台生态系统创造更大的价值，逐步进入互生阶段，降低对特定数字平台的依赖。在共生阶段，所有国际新创企业对数字平台基础模块有补充，但对所补充的基础模块运营效率不高，因此平台收入仍是国际新创企业的主要来源；但国际新创企业之间逐渐开始了横向沟通交流，参与者之间的合作开始出现，企业收入来源开始多样化；随着国际新创企业资本累积，开始了动机性投资，但是动机性投资占总投资比重较低。

5.3.3 互生过程中国际新创企业成长分析

互生是指数字平台运营商和平台上的众多互补者（尤其是国际新创企业）间紧密协作，签订发展契约，互动交流紧密频繁，以及国际新创企业之间相互合作、相互依赖，是多主体相互成就的过程。互生是共生阶段的深入发展，是平台生态成熟期。该阶段平台的开放程度高于共生阶段，吸纳平台参与者能力更强，甚至可以吸纳更优质的要素和资源（国际新创企业）。平台运营商围绕“生态化协调”的关键任务，开展多维度、立体化的资源整合活动，形成合理的分配关系和更多的价值创造路径，释放出更多的生态红利。在该阶段，数字平台积淀海量化、多样化的数据资源，建立了核心竞争优势——品牌、技术、管理系统、数据、用户等无形资产优势，增加了平台的可拓展性，实现了更大的跨平台运作。互生阶段本质上是多主体、多技术迭代升级，构建出平台产业链数据化、可视化、智能化的要素流通体系，促进生态融合环境下的全流程信息互通和全方位协同发展，从而实现生态赋能。因此，平台生态互生过程呈现出多方协同治理的状态，平台生态内彼此信任度日益增加。

互生过程是以“资源整合、互利共赢”为主要内涵，以文化协同为主线，增加了用户之间的黏性，给国际新创企业带来了稳定的盈利点和新的增长点，给国际客户带来了消费增值，最终实现国际新创企业快速成长和消费者收益不断增加的永续保障。例如，索尼公布“PlayStation Indies”计划，让 PlayStation 成为开发、发现和体验优秀独立游戏的最佳场所。PlayStation 与中国的合作伙伴一起，共同开创家用游戏机市场，扩大了游戏平台生态；与中国的游戏开发商合作，将中国创造的游戏产品推广到全球；也为中国玩家提供高品质的游戏和服务。但是，数字平台运营商对国际新创企业成长影响巨大。在第四章多案例研究过程中，A－I 企业均反映，在其所在的平台生态之中，许多拥有成功产品的互补者不是因为来自同行竞争被挤出了市场，而是因为平台运营商选择与互补者直接竞争。然而，对平台生态系统整体健康状况的关注数字平台一般不会进入成功互补者的产品空间，避免给互补者发出负面信号。相反，平台运营商会进入对互补者不满意的市场，并希望通过竞争激励创新。因此，若平台运营商寻求提高消费者对整个平台生态系统的满意度，他们应该瞄准表现不佳的互补者的产品空间。例如，亚马逊的进入战略通常是以在与第三方卖家形成互生伙伴关系后获取参与者信息为前提的。通过相关数据研究发现，亚马逊在 1 年左右的时间内进入 3% 的互补者产品空间，更有可能进入销售更高、评论更好的产品空间，而不愿意进入需要更大的卖方努力才能增长的产品空间。因此，互补者的平台特定投资也是平台运营商进入决策的关键因素。

数字平台运营商与国际新创企业一起针对行业发展的新趋势，更精准地判断彼此协作的价值和可能性，为整个行业拓展新的产品和服务。数字平台运营商旨在通过扩展平台边界增加平台互补者的宽度和广度强化互补者效应、减少互补机会主义行为实现数字平台运营商和国际新创企业互利共生。例如，苹果与某些应用程序开发者共享免费开发工具包（SDKs），以吸纳更多互补者进入，而新创企业又进一步增加数字平台生态系统的影响力。Shein 以高业务量、高周转率为目标，实现与供应商的绝对信任，构建了数字化管理的互生平台。经过多年的协同供货、相互支持的业务发展，Shein 拥有一批黏性极高的供应商。这些供应商拥有较强的“小单快返”能力，生产能力契合 Shein 快节奏。Shein 起初从某些供应商的“小单快返”能力中受益，进而向大部分供应商输出“小单快反”的模式，并用数字化改造把供应厂商升级成规模化的柔性生产的生态圈。在互生阶段，国际新创企业较为完美地嵌入数字平台生态之中，且与平台形成了紧密的合作关系，保障了平台生态效率运营效率提升；国际新创企业规模扩大，研发实力增强，平台收入来源大幅增加但呈现多样化状态。

5.3.4　再生过程中国际新创企业成长分析

再生是指在新商业环境下原有的数字平台生态系统被打破，数字平台运营商并购平台互补者或平台互补者衍化出新的平台生态，实现平台生态利益重新分配、平台治理方式重新调整，实现新的数字平台赋能。因此，再生过程是指数字平台运营商和国际新创企业基于国际环境变化和自身发展目标进行了持续的适应性调整，甚至开启了新一轮的“寄生—共生—互生”演化过程。其中，数字平台运营商也开始拓展新的细分场景，吸纳更多的国际新创企业加入该平台生态系统。国际新创企业经历“寄生—共生—互生”后进一步降低了特定数字平台依附性，减弱了与鲨鱼共泳的窘境，开始实施了多宿主战略和裂变成长战略，构建了以自我为中心的生态系统，实现了平台赋能成长和自我生态成长两条路径。例如，苹果自己开发相关互补程序，进入某些应用程序市场或者直接删除某些应用程序，进而导致互补者受到损失。因此，数字平台运营商只有通过再分配治理变革不断吸纳新的互补者，而现有国际创业企业或自建平台，或加入新的跨境平台，或与现有平台构建集体治理模式实现企业成长。

数字平台运营商通过 SKU（库存量单位受限）、资金打压、平台霸王条款等手段，锁定国际新创企业，致使大量国际新创企业成长过程中圈不住流量、沉淀不了粉丝，难以摆脱数字平台束缚。例如，各大跨境电商平台频频曝出新规则，导致大量中国国际卖家账号与资金被封，运营一度陷入停摆。同时，在毫无征兆的情形下，大量跨境电商运营企业倒闭，为寻找出路，平台依附型国际新创企业纷纷转向选择自建国际独立站，如运用备受推崇的 Shopify 平台。然而，大量涌入的国际卖家，并不具备在 Shopify 基础框架上的独立深度开发能力，很多国际新创企业品牌的特性、销售模式与策略等难以完美实现，局限了国际新创企业的 Shopify 独立站的营销力与竞争力，Shopify 的二次深度定制开发，就成为国际新创企业打造好自身的跨境电商独立站的关键。SheIn 最早入驻 Facebook、Youtube、Instagram 等国外主流社交平台，与用户直接互动，以树立自己的品牌形象，快速获得用户反馈。随着 SheIn 的发展，如今 SheIn 已经发展成为 SHEIN APP + SHEIN 网站 + 购电商平台亚马逊等，实现了从“寄生—共生—互生—再生”的演变。

需要说明的是，4 个阶段并非线性演化的、彼此之间割裂的。各个阶段在不同空间规模的层次上不断循环，后一个阶段以前一个阶段的赋能和能力为基础，螺旋递进，如表 5.1 所示。

表 5.1　　　数字平台赋能国际新创企业成长的表现形式

机理呈现 \ 成长过程	寄生	共生	互生	再生
平台赋能体现	开放吸引多元企业加入；连接产销；补贴策略，激发网络效应，最大化互补品数量和质量；数据生产赋能	业务场景优化；筛选匹配信息；引导企业加大投入；进入互补者不足领域 数据开发赋能	产业协同创新 协调多边关系 数据创造赋能 既能促进平台迭代又能保证平台独立	平台孵化衍生；跨界整合拓展产业边界；多边协同共创；防止平台分裂；数据交互赋能

续表

机理呈现＼成长过程	寄生	共生	互生	再生
国际新创企业成长表现形式	满足顾客基本需求；洞察用户心理；开拓国际市场	数字化改造；满足个性化需求；国际客户黏性增加	嵌套升级；满足个性化需求；国际客户黏性增加	满足个性化需求；国际客户黏性增加；自己创建平台；加入新的平台生态系统
平台成长目标	打响平台品牌 提升市场规模	延展产业链条 扩展产业生态	强化技术引领 打造创新高地	多平台共享协作 更大平台生态圈
平台迭代升级	跨境电商平台（消费电商、工业品电商等） 数字化专业市场平台	数字化协同平台 行业云平台/工业互联网平台	智能算力平台 行业平台/工业互联网平台	智能算力平台 行业平台/工业互联网平台
平台生态特征	国际新创企业构成：中小企业规模为主 产业结构：以某类产品为主，产业链条短	国际新创企业构成：若干龙头企业及产业链协同企业 产业结构：产业链条长，横纵向联系密切	国际新创企业构成：龙头企业及创新创业类企业 产业结构：先进制造与创新属性突出	数字平台与国际新创企业边界模糊，原生态系统迭代更新，新生态系统形成
平台治理形式	中心化治理	中心化治理	中心化治理/去中心化治理并存	去中心化治理

资料来源：作者自行整理。

5.4 相关研究假设的提出

数字平台作为数字基础资源供给者，加速了新创企业国际化进程。企业拥有的有价值的、稀有的、难以模仿的和不可替代的（VRIN）资源对于理解跨国公司（MNCs）的发展至关重要[118]。企业国际化进程是由跨国企业拥有的关键能力所驱动，这使它们能够在快速变化的环境中在全球范围内重新配置和更新它们的VRIN资源[210]。跨国共享经济平台（sharing economy platform MNCs，SEP - MNCs）的出现从根本上颠覆了主要的传统行业（Kozlenkova et al.，2021）[217]，重塑了全球企业和商业交流的国际化过程的性质。跨国共享经济平台（SEP - MNCs）作为数字平台的一种特殊子类型，从一开始就提供在线基础设施和服务，旨在促进平台用户的即时短期需求，并将国际新创企业的独立资源与用户的异质性需求连接起来[218]。该类数字平台是资源的供给方，可为国际新创企业提供基础的数字资源，加速了新创企业国际化进程。

国际新创企业作为数字资源接收方，拥有的关键能力是其不断增长的动力。组织成长是新创企业的共同目标[219]，被视为克服由资源匮乏和天生弱小等劣势造成的资源不足的过程。在动态增长状态之间的循环和非线性过渡中，国际新创企业将不可避免地面临三种不同类型的挑战：创业挑战、编排资源挑战和合法性挑战。其中，创业挑战需要国际新创企业不断发现或创造新的有价值的机会；编排资源挑战需要新创企业有效调动和（重新）配置其当前资源基础，依据环境并做出必要的改变，以实施其选择的战略[220]；合法性挑战是指新创企业在寻找内部能力与多个利益相关方（如客户、投资者、员工）多层次环境需求和期望之间的匹配时遇到的挑战[221]。因此，对于极其不稳定的以技术为基础的新创企业来讲，新创企业绩效之间存在巨大差距[220]。究其原因在于，国际新创企业之间拥有的关键能力不同。

借鉴 RBV 在 IT 商业价值研究中的视角，数字平台赋能过程可能无法满足 VRIN 的标准；只有当与国际新创企业关键能力相融合，国际新创企业才能实现不断成长。因此，基于“资源—能力—成长”的分析框架，构建数字平台赋能国际新创企业成长的理论分析框架是科学合理的。

5.4.1 数字平台赋能对国际新创企业关键能力的影响

数字平台可以通过多种方式影响国际新创企业的关键能力。首先，数字平台通过提供硬件或软件设备等技术元素（其功能可以通过互补模块进行扩展）和一套规则、标准和组织流程来协调第三方和采用者。因此，数字平台是模块化架构，包括核心和可替换模块以及相应的治理。数字平台架构使企业能够同时追求可扩展性（通过在核心模块中集权和集成基础功能）和可演化性（通过重新配置可替换模块）。具体来说，数字平台生态系统中的参与者（国际新创企业）可以共享和使用基础资源和知识，同时通过创建新的互补模块来利用独特的资源。其次，数字平台通过产品展示、筛选匹配、通信服务、商品发展趋势分析等功能集聚大量买方和卖方，使国际新创企业能够更清楚地了解竞争对手以及国际客户的需求和偏好，促进国际新创企业有效地开发新产品。此外，匹配功能有助于国际新创企业了解客户的定制化需求，并根据客户的需求偏好改进产品的功能、定价策略等，实现商业模式重构。沟通和展示服务有助于国际新创企业更有效地向出口市场的国际客户宣传和传达其价值主张。行业趋势分析功能提供当前国外市场和行业发展趋势的相关信息，帮助企业有效开发新产品，并有效管理海外营销传播计划。再次，数字平台提供从信息、互动、交易到流程改进的不同功能。数字平台提供的相关功能有望提高公司的国际营销能力，实现跨境数字货币适应。例如，数字平台的网站可以提供产品目录或提供更为完善的互补功能，可以帮助国际新创企业展示自身的产品信息并改善营销沟通，帮助国际新创企业实现全球虚拟网络嵌入。最后，数字平台还可以提供国际顾客即时反馈和对话功能，有助于国际新创企业了解顾客偏好并完善公司的产品开发。因此，数字平台可以通过资源共享、信息提供、授权自治、给予奖励等帮助国际新创企业实现资源、流程和组织的可视化、及时化和协同化，不断完善企业现有的产品和服务以响应市场需求的不断变化，实现国际新创企业关键能力的增强。

基于上述论点，本书预测数字平台赋能是可以增强国际新创企业的关键能力。

假设 H1：数字平台赋能与国际新创企业的关键能力正相关。

5.4.2 数字平台对国际新创企业关键能力影响的边界条件

（1）产品复杂性。

产品复杂性是指产品需要大量信息交换和交互以解决与产品交付和安装相关的功能问题的程度[222]。产品复杂性是国际新创企业在国际市场执行任务时内部不确定性的主要来源。当国际新创企业的产品科技含量高、操作更加复杂时，则需要更多的信息和互动来介绍产品的规格和细节。数字平台的特征是网络流量大，可以提供详细的在线产品展示，并提供高信息处理能力，进而帮助国际新创企业向客户解释关于复杂产品的信息[223]。高度复杂的产品需要通过数字平台运营商进行密集协调，如与国外买家进行在线即时聊天。潜在的国外买家可以充分利用国际新创企业的各种信息，进而增加不确定性。高度专业化的产品往往需要密集的沟通和协调，也会增加被竞争对手复制的风险。此外，数字平台可以提供实时互动服务，帮助国际新创企业回应客户关于复杂产品的询问。因此，当国际新创企业的产品复杂时，数字平台可以提供更好的信息处理能力，如协调和沟通能力。因国际新创企业具有资源劣势、外来者劣势、资源劣势、平台依附劣势等特征，当企业自身的产品很复杂时，它们或许只能提供单向的、有限的信息处理能力，往往不足以呈现复杂的产品细节。基于信息加工理论（information processing theory，IPT），产品复杂性将降低数字平台赋能对国际新创企业关键能力的正向影响。因此，本书提出以下假设：

假设 H2a：产品复杂在数字平台赋能对国际新创企业关键能力的影响具有负向调节作用。

（2）竞争强度。

竞争强度是指数字平台生态系统中提供相同或相似功能企业间的竞争激烈程度[224]。国际新创企业之间产品或服务若竞争激烈就会产生更多的外部不确定性。基于平台的国际新创企业通常会对技术发展非常敏感，而且会迅速使用先进技术[225]。例如，互联网平台技术的出现使新创企业可以同时与更多的合作伙伴进行交易，这为新创企业发展提供了更多的外部知识。除此之外，通过使用大数据分析技术，新创企业可以更好地处理外部情报[226]。但事实上，企业间竞争将削弱数字平台对国际新创企业关键能力的积极影响。在激烈竞争的条件下，国际新创企业将意识到技术的重要性，并采取必要措施保护自己的技术。若在数字平台上出现更多的竞争者，国际新创企业更容易感知核心技术的价值，并自然地参与企业核心技术的保护。为了保护技术和防止技术泄露，国际新创企业在与平台运营商、合作伙伴进行交易时，可能会从共享技术的角度采取更强的防御性措施，这不利于合作伙伴之间的密切关系。

从上述论述中，数字平台赋能促进国际新创企业关键能力的发展。然而，当竞争程度较高时，为了保护技术和防止技术泄露，与合作伙伴的亲密接触可能会减少[227]，从合作伙伴那里获得新知识可能会变得更加困难。因此，本书认为竞争强度削弱了数字平台赋能对国际新创企业关键能力的正向影响，提出以下假设：

假设 H2b：竞争强度负向调节数字平台赋能对国际新创企业关键能力的影响。

5.4.3　关键能力对国际新创企业成长的影响

国际新创企业成长速度取决于其产品、市场、业务和未来定位的成功程度。如果一个企业的市场份额、市场份额增长、销量、销售增长和新产品开发高于其竞争对手，则表明该企业实现了快速成长[228]。关键能力可以帮助国际新创企业识别潜在的市场机会，识别合适和有利可图的细分市场，以及推进新产品开发，在提高企业国际市场绩效方面发挥着重要作用。关键能力强的国际新创企业可以从嵌入数字平台的数据中产生新的见解，可以提前了解数字平台的发展趋势，了解国际市场，满足消费者的需求，并超越消费者的期望。Ripolles 和 Blesa 等（2020）发现企业关键能力与市场绩效结果（如市场份额、销售增长和产品开发）呈正相关关系[229]。Tortora 等（2021）通过对意大利 210 家公司的经理样本进行定量研究，探究了关键能力如何影响企业的数字创新[230]。此外，Mikalef 等（2020）研究了挪威公司 202 名首席信息官和 IT 经理之间的大数据分析能力和竞争绩效之间的关系。他们的研究结果表明，大数据分析能力的定义和基本特征（数量、种类和速度）在企业建立竞争优势方面发挥着重要作用[231]。

关键能力旨在为国际新创企业提供有价值的见解，以促进竞争优势、绩效提升和客户价值。因此，关键能力为国际新创企业提供了一种独特的能力，能够在竞争对手之前对新兴的新市场机会产生新的见解，能够帮助国际新创企业稳妥处理与数字平台之间的“锁定与成长”关系。关键能力可使国际新创企业顺利实施国际商务战略，以满足新客户群体的需求和现有客户的新需求，从而在竞争中产生更可持续的新收入流。因此，拥有更强关键能力的国际新创企业应该在市场份额、市场份额增长、销量、销售增长和产品开发方面优于其市场竞争对手，更好地处理平台依附性与价值共创性。因此，本书提出以下假设：

假设 H3：关键能力与国际新创企业成长呈正相关关系。

基于上述分析，本书提出的概念框架如图 5－4 所示。

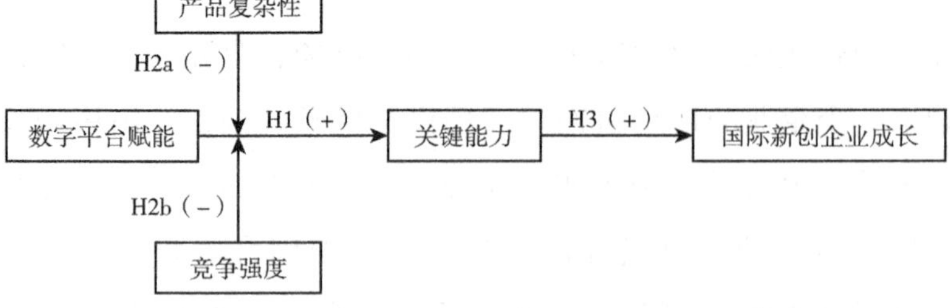

图 5－4　数字平台赋能国际新创企业成长的概念框架

本章小结

本章旨在研究数字平台赋能如何促进国际新创企业成长，并以关键能力为中介变量，进一步分析数字平台赋能对国际新创企业影响的边界条件，提出相关研究假设。首先，从平台分层模块化架构视角（内容层、服务层、网络层、设备层）探讨了国际新创企业成长机理；其次，从平台资源、信息提供、授权自治、给予奖励四个维度探讨了数字平台赋能国际新创企业成长的静态机理；再次，从寄生、共生、互生、再生四个演化阶段探讨了数字平台赋能国际新创企业成长的动态机理；最后，基于上述分析，探讨了数字平台赋能、关键能力与国际新创企业成长之间的关系，论述了产品复杂性、竞争强度在数字平台赋能与关键能力之间的调节作用，并提出了相关研究假设。

第6章

数字平台赋能国际新创企业成长的实证研究

首先，本章依据研究情景设计修正了调研问卷，并根据预测试结果调整相关题项，得到了最终的问卷测量题项；其次，根据正式调研问卷锁定相关调研对象并进行大样本数据收集；最后，利用结构方程模型研究方法对所获调研数据进行严谨的统计分析，旨在对前面提出的研究假设进行检验，从而得出数字平台赋能国际新创企业成长的实证结果。

6.1 问卷设计

6.1.1 问卷设计原则

问卷调研法是管理学领域实证研究中最常见的数据收集方法[232]。该方法的优点在于简便、快捷、灵活、高效地获取第一手数据。为了更为精准地把脉数字平台赋能国际新创企业成长机理，凸显调研问卷设计的科学性、严谨性、体系性及逻辑性，避免调研数据内容效度较差或同源偏差等问题，除了遵循相对性与独立性相结合、动态性与静态性相结合的原则外，还遵循了以下调查原则：第一，科学性，问卷内容涉及指标的概念和特征务必清晰准确，测量过程中应用的方法必须具有较高的科学性[233]；第二，可操作性，尽可能选择学界使用频繁、较为熟悉的问卷测量题项，问卷内容突出重点、提问简单，避免偏僻词汇，这样更容易收集真实可靠的信息[234]；第三，真实性，在选择受访者时，需要其全面了解研究问题，只有符合这种要求的受访者才能够真实反映模型变量的真实情况[235]。

6.1.2 问卷设计步骤

规范的问卷设计程序保证了调查结果的稳健性，更能准确地反映出所要测量的构念，因此，本书的调研问卷设计过程如下：

第一，查找测量量表。认真研读 UTD－24、FT－50 以及经济管理类国际“A 类与 A⁻类”期刊以及《管理世界》《南开管理评论》《科研管理》《科学学研究》《科学学与科学技术管理》等权威期刊，查询数字平台赋能、关键能力、国际新创企业成长等较为成熟的测量量表。成熟的量表在一定程度上保证了测量题项具备良好的信度和效度水准。

第二，修改原始量表。为了保证量表表达的内容尽可能得到真实数据和最大限度地体现出中国国际新创企业的实际情况。首先，对基于数字平台的 15 家国际新创企业的总经理进行了深入访谈，探讨其在数字平台上的成长历程；其次，将汇总得到的英文原始量表翻译成中文，随后再翻译成英文，以确保量表的精准性；最后，对 20 家典型的国际新创企业进行预测试，获得了关于测量题项的宝贵反馈意见。在预测试和实地访谈的基础上，制定了完善的调研问卷。

第三，形成最终问卷。正式调研问卷分为三个部分：第一部分简要说明调研的目的、意义。第二部分主要是基于平台的国际新创企业成长的基本信息，包括被访问者年龄、性别、职位、企业年龄、企业规模、企业性质、企业所处行业、企业所处跨境数字平台等。第三部分是本书所研究的变量——数字平台赋能、关键能力和国际新创企业成长的测量题项，共计 29 个测量题项。所有测量量表采用 Likert7 级量表，“1” 代表“完全不符合（非常不同意）”，“7” 代表“完全符合（非常同意）”。并在问卷作答前向被调研对象说明使用用途以及不会涉及机密，以保证数据的真实性。

6.2 变量测量

6.2.1 数字平台赋能的测量

数字平台（Facebook、LinkedIn、支付宝、Apple Pay、iOS 系统、安卓系统）为中小企业（包括新创企业）和国外客户联系提供了低成本的交流平台，促进了中小企业的国际化。数字平台作为中小企业国际化的媒介，具有在线流量稳定、参与维护费用低等特征。由于在数字平台赋能国际新创企业成长的研究背景下，现有研究成果尚未突出情境的定义，因而本书结合已有研究成果和研究对象的独特性，对数字平台赋能的定义和分类进行了归纳。数字平台赋能的方式会随着平台生态系统涌现、成长、成熟而发生变化。数字平台赋能本质吸引国际新创企业参与平台生态系统构建、引导国际新创企业进行专业化投资、促进平台生态系统演化。考虑到基于数字平台的国际新创企业的独特性，本书认为数字平台赋能本质上表现出四种方式：其一，平台资源共享是指数字平台通过提供程序编程接口（APIs）、软件开发工具包（SDKs）、代码库、设计参考和技术规范等边界资源，以吸纳国际新创企业参与平台价值创造；其二，信息提供是指数字平台运营商以人工智能和大数据等技术为手段分析海量运营数据，向国际新创企业提供其成长所需的平台接口、行业发展、国际客户等信息，以期引导国际新创企业行为；其三，授权自治是指数字平台所有者在平台生态系统价值创造过程中赋予国际新创企业自主权的程度；其四，给予奖励是对国际新创企业加入数字平台的最直接奖励之一，激励国际新创企业从事数字平台导向的创业行为。

关于数字平台赋能的测量，借鉴杨坚争[236]（2014）、梅景瑶[237]（2021）、Jean 和 Kim[238]（2019）、郑勇华[239]（2022）等的研究成果，本书结合数字平台赋能国际新创企业实践进行改编，共计 5 个题项，具体如表 6.1 所示。

表 6.1　平台赋能的测量题项

序号	测量题项
DPE1	有助于国际新创企业与国外客户沟通协调产品/价格/交货/付款信息
DPE2	有助于国际新创企业传播产品/服务信息
DPE3	有助于国际新创企业了解产品发展趋势和市场偏好
DPE4	有助于国际新创企业嵌入数字平台生态系统
DPE5	有助于国际新创企业灵活地获取不同国家/地区贷款

资料来源：作者自行整理。

6.2.2　关键能力的测量

关键能力是指国际新创企业在整个国际化成长过程中克服规模劣势、新进入者劣势、外来者劣势，提高国际市场存活和发展的能力。该定义更强调能力的出现过程而不仅仅是能力的配置结果，更强调国际新创企业如何开展复杂的战略选择，如国际化模式、速度和范围的选择，提高国际化适应性。

本书聚焦于基于数字平台的国际新创企业，在多案例分析和大样本调研过程中，国际新创企业均表现出了强大的全球虚拟网络嵌入能力，国际业务中数字技术含量较高，在调研问卷中也均反映出来，听取学界和业界专家组建议后，实证过程中省去了全球虚拟网络嵌入能力测量。因此，基于数字平台的国际新创企业在实证过程中主要由全球跨文化编程能力、跨境数字货币适应能力、国际商业模式重构能力构成。基于林宽海等[240]

(2017)、Laurell 等[162]（2017)、Blesa 和 Haenlein[163]（2021）等的研究成果，结合第4章的多案例分析，聚焦于基于平台的国际新创企业情境，本书的关键能力测量由14个题项构成，具体如表6.2所示。其中，全球跨文化编程能力由CC1－CC5共计5个测量题项构成；跨境数字货币适应能力由CC6－CC10共计5个测量题项构成；国际商业模式重构能力由CC11－CC14共计4个测量题项构成。

表6.2　关键能力的测量题项

序号	测量题项
CC1	企业能够快速开发和推出新的产品
CC2	企业能够为国际客户提供定制化服务/产品
CC3	企业能够监控竞争对手的研发动向
CC4	企业可以不断地拓展国际市场
CC5	企业可以充分利用数字平台提供的基础设施
CC6	企业实施不同客户付款模式快速响应客户的需求变化
CC7	企业创造性地“捆绑”定价交易
CC8	企业实施国外货币化支付模式
CC9	企业可以灵活地应对竞争对手的定价策略
CC10	企业可以有效地制订出口广告和促销计划
CC11	企业国际战略依据平台生态可以灵活性调整
CC12	企业的国际业务系统具有灵活性
CC13	企业智能化采购的能力很强
CC14	企业的价值观较为前瞻性

资料来源：作者自行整理。

6.2.3　国际新创企业成长绩效的测量

学界关于企业成长绩效测量题项众说纷纭，莫衷一是[241][242]。例如，宋英华等（2011）认为，企业成长绩效是指在与行业竞争对手相比较情况下的成长能力，包括竞争绩效、潜力绩效、财务绩效三个维度[243]。王雷和党兴华（2008）认为，企业成长绩效由竞争绩效和成长潜力绩效两个维度构成[244]。金昕等（2018）认为，企业成长绩效由企业持续关注员工发展的程度、持续降低成本的程度、持续提升市场营销的程度、持续提升竞争优势程度四个测量题项构成[245]。Baum（2011）用销售额增长率和员工人数增量来衡量新创企业成长[246]；郭海和韩佳平（2019）用销售额增长、员工人数的增长和资产增长来衡量新创企业成长[247]；陈宇和郝生宾（2022）用销售额增速、净利润增速、员工数量增速和市场份额增速来衡量新创企业成长[248]。通过对现有研究成果的回顾，发现国内外学者对国际新创企业成长绩效的测量涵盖下述两个层面：其一，反映国际新创企业成长绩效的财务性定量指标，如海外经营利润、海外市场销售额、海外市场销售额增长率等[249]；其二，体现国际新创企业成长绩效的非财务定性指标，包含国际客户满意度、国际市场占有率、国际经营风险等[250]。

国际新创企业成长理论指出，新创企业不但要解决“走出去”的问题，而且要解决在复杂多变的国际环境中“活下去”的问题。成长绩效对于国际新创企业尤其重要，与利润等财务指标相比更能全方位地反映出国际新创企业的成长态势。考虑到本书研究对象的特殊性，国际新创企业的管理者往往不愿意公开其实际的财务数据，或企业海外经营利润难以全面反映出企业的成长。同时，国际新创企业的国际市场尚在不断开拓之中，企业尚未体现出卓越的企业绩效。卓越的财务绩效并不是国际新创企业成长的一个必要衡量结果。因此，本书参考 Crespo 等[251]（2022）、潘宏亮[242]（2021）做法，采用主观的多维度度量替代客观的财务指标。基于数字平台情境的特殊性，结合财务指标与非财务指标两层面，本书将从销售额增速、顾客满意度、总资产增长率三个方面来测量基于数字平台的国际新创企业的绩效表现。共计 3 个测量题项，具体如表 6.3 所示。

表 6.3　　国际新创企业成长绩效的测量题项

序号	测量题项
GPINV1	国际新创企业的销售额增速高于行业内大多竞争者
GPINV2	国际新创企业的顾客满意度高于行业内大多竞争者
GPINV3	国际新创企业总资产增长率高于行业内大多竞争者

资料来源：作者自行整理。

6.2.4　产品复杂性的调节作用

产品复杂性是指产品使用者了解产品功能和使用方法的难易程度[252]。张陈宇等（2020）认为，高新技术产品的设计与制造过程均较为复杂，使用者不容易了解产品的所有特性和功能，对产品能给自身带来多大利益进行判断比较困难，产品对使用者的利益大小通常取决于自身掌握的产品知识[253]。以电脑为例，使用者对电脑内部系统构成、设计语言、外部设备及相关软件的知识，决定了其运用和发挥电脑各项功能的能力。同理，数字平台生态系统的复杂性造就了商业模式的复杂性，使众多参与企业难以突破固有惯性以及资源与能力的锁定效应。数字平台生态系统的复杂性需要国际新创企业进行广泛的信息交换和交互来解决的产品设计、生产、交付。因此，产品复杂性是国际新创企业成长过程中的最大阻碍，也是其产品/服务在国际市场销售中最大的不确定性来源。

基于 Son 和 Benbasat[254]（2007）、Jasna 等[255]（2022）的研究成果，产品复杂性由 3 个测量题项构成，具体如表 6.4 所示。

表 6.4　　产品复杂性的测量题项

序号	测量题项
PC1	描述产品需要大量的信息
PC2	描述产品需要许多属性
PC3	产品的规格比我们提供的其他产品要长一些

资料来源：作者自行整理。

6.2.5　竞争强度的调节作用

竞争强度是指国际新创企业在国际市场竞争激烈的程度。国际新创企业不仅面临同行业竞争，也面临数字平台运营商施加的各种压力。因为，数字平台运营商会努力保持或增加互补产品/服务提供者之间的竞争强度，以保留其与推进参与者之间讨价还价的能力。可以说，竞争强度将会在数字平台赋能与国际新创企业关键能力之间呈现负向调节的作用。

基于 Jaworski 和 Kohli[256]（1993）、Folger 等[257]（2021）、Jin 等[258]（2022）的研究成果，竞争强度由 3 个测量题项构成，具体如表 6.5 所示。

表 6.5　竞争强度的测量题项

序号	测量题项
CI1	企业产品/服务的国际市场上竞争非常激烈
CI2	企业所在的行业技术变化非常快
CI3	技术变革为企业提供了巨大的机遇
CI4	在国际市场上有许多促销战

资料来源：作者自行整理。

6.2.6　控制变量的测量

本书聚焦于数字平台赋能国际新创企业成长的作用机理，为了避免其他潜在变量对研究结果的干扰，需要控制企业层面影响因素，提升研究结果的可靠性。具体而言，在国际新创企业层面上，控制了企业经营年限、企业规模；在经营年限层面上，以企业入驻平台开展跨境电商的年份至 2022 年的时间进行衡量。本书中经营年限的赋值方法如下：经营时间 3 年以内的赋值为 1；4 ~ 6 年的赋值为 2；7 ~ 10 年的赋值为 3；10 年以上的赋值为 4。在企业规模层面上，企业规模用员工数量衡量，1 表示 1 ~ 20 人，

2 表示 21 ~ 50 人，3 表示 51 ~ 100 人，4 表示 101 ~ 150 人，5 表示 151 ~ 200 人，6 表示 201 ~ 250 人，7 表示 251 人以上。

6.3 数据收集

本书聚焦于数字平台赋能对国际新创企业成长的影响。首先，问卷调研对象针对的是基于数字平台上经营的国际新创企业，聚焦国际新创企业的数字化。因此，调研样本不包括食品及饮料、汽车配件、服装等传统出口行业，而多聚焦于游戏、互联网社交、视频和短视频、互联网工具等（详见附录 D）。例如，安克创新专注于智能配件和智能硬件的设计、研发和销售。安克创新业务从线上起步，主要销售渠道为 Amazon、Ebay、天猫、京东等海内外线上平台，在亚马逊等境外大型电商平台上占据领先的行业市场份额，拥有很高的知名度和美誉度。安克创新专注于充电器、数据线、蓝牙耳机等数码产品配件和小型电子产品，在海外赛道脱颖而出，超 90% 产品销往海外，在全球 100 多个国家和地区拥有超 1 亿用户。又如，茄子快传在全球市场拥有超 14 亿用户，日新增用户超过 200 万人，日活跃用户超 7000 万人，月活跃用户超 4 亿人。据 App Annie 数据显示，截至目前，茄子快传稳居全球 36 个国家 Google Play 工具类榜单排名第一，62 个国家 App Store 效率榜排名第一。其次，根据 App Growing 国际版、2022 年中国手游出海排行榜、2022 年度软件和信息技术服务竞争力百强企业、跨境电商产业园等多种渠道锁定本研究调查对象，共计 586 家企业参与了调查。最后，从每家企业中挑选一名负责海外业务的负责人（如首席执行官或出口经理）作为调研对象，以面对面、电话访谈、邮寄、跨境电商微信群、QQ 群、第三方电子商务培训机构等多种方式发放调研问卷。

此次问卷发放时间主要集中在 2022 年 7 月到 2022 年 12 月。共计发放调研问卷 586 份，回收 343 份。随后在人工处理时剔除三类问卷：其一，作答时间明显小于一分钟，填写结果具有明显规律性，前后回答矛盾的调研问卷；其二，普通员工作答的调研问卷，因为本书对基于平台的国际新创企业成长相关内容进行调研，而多数企业的基层员工受限于较为狭窄的操作性工作内容，缺乏对国际新创企业成长的了解；其三，调研企业员工人数超出 1000 人以上的问卷，因依据《统计上大中小微型企业划分标准》，该类调研对象不属于中小企业的范畴，也不属于国际新创企业的范畴。经此处理，得到 252 份有效样本，有效样本占总发放样本的 43%。随后，独立 t 检验的结果显示，无反应偏误（nonresponse bias）并不构成研究的主要问题（Armstrong and Overton，1977）[259]。

6.4　样本描述和数据质量分析

6.4.1　描述性统计分析

对回收的 252 份有效样本的基本信息进行简单的分类统计，如表 6.6 所示。在被访问者性别方面，男女占比比较均衡，男性占比略高于女性，男性占有效样本的数量 57.14%，女性数量达 108 人，占比为 42.86%。从成立年限来看，在 4～6 年居多，占 42.86%；3 年以下的企业占 38.10%。这表明数字技术应用催生了大量新创企业在成立之初，便通过数字平台嵌入国际市场。例如，小影科技成立于 2012 年 6 月，成立之初便开始了国际化运作，主要产品为移动端视频创作软件，包括小影（VivaVideo）、VivaCut 和节奏酱（TempoApp）等。随着海外短视频市场规模的快速增长，Instagram、YouTube 等平台推出短视频功能，小影科技在南亚、南美、西亚、东亚、非洲等主要的海外市场仍然面临巨大的挑战。小影科技通过继续开拓海外新兴市场，以避免平台巨头的围猎。从企业规模来看，被调研的国际新创企业规模相当，表明国际新创企业自成立后得到了较快发展。问卷调研和实地访谈结果显示，1～50 名员工规模的小型企业对于跨国新商业机会的渴求最为强烈，规模越大的企业对跨国商业机会的需求越小，250 人以上规模的大型企业需求仅有小型企业的一半。126 家国际新创企业不超过 100 人，但却善于运用数字平台，开展国际化活动。

表 6.6　　样本企业描述性统计（N＝252）

项目	类别	企业数（家）	百分比（%）
受访者性别	男	144	57.14
	女	108	42.86
成立年限	3 年以下	96	38.10
	4～6 年	108	42.86
	7～10 年	30	11.90
	10 年以上	18	7.14
企业规模	1～20 人	38	15.08
	21～50 人	48	19.05
	51～100 人	40	15.87
	101～150 人	40	15.87
	151～200 人	44	17.46
	201～250 人	32	12.70
	251 人以上	10	4
行业分布	手机游戏	96	38.10
	生活时尚	22	8.73
	阅读类媒体	32	12.69
	短视频/直播/社交	38	15.08
	数字技术/服务	64	25.40

数据来源：经 SPSS 频数分析得到。

随着国内移动应用行业存量时代特征愈加突出，用户增量明显放缓，多个类别的应用渗透率趋于饱和。同时，政策对出海的支持力度再次升级，越来越多的新创企业选择“走出去”，数字新创企业出海成为重要趋势。在硬件基础上，海外网民规模快速扩张，中东、拉美等互联网渗透率增长较快。此外，海外政府层、平台层加强隐私安全的举措较为普遍，数据保护政策趋严，未来可能大范围监管，彰显了合规应用的优势。同时，根据调研问卷进行了回访，回访结果表明，游戏类应用程序占出海下载量比例逐年提升，收入增速也强劲；角色扮演、策略等游戏品类贡献收入表现最好；社交类出海呈现元宇宙化、本土精细化、功能复合化三大趋势；娱乐类应用出海收入井喷，尤其中东地区增速最快。

从行业分布来看，一方面在国内市场趋于饱和，游戏的审核监管政策愈加严峻；另一方面，国内游戏产业发展必将长期受到防沉迷政策的影响。游戏厂商面临国内游戏产业增长乏力的局面，选择出海寻求新活跃用户和新市场。因此，调研中手机游戏厂商占96家，约38.10%；从游戏、开发者服务和SaaS（软件即服务），到硬件设备、电商等行业，越来越多的初创企业从萌芽期就瞄准了全球化，形成了从“数字化出海”到“出海数字化”现象。因此，数字技术/服务企业占64家，约25.4%。在跨境数字平台上，国际分工的门槛不断降低，全球数字贸易呈现出碎片化和高频次的特点。相比大型企业，国际新创企业能够更灵活地把握市场需求，更有动力在垂直细分领域提供产品和服务，因此可以广泛参与全球数字贸易，成为“微型跨国企业”，为全球顾客提供多样化的本地制造和轻定制服务。最后，因多数国际新创企业随着自身发展采取了多宿主策略，故依附平台呈现多样化，本书将不在统计平台选择占比。但是，众多国际新创企业都倾向于选择影响力大、受众多、成长前景广阔的数字平台。

6.4.2　共同方法偏差检验

根据Flynn等[260]（2010）的研究，采用两种方法来检验共同方法偏差问题。首先，采用Harman单因子检测方法进行问卷数据的共同方法偏差检验（Common method bias）。使用SPSS 25.0对每个问卷测量题项进行未旋转的因子分析，发现未旋转的第一个主成分因子载荷36.64%的变异（36.64% < 40%，Podsakoff et al.，2003；周浩和龙立荣，2004）[261][262]。

因此，单一因子解释的大部分变异现象并不存在，说明本调研问卷数据共同方法偏差并不严重。其次，控制未测量的潜在方法因子（ULMC）法。ULMC 法将受到方法因子直接影响的项目作为其指标，即在原有特质因子的基础上，将所有项目作为方法因子的指标，建立双因子模型。结果表明，方法因子模型的拟合结果比测量模型略有改进（CFI 提高了 0.012，RMSEA 下降了 0.003）。同时，该方法因子解释了总方差的 18.6%。该模型与测量模型的路径系数及其显著性没有显著差异，说明测量模型具有较强的鲁棒性[263]。因此，本书的研究不存在共同方法偏差问题。

6.4.3 信度和效度检验

首先，运用 SPSS 25.0 进行探索性因素分析（EFA），将所有测量题项进行探索性因子分析。检验得出 KMO 值为 0.879（此值一般要求大于 0.8），及巴特利特球形检验结果显著，说明该样本数据适合进行因子分析。

通过主成分分析法发现了 7 个特征值均大于 1 的因素，采用凯撒正态化最大方差法来旋转因素，结果显示，所有题目在对应因素上负荷较高，对其他因素的交叉负荷低，确保了因子的单维性以及题目的区分性，具体结果见表 6.7。其中，DPE1 ~ DPE5 均反映出数字平台赋能的具体方式，因此被命名为数字平台赋能；CC1 ~ CC5 均反映出国际新创企业技术编程能力和跨文化敏感性，因此被命名为全球跨文化编程能力；CC6 ~ CC10 均反映出国际新创企业合理的收入模式和海外收益能力，因此被命名为跨境数字货币适应能力；CC11 ~ CC14 均反映出国际新创企业从顶层设计、业务运营、支撑体系三个方面进行国际商业模式重构，因此被命名为国际商业模式重构能力；PC1 ~ PC3 均反映出国际新创企成长的表现结果，因此被命名为国际新创企业成长绩效；GPINV1 ~ GPINV3 均反映出国际新创企业生产产品可操作性、使用的便捷性，因此被命名为产品复杂性；CI1 ~ CI4 均反映出国际新创企业生产产品在国际市场上的竞争压力，因此被命名为竞争强度。研究结果表明，提取的七因子及各题项的因子归属都与量表设计上相吻合。

表6.7　旋转后的成分矩阵

变量	因子载荷						
DPE1	0.794						
DPE2	0.645						
DPE3	0.878						
DPE4	0.862						
DPE5	0.523						
CC1		0.629					
CC2		0.785					
CC3		0.721					
CC4		0.623					
CC5		0.775					
CC6			0.763				
CC7			0.751				
CC8			0.697				
CC9			0.716				
CC10			0.577				
CC11				0.677			
CC12				0.712			
CC13				0.757			
CC14				0.510			
PC1					0.664		
PC2					0.729		
PC3					0.692		
GPINV1						0.749	
GPINV2						0.762	
GPINV3						0.750	
CI1							0.559

续表

变量	因子载荷					
CI2						0. 526
CI3						0. 779
CI4						0. 674
特征值	4. 556	3. 716	3. 503	3. 237	3. 186	2. 593	2. 512
方差解释率（%）	14. 236	11. 612	10. 946	10. 116	9. 957	8. 102	7. 850
累计方差解释率（%）	14. 236	25. 849	36. 795	46. 911	56. 868	64. 970	72. 820

注：提取方法：主成分分析法；旋转方法：凯撒正态化最大方差法。

其次，对测量题项使用克朗巴赫系数（Cronbach's α）和修正后的项与总计相关性（CITC）两项评价指标对测量量表的信度进行评估，如表 6. 8 所示。其中，Cronbach's α 系数值大于 0. 70 是最佳的接受范围；一般而言，CITC 值大于 0. 50 表示可以接受。测量模型的结果表明，数字平台赋能、关键能力（全球跨文化编程能力、跨境数字货币适应能力、国际商业模式重构能力）、国际新创企业成长绩效、产品复杂性、竞争强度等 Cronbach's α 值均大于 0. 7，表明该测量题项具有良好的信度。

再次，分别从聚敛效度和区分效度两个方面对结构效度进行检验。聚敛效度是指使用不同的方法测量相同的特质或者构念的多个观察变量在该构念上的相似程度。聚敛效度高意味着观察变量在对应的因素构念上会有较高的因素负荷量，且观察变量间有较高的相关，则聚敛效度高。本书运用验证性因子分析的因子载荷值，并结合组合信度 CR 值和平均提取方差 AVE 值，综合确定量表的聚敛效度。当标准因子载荷值大于 0. 5，CR 值大于 0. 7 且 AVE 值大于 0. 5 时，表明测量量表具有较好的聚敛效度。表 6. 7 的测量结果表明，测量变量对应的大部分题项的标准因子载荷大于 0. 6，组合信度大于 0. 7，AVE 大于 0. 5。这表明，问卷调研数据具有较好的聚敛效度。

表 6.8　　测量模型的结果一览表

构念		测量题项	标准因子载荷	CITC	α 系数	组合信度	平均提取方差值 AVE
数字平台赋能		DPE1	0. 734	0. 679	0. 848	0. 856	0. 543
		DPE2	0. 743	0. 781			
		DPE3	0. 684	0. 602			
		DPE4	0. 794	0. 502			
		DPE5	0. 727	0. 660			
关键能力	全球跨文化编程能力	CC1	0. 656	0. 656	0. 901	0. 902	0. 650
		CC2	0. 609	0. 609			
		CC3	0. 642	0. 642			
		CC4	0. 611	0. 611			
		CC5	0. 624	0. 624			
	跨境数字货币适应能力	CC6	0. 528	0. 528	0. 787	0. 887	0. 613
		CC7	0. 634	0. 634			
		CC8	0. 562	0. 562			
		CC9	0. 643	0. 643			
		CC10	0. 562	0. 562			
	国际商业模式重构能力	CC11	0. 871	0. 598	0. 874	0. 925	0. 755
		CC12	0. 891	0. 747			
		CC13	0. 831	0. 740			
		CC14	0. 881	0. 746			
国际新创企业成长绩效		GPINV1	0. 731	0. 749	0. 815	0. 854	0. 663
		GPINV2	0. 892	0. 728			
		GPINV3	0. 812	0. 778			
产品复杂性		PC1	0. 89	0. 781	0. 876	0. 924	0. 802
		PC2	0. 92	0. 769			
		PC3	0. 87	0. 706			
竞争强度		CI1	0. 77	0. 733	0. 819	0. 905	0. 704
		CI2	0. 90	0. 708			
		CI3	0. 88	0. 704			
		CI4	0. 79	0. 732			

数据来源：作者根据运行结果自行整理。

最后，区分效度可以通过比较构念 AVE 的平方根与相关系数的大小来衡量。本书运用 SPSS 25.0 对各变量进行了相关分析，根据表 6.8 的检验结果可以看出，每个变量对应的 AVE 平方根的值均大于与其他变量的相关系数，说明量表整体具有较高的区分效度。

6.5 相关性分析

本书用 SPSS 25.0 进行相关性分析，结果如表 6.9 所示。相关性检验显示，自变量（数字平台赋能）、中介变量（全球跨文化编程能力、跨境数字货币能力、国际商业模式重构能力）、调节变量（产品复杂性、竞争强度）与因变量（国际新创企业成长绩效）之间具有显著的两两相关，但仍需要回归分析来支持更进一步的检验，以深入探究各变量之间的研究假设是否成立。

表 6.9　　变量的描述性统计及相关系数

变量	1	2	3	4	5	6	7	8	9
1	1								
2	0.007	1							
3	0.137	-0.148	**0.737**						
4	0.143*	0.189*	0.369*	**0.806**					
5	-0.203*	0.137*	0.208*	0.310*	**0.783**				
6	0.199*	-0.189*	0.280*	0.321**	0.401**	**0.869**			
7	0.146	0.230	0.336*	0.323**	0.346**	0.601**	**0.896**		
8	-0.188	0.201	0.265*	0.212**	0.272**	0.380**	0.391**	**0.751**	
9	0.106**	0.203**	0.230*	0.206**	0.340**	0.311**	0.436**	0.301**	**0.814**

注：1 代表经营年限；2 代表企业规模；3 代表数字平台赋能；4 代表全球跨文化编程能力；5 代表跨境数字货币适应能力；6 国际商业模式重构能力；7 代表产品复杂性；8 代表竞争强度；9 代表国际新创企业成长绩效。

***：$p<0.001$；**：$p<0.01$；*：$p<0.05$；N=210；对角线上加粗的数值表示的是各变量的 AVE 值的平方根值。

6.6 结构方程分析

6.6.1 结构方程模型整体评估

模型的整体拟合优度评估是对模型外在质量的检验，模型的拟合优度越高，说明测量模型与样本数据的契合程度越高。具体测量模型的拟合优度指标检验标准如表6.10所示。

表6.10 模型拟合优度指标检验标准

指标分类	检验统计量	检验标准
绝对适配度指数	χ^2	越小越好
	χ^2/df	$1<\chi^2/df<3$
	RMR	小于0.05
	SRMR	小于0.05
	RMSEA	小于0.05表示适配良好 小于0.08表示适配合理
	CFI	大于0.90
	TLI	大于0.90
	SRMR	小于0.08

资料来源：作者自行整理。

由于关键能力的测量量表中题目较多，因此直接采用原始题目建模将会导致参数估计偏差大。为了优化模型整合拟合度，减少随机误差，本书采用吴燕和温中麟[264]（2011）提出的“内部一致性法”分别将关键能力的测量题项CC1～CC5、题项CC6～CC10以及题项CC11～CC14，通过计算每组的平均值，得到全球跨文化编程能力（Cross - cultural programming skills，CCPS）、跨境数字货币适应能力（Cross - border digital monetization adaptability，CDMA）、国际商业模式重构能力（International business model reconfiguration，IBMR）。然后，运用 Mplus 8.0 软件，将所有变量纳入结构方程模型中进行模型整体拟合度检验，输入结果为：$\chi^2/df = 2.130$、RMSEA = 0.057、SRMR = 0.046、CFI = 0.938、TLI = 0.923、TLI = 0.930，拟合指标数据基本符合判断标准，表明本书的整体模型和数据具有较好的适配度，能够对相关研究假设进行有效检验和解释。

6.6.2 结构方程模型分析

在检验理论假设之前，本书对所有的控制变量、解释变量、被解释变量全部做中心化处理。基于 Mplus 8.0 运用输出结果，路径检验结果如图6－1、表6.11 所示。

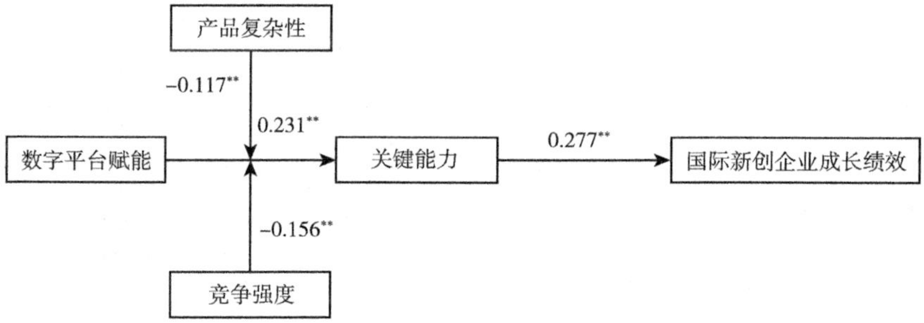

图6－1 结构方程模型验证结果

表6.11 模型分析结果汇总

假设	变量作用关系	标准路径系数	标准误差	P 值	检验结果
H1	DPE→CC	0.231	0.081	**	支持
H2a	PC→DPE	－0.107	0.064	*	支持
H2b	CI→DPE	－0.156	0.086	*	支持
H3	CC→GPINV	0.277	0.081	**	支持
事后分析	PE→GPINV	0.241	0.072	**	支持

资料来源：作者自行整理。

基于图6－1、表6.11 可知：

（1）数字平台对国际新创企业关键能力的影响。

结果表明，数字平台赋能对国际新创企业关键能力具有显著正相关关系（$\beta=0.231$，$p<0.01$）。因此，研究假设H1得到验证。数字平台赋能过程本质上是资源供给过程，是数字平台运用自身强大的数字技术，为平台上的国际新创企业提供兼容性接口、行业数据分析、企业运营辅导、产品交易匹配等增值服务，允许平台上的国际新创企业更容易地获取知识，降低了平台上国际新创企业的外来者劣势、新进入者劣势，提高了国际新创企业的合法性，增强了国际新创企业的关键能力。

（2）产品复杂性的调节作用。

H2a认为，产品复杂性负向调节数字平台赋能对国际新创企业关键能力的影响。研究结果表明，数字平台赋能对国际新创企业关键能力的影响呈现出负向调节（$\beta=-0.107$，$p<0.05$）。因此，研究结论也印证了数字平台生态系统包含多种类型的主体，结构比传统的基于价值链的生态系统更为复杂[265]。合理的架构设计和安排有助于提高参与者的解码能力，有助于平台运营商将相关资源、知识转移给国际新创企业；好的平台治理机制有助于降低参与行为复杂性，增强国际新创企业关键能力[266]。

（3）竞争强度的调节作用。

H2b认为，竞争强度负向调节数字平台赋能对国际新创企业关键能力的影响。企业间竞争强度越大，数字平台赋能对国际新创企业关键能力的影响越弱。研究结果表明，平台能力对出口营销能力的影响存在较强的竞争性削弱（$\beta=-0.156$，$p<0.05$）。因此，研究结论也印证了数字平台生态系统的组成可能由于与外部的交互作用而不一定收敛于任何特定的状态[267]。

（4）关键能力对国际新创企业成长绩效的影响。

研究结果表明，关键能力对国际新创企业成长绩效具有显著正相关关系（$\beta=0.277$，$p<0.01$）。因此，研究假设H3得到验证。这些能力使企业能够创造、部署和保护无形资产，如知识，支持卓越和持久的业务绩效[160][210]。

（5）关键能力作为中介变量的事后分析（Post hoc analysis）。

由于 Bootstrap 法适用于中、小样本和各种中介效应模型，因此本书运用 Bootstrap 方法进一步检验了关键能力在数字平台赋能与国际新创企业成长绩效的中介作用。Bootstrap 抽样法检验是指回归系数 a 和回归系数 b 的乘积项（a×b）的 95% 置信区间是否包括数字 0；如果 95% 置信区间不包括数字 0，则说明具有中介作用；如果说 95% 置信区间包括数字 0，则说明没有中介作用[268][269]。实证结果如表 6.12 所示。研究结果表明，直接和间接效应的置信区间均不包含 0，说明关键能力起到显著的部分中介作用。数字平台赋能不仅可以直接影响国际新创企业成长，还可以通过企业拥有的关键能力的作用来间接实现。

表 6.12　　　　中介作用效应量结果汇总

项	检验结论	C 总效应	a×b 中介效应	C′直接效应	效应占比	95% 置信区间
数字平台赋能 => 关键能力 => 国际新创企业成长绩效	部分中介	0.305	0.064	0.241	21%	0.022 ~ 0.119

资料来源：作者自行整理。

6.7　实证结果分析与讨论

在跨境数字平台上，国际分工的门槛被不断降低，全球贸易出现碎片化和高频次的特点。相比大型企业，中小微企业能够更灵活地把握市场需求，更有动力在垂直细分领域提供产品和服务，因此可以广泛参与全球贸易，成为国际新创企业或“微型跨国企业”，为全球买家提供多样化的本地制造和轻定制服务。亚洲大部分跨境电商企业属于“微型跨国企业”“天生国际化企业”“国际新创企业”，他们的员工不足 100 人，善用数字平台，平均运营 3.56 个海外站点，预测未来 3 年将进入强增长周期。因此，这项研究拓宽了对数字平台如何以及在什么条件下赋能国际新创企业成长的理解。

6.7.1　数字平台赋能对国际新创企业成长的影响关系讨论

本书基于资源基础理论、动态能力理论、价值共创理论，从平台赋能视角深入挖掘了数字平台赋能对国际新创企业成长的作用机理与影响路径。实证研究结果表明，数字平台赋能水平越高，越能够促进国际新创企业的成长（详见关键能力的事后分析）。数字平台赋能是决胜数字平台生态价值共创和平台生态演化的基础资源，强大的数字平台赋能能够帮助平台运营商吸纳参与者的持续加入，优化价值共同创造的商业模式，加速国际新创企业成长。

数字平台赋能具有双重内容。从平台运营商视角看，数字平台赋能是一种动态能力，是平台运营商基于数字技术资源与其他内部和外部资源相结合的一种能力，包含面向消费者的数字平台能力和面向企业的数字平台能力[89]。其中，面向消费者的数字平台能力是指平台运营商能够支持消费者学习和分享信息、经验、知识等的能力，而面向企业的数字平台能力是指平台运营商能够支持企业与客户开展商业活动，并支持企业接触目标客户的能力。因此，数字平台运营商能够及时捕获外部资源并进行灵活的资源编排，吸纳大量的参与者参与平台生态构建，促进平台生态系统价值共创演化。从参与者视角看，数字平台赋能更多体现的是一种多样性资源，能够让更多国际新创企业利用各种平台基础设施，通过信息提供、资源供给、给予奖励等多种方式优化价值创造的商业模式，从而加速国际新创企业成长。

6.7.2　关键能力中介作用的讨论

本书探明了关键能力在数字平台赋能与国际新创企业成长绩效之间的

中介作用。研究结果表明，关键能力可以将数字平台赋能快速转化为更强的全球跨文化编程能力、跨境数字货币适应能力、国际商业模式重构能力，增强国际新创企业新产品开发、营销沟通、网络嵌入能力，提高企业成长绩效。数字平台赋能必须与生态系统内中小企业的拥有关键能力相互作用才能更好地提高企业成长绩效。关键能力是指国际新创企业对新商业模式和新技术的快速适应能力。关键能力涉及企业动态能力的系统部署，以实现产品、流程等方面的持续优化，同时也使企业能够根据外部环境实现敏捷性转变[269]。因此，拥有较强关键能力的国际新创企业可以有效地重新部署和重新配置其资源和运营，优化产品、服务和结构，提高企业成长绩效。

以往的研究成果多聚焦于网络能力对中小企业国际化绩效的影响[270]。由于资源限制，中小企业国际化只能运用一些简单的网站功能。因此，该研究结论拓展了该研究领域，证明了国际新创企业可以利用数字平台赋能来促进关键能力的提高。培育拥抱数字化的关键能力可以促进国际新创企业在数字平台上实现快速成长。然而，为了培育和提升国际新创企业的关键能力，国际新创企业必须具备整合和重新配置其内外部资源的能力。因此，在数字技术飞速发展的今天，国际新创企业需要培养拥抱数字化的关键能力，捕捉和利用新的、不可预见的机会，努力提高客户体验、改善运营流程[271]。同时，该研究结论也拓展了国际新创企业（INVs）和天生国际化企业（BGs）的研究文献。快速实现国际市场出口是天生国际化企业/国际新创企业在短时间内进入国外市场通用策略。虽然国际新创企业在成长过程中面临局外人劣势、新进入者劣势和合法性劣势。但是国际新创企业可以利用跨境数字平台嵌入国际市场，从而实现快速成长。

6.7.3 数字平台赋能边界条件的讨论

研究结果表明，数字平台赋能国际新创企业关键能力的效应与产品复杂性、出口市场竞争强度等边界条件有关。然而，现有研究成果在数字平台赋能对中小企业出口绩效的调节效应方面提供了有限的经验证据。因此，本书进一步拓展了数字平台赋能国际新创企业的研究边界。

产品复杂性对数字平台赋能与关键能力之间的关系具有负向调节作用。这意味着，虽然数字平台可以提供及时而又准确的市场信息，但国际新创企业的关键能力受到产品复杂性影响。纵然，数字平台提供了实时交互的功能——为客户提供详细的交互式信息，降低了产品复杂性带来的影响。一方面，由于信息传递存在失真现象，造成传递效应递减；另一方面，产品复杂性将降低国际用户购买或使用的欲望，而平台接口复杂性也影响国际新创企业专业化投资，最终导致了产品复杂性具有负向调节作用。

竞争强度对数字平台赋能与关键能力之间的关系具有负向调节作用。这意味着，基于数字平台的国际市场不同于普通的企业生存环境，极具特殊性、复杂性。数字平台生态系统的组成可能由于与外部的交互作用而不一定收敛于任何特定的状态。首先，由于平台运营商控制最终用户的访问权，为了创造任何价值，参与者（国际新创企业）必须首先与平台运营商建立联系；其次，由于网络效应基于数字平台的国际市场往往演变为单一（或少数）运营商主导的众多参与者，参与者（国际新创企业）往往没有许多潜在的合作伙伴可供选择；最后，基于平台的互补者不仅需要面临同行的竞争者，而且需要时刻提防平台运营商进入其产品空间。互补者实力小得多，难以依靠垂直整合等治理结构来阻止平台运营商提供功能相似的产品。例如，一个利润最大化的平台所有者寻求获取更多的价值，很可能会瞄准最有利可图的产品空间，进而将受欢迎的互补产品与数字平台相结合，可以增强平台对用户的吸引力，从而增加其市场力量。因此，竞争强度增加了国际新创企业在数字平台商经营的不确定性，减少了数字平台赋能的效应。故竞争强度在数字平台赋能与关键能力之间的关系具有负向调节作用。该研究结论也揭示出数字平台生态系统在激烈竞争环境下存在的潜在陷阱——国际新创企业需要面临来自同行和数字平台的双重竞争。

6.7.4 实证结果带来的实践启示

该研究结论也为业界提供了重要的实践启示。首先，该研究结论展示了国际新创企业如何以及在什么条件下可以利用数字平台实现企业的快速成长；其次，业界不应过分强调数字平台的好处，而应该认识到提升数字平台情境下国际新创企业关键能力重要性。只有当外部资源（数字平台赋能）与国际新创企业关键能力相结合时，才能更好地促进国际新创企业健康成长。此外，对于资源有限的国际新创企业来讲，在企业成长过程中需要同时考虑产品复杂性和竞争强度带来的负面影响。

本章小结

本章主要涵盖了调研问卷设计与实证分析。第一，介绍了调研问卷设计的原则和步骤；第二，为保障调研问卷的信度和效度，针对主要研究变量借鉴相关成熟量表，并根据专家建议和实地访谈、调研结果，对测量量表进行了相关调整和补充，形成了最终测量题项；第三，以依附于数字平台的国际新创企业为基础，聚焦数字化的国际新创企业发放调研问卷，并对相关参与调研人员进行回访，以确保调研问卷回收结果真实有效；第四，通过对调研问卷数据进行信度及效度分析、相关性分析等，验证了数据符合回归分析的要求；第五，对数据进行结构方程分析，验证研究假设，并对相应的数据分析结果做出讨论。

第7章

平台依附型国际新创企业成长的保障机制构建

数字平台已成为经济社会发展的基础设施，成千上万的创业者基于平台创办了企业，并在这些平台上销售产品和服务。例如，截至2022年底，我国国内市场上监测到的App数量为260万款。其中，本土第三方应用商店App数量为137万款，苹果商店（中国区）App数量123万款。可以说，平台运营商通过提供许多创业基础设施和资源，让新创企业通过受益于平台上大量的顾客群体以低成本快速进入市场，降低了新创企业创业初期的运营成本。随着数字平台生态形成、成长和成熟，平台运营商与初创企业（包括国际新创企业）间拥有的权力不对称性也在不断增加，单个新创企业对整个数字平台生态的重要性也在不断降低。因此，数字化不仅为国际新创企业成长带来了机遇，也产生了新的威胁和风险。国际新创企业在成长过程中面临平台运营商锁定效应，甚至复制新创企业核心产品等风险，成长过程忍受着平台运营商利益分配不均、权利不平衡等折磨。数字平台治理工具（平台设计特色）和数字平台价值创造（捕获）之间的异质性关系表明，我们不太可能看到一套适用于所有基于数字平台的国际新创企业成长的保障机制。这种保障机制可能在不同类型的数字平台、不同的业务重点、不同地点的平台管理机构，以及不同时间段平台开发的不同阶段而有所不同。因此，探究平台运营商锁定国际新创企业成长效应，把脉基于数字平台的国际新创企业成长过程中困境，构建一套全方位、多维度的成长路径，对于缓解数字平台“赢者通吃”效应以及规避国际新创企业成长风险具有十分重要的理论和实践意义。

7.1 平台权力生成的理论逻辑解析

平台权力来源于技术控制能力和非对称的数据占有。凭借技术优势和数据资源占有能力，平台运营商不断抓取用户数据，通过大数据分析、人工智能等手段实现商业模式创新，建立用户和商品之间的关系。基于此，平台运营商在资本和技术的耦合作用下，制定了一系列技术化的交易规则、监管规则和纠纷处理规则，如规则众议院、滴米规则和闲鱼小法庭等。当用户注册平台时，面对冗长而繁杂的数据访问协议，点击同意是其唯一选择，而一旦进入平台系统，就必须按照平台设定的交易规则实施交易活动，接受平台运营商实施的监管和处罚措施，就连发生交易纠纷都要按照平台运营商纠纷处理规则进行解决。平台运营商俨然已经具备了“准立法权”“准执法权”和“准司法权”，开始掌握一种“准公权力”。在平台生态系统中，技术架构以一种不可拒绝之势支配着用户的行为活动，以独特的技术语言指引着用户“彼可为、此不可为”，事实上这些行为的指引均是计算机代码编写者的选择。在这个意义上，代码就如同现实中的法律一样具有了规制功能，只不过代码所实施的是一种“技术定义行为”的规制方式。可以说，技术工具的运用和数据资源优势的占有构成了平台权力产生的基础，而平台规则的制定和执行，使平台在某种程度上建构起了一种相对自治的权力空间和程序机制。

综上所述，除包括对交易的约束、对商品流量和店铺的调控以及对用户行为活动的管理等一般性监管之外，平台权力具有以下显著特征。

首先，平台权力具有技术性。平台权力基于算法解析，是一种技术性权力。所谓技术性权力是指平台运营商凭借其在数据资源获取、存储、分析和使用上的技术性优势，而拥有对政府、公众以及社会组织的决策和行为等方面的控制力或影响力。平台权力不同于政府权力，不以强制方式而是以解析的方式去贯彻权力主体的意志，平台用户亦不再被强迫和支配，而是被引诱和调整。归根结底是，平台权力产生的根源是算法对用户数据的高度聚集和解析，数据和算法也正是平台权力技术性的集中体现。一方面，当用户数据被导入生产、消费环节，平台运营商就会利用算法技术组织框架体系，通过应用场景汇聚数据资源，形成数据关系，促成高效的信息流通，并对用户形成数据监控和追踪。该过程类似于商业数据监控，极具智能性、隐蔽性和精准性，在用户行为分析、商业情报挖掘以及社会舆情监控等方面发挥着重要作用。也正是在该过程中，平台运营商通过算法架构体系吸引和保持用户数量，增强用户黏性，使用户一直处于平台所设计的应用场景、通信协议以及分发模式所决定的信息流中，用户数据被分解为更细小的微粒。该过程不仅是平台运营商实现“用户画像”重构，实现信息精准分发的过程，更是平台运营商影响甚至操纵用户行为偏好的“规训”过程。例如，平台运营商通过算法技术分析用户浏览次数和时长，抓取用户兴趣，再通过标签化、计量化的方式完成类似信息的精准分发，操纵或影响用户的行为选择倾向，进而实现用户思维方式的规训，甚至是价值观念的塑造。可以说，数据监控就是平台权力的象征。用户在不知不觉中成为平台运营商进行资本积累的“数字劳工”，在无形之中接受着平台权力的控制和影响。

其次，平台权力具有隐蔽性。平台运营商依托算法技术可以最大限度地了解用户的思维模式和行为偏好，而用户却无须了解技术，无须满足任何特殊条件，只要输入数据即获得相应的答案，至于答案生成过程是否遭遇了算法“黑箱”，是否存在算法偏见或歧视，绝大多数用户并未察觉。平台算法以客观性、中立性的近乎察觉不到的方式影响着用户的思维模式，控制着用户的行为方式。平台运营商利用技术与合同的双向控制，以一种几乎察觉不到的、默认同意为前提的形式，将自己的权力逻辑施加到了平台内用户的行为准则之上。超级数字平台集私有性和公共性于一体，制定了迄今大多数的网络治理规则，成为人类网络空间事实上的“二政府”。

最后，平台用户的依附性。平台用户的依附性是指平台权力的作用对象更加耐受。对于平台运营商而言，平台上的用户都是数据“透明人”，是被分析、被预测的对象。与平台用户相比，掌握了大数据和算法技术的平台运营商拥有着巨大的优势，双方在数据信息流通方面具有明显的不对称性，用户不得不为了享受技术便利而忍受一些权利或自由受限。在通常情况下，新创企业被平台运营商控制的程度将会随着平台在市场上的地位增强而加强。平台创业者对平台依赖程度的增加，更会凸显奈特氏不确定性（Knightian uncertainty）。平台运营商可以通过对顾客、产品价格和利润率的访问，从而控制新创企业发展方向和速度。若新创企业成长速度越快、销售额越大、利润率越高、知名度越高、消费者满意度越高，受到平台运营商的控制或攻击程度也就越高。但是对于具有资源和能力劣势的新创企业削弱平台力量将是非常困难的。

7.2 基于平台的国际新创企业依附效应解析

虽然数字平台成为近乎公共物品的新型基础设施，具有基础性、全球性和全局性，但在资本的裹挟下也成为获取权力的工具，从媒体、商业、娱乐、社交和生活等多层次形成对用户的“锁定效应”，使基于互联网的创业和创新也逐渐纳入各家数字平台的“围墙花园”之内。其具体体现在以下几个方面。

首先，数字平台利用资源赋能锁定国际新创企业。数字平台生态成长的根本动力是不断地为用户提供价值。苹果与百代、索尼、华纳和环球四大唱片公司联合研发“Cocktail”项目，旨在为下载数字音乐增添交互功能，增加用户体验价值，进而吸纳更多新创企业。随着越来越多的 Android

智能手机出现在亚洲、中东、拉丁美洲以及非洲等新兴市场，其巨大的市场也吸引了越来越多的开发人员/新创企业为 Android 平台研发应用。作为中间媒介，数字平台通过提供基础设施连接不同的用户群体，降低市场需求者和供给者的搜索和交易成本，并提高双方之间的匹配程度；通过向多边用户提供足够的价值来留住他们并吸引更多用户，以产生正向网络效应。日益强大的算法已经成为游戏规则的改变者。在复杂的计算机算法、人工智能和大数据技术的辅助下，共谋、行为歧视与竞合场景将改变市场竞争范式，致使现有所有平台（交易平台、创新平台、信息平台）都以锁定用户为首要目标。例如，谷歌算法每年都会修改上百次以上，以更好地实现自身利益。因此，数字平台的重新配置能力允许平台运营商直接或间接地影响其他参与者。平台运营商为众多参与者（国际新创企业）和消费者提供了加入和维系的相关激励和措施，并且与这些利益和网络效应相关联的不断增加的回报无限放大，基于平台的新创企业在成长过程中便会不断被锁定，对平台的依附性会越来越强。

其次，数字平台利用长尾效应锁定海量用户。数字平台生态系统可以破除地域、时间、自然资源等条件的限制，打破“二八法则”，产生巨大的集聚效应和规模效应，从而降低平均成本、提高效率。长尾效应表明，一旦平台建立起来，其扩大服务规模的边际成本基本为零。这使数字平台的服务具有很高的普惠性，但一旦形成规模，就会建立较高的进入壁垒、加大进入该市场难度，出现“赢者通吃”的局面。例如，长尾效应在蚂蚁金服的平台生态发展中得到完美诠释：支付宝通过创新行业新业态承继了淘宝海量用户，成立余额宝锁定海量的基础理财用户，成立招财宝满足理财市场用户高收益率需求，成立众安保险与传统保险公司形成优势互补，成立芝麻信用挖掘征信领域的用户价值，建立花呗、借呗吸纳消费信贷领域的长尾用户，建立网商银行关注国内数千万中小微企业发展，布局海外支付市场，将长尾效应发挥到极致。蚂蚁金服通过支付宝平台可以让客户毫不费力地找到所需要的任何产品/服务，增加了客户和相关创业者进行重复交易的机会，从而强化了平台锁定效应。

再次，国际客户在数字平台的集中度直接决定了国际新创企业对平台的依赖程度。若用户集中在一个或某几个特定的数字平台上，基于平台的国际新创企业的讨价还价的空间必将很小。根据《2022 年东南亚跨境电商出海报告》，我国高达 84% 的“微型跨国企业”使用第三方数字平台服务工具，仅有 16% 的企业选择自建站方式。因此，拥有核心技术和自主品牌的国际新创企业才能构建自身的“核心竞争优势”，才能争取更大的成长空间[272]。2020 年 7 月，英国竞争与市场管理局发布了《在线平台和数字广告市场研究报告》[273]。报告内容显示，谷歌在英国搜索引擎广告市场中占有 90% 的份额，而脸书在显示广告市场中占有 50% 以上的份额。网络效应、规模经济以及庞大的用户数据支撑使它们具有强大的竞争优势，不断进入互补市场，开展“扼杀式”并购活动。

最后，数字平台扮演着私人监管者的角色。即平台运营商作为生态系统管理者，提供模块化架构、为平台参与者设定商业规则，协调基于平台的创业企业，保障平台功能正常运行[274]。其中，平台控制机制包括算法推荐、品牌声誉度量以及“守门人”等；平台治理包括决策权划分、控制机制以及定价决策等。平台所有者通过此类机制避免平台创业者的机会主义以及生态系统的紊乱等。在基于数字平台的国际市场中，大部分平台依附型国际新创企业都必须与数字平台运营商形成联系来创造价值，而且可供选择的数字平台数量往往有限，形成了“与鲨鱼一起游泳”的困境。同时，平台依附型国际新创企业综合实力较低，难以通过垂直整合等手段来阻止平台所有者提供功能相似的产品。因此，基于数字平台的国际新创企业成长过程中不仅面临日常商业风险，还面临平台运营商对其产生的各种影响力。

7.3 基于平台的国际新创企业成长风险探究

国际新创企业在资金实力、技术实力、品牌知名度、客户拥有量等众多方面与数字平台运营商难以匹敌。同时，平台运营商运用算法等可以观察到其合作伙伴的市场需求、产品特性、消费者评论以及产品销售趋势等隐私数据。因此，平台运营商可以对国际新创企业成长过程中施加巨大的影响，具体表现在以下几个方面。

7.3.1　模仿国际新创业企业的核心产品

平台运营商对国际新创企业发展方向有着巨大的影响。基于平台的国际新创企业不仅面临市场竞争压力，而且要时时提防平台运营商与它们展开竞争。首先，许多拥有成功产品的国际新创企业被平台运营商通过提供相似产品而挤出了基于平台的市场，并从互补市场中获得独占价值。例如，苹果发布的每一个新操作系统均会淘汰一些以前必不可少的第三方应用程序。平台运营商通过开放平台生态系统，以寻求新的创意，然后将遴选出的互补创意融入其基础产品中。例如，2011 年，Spotify（当时一个相对较小的公司）创建了一个应用程序商店以吸引互补者（包括国际新创企业）来创建一个更丰富的平台生态系统。到了 2013 年，Spotify 关闭了最初通过利用互补者（包括国际新创企业）实现服务多样的方式，进而转变为在平台内精选并整合了有限数量的应用程序。其次，追逐利润最大化的平台运营商寻求获取更多的利润价值，很可能会瞄准最有利可图的国际新创企业的核心产品。平台运营商将受欢迎的互补产品与平台自身相结合，可以增强平台对用户的吸引力，从而增加其市场力量。由于平台运营商可以精准掌握国际新创企业的每一笔交易数据，也增加了平台所有者进入国际新创企业的可能性。例如，亚马逊上第三方卖家数量共计 600 多万家，约 48.7% 的第三方卖家来自中国，且大多数卖家均是本书研讨的国际新创企业。因此，对于使用亚马逊网络商店的国际新创企业，亚马逊不仅可以“看到”商家的每一笔交易，更重要的是可以保留所有关于顾客购买历史的数据，当然还有商店的销售历史。因此，对于国际新创企业来讲，加入数字平台是一把“双刃剑”，一方面国际新创企业可以借助数字平台的流量与基础设施来提高收益；但另一方面也会因平台运营商模仿国际新创企业的核心产品，进入互补市场形成竞争关系。

Iansiti 和 Levien（2004）认为，平台运营商的健康发展取决于其维持平台生态系统的总体健康状况，其增长取决于吸引尽可能广泛的互补者，而“挤压”互补者的做法是对立的[50]。数字平台生态系统健康性是指生态系统内企业之间通过相互配合、相互理解、相互支持，以实现抵抗内外部风险、满足市场需求、盈利等功能，达到的一种持续、稳定的运行状态。若数字平台运营商经常入侵/模仿国际新创企业的核心产品，则可能导致现有的国际新创企业转向其他数字平台，也将引导潜在的国际新创企业加入其他平台。此外，数字平台消费者若倾向于使用国际新创企业的产品，可能会不得不转向竞争平台。对于平台运营商而言，只有整个平台生态系统发展良好，将蛋糕做大，所有参与者才可能从中获益，否则，轻则造成利益受损，重则引发平台生态破坏。因此，数字平台生态系统健康性是平台运营商关注的第一要务。

7.3.2 平台所有者算法不透明性和变化性

算法是指平台运营商在筛选、选择或监控基于平台的市场上提供的产品数量或质量等方面行使的控制权。算法可以降低交易成本、深化分工，促进国际新创企业的成长，使原有的生产技术或者产品出现颠覆式创新，产生新的国际新创企业；也使产业对前后关联数据的迅速处理成为可能。Tadelis（2016）认为，平台运营商可以利用算法以减少系统参与者之间的不信任，保障平台各方之间的合法权益。即，平台运营商利用算法识别出优质可靠的产品供应商，减少机会主义和交易不确定性[275]。

算法主要包括排名系统和推荐系统两种类型。首先，排名系统必将影响国际新创企业品牌曝光率和流量，进而影响企业的潜在客户数量。在安卓系统、IOS系统的应用商店中，所有App应用程序都会被标上产品特征的显著标签，显示产品的详情、评论、下载次数等。数字平台生态系统中排名机制基本实现了零成本的信任创建、监控和整合。因此，排名系统对国际新创企业成长至关重要。其次，平台生态中的推荐系统通常对国际新创企业成长也至关重要。例如，数字平台为了帮助国际客户找到心仪产品，根据客户搜索行为提供了个性化推荐系统。虽然推荐系统通过向国际客户推荐适合他们偏好的产品/服务而使客户受益，但它们也引导流量，从而改变市场可见度和用户行为。算法是数字平台的核心资源，具有价值性、稀缺性、不可替代性、难以模仿性，形成了支撑平台发展的关键商业秘密。据此，很少有平台运营商愿意公开透露作为其商业模式基础的算法。例如，谷歌不会公开页面排名算法，脸书不会向外界开放订阅源应包括哪些内容。以此类数字平台为基础提供产品/服务的国际新创企业在很大程度上是在“黑暗”中运作的，也使国际新创企业成长过程中的战略制定和运营决策十分复杂。因此，排名和推荐系统对于基于平台的国际新创企业健康成长非常重要，而平台运营商用于规范排名、推荐和发现的算法是不透明的，而且是不断变化的。基于平台的国际新创企业只有向平台提供实际利益或购买广告才能改善自身状况，但这样一来，国际新创企业利润空间将会进一步压缩。最后，数字平台算法一直在改变。每个平台运营商都有不同的、希望通过算法解决的问题。例如，Facebook致力于通过算法减少Feeds流中的政治内容，Instagram将会加强对小微红人内容的扶持，Twitter则反复测试减少算法的影响通过时间顺序显示信息流等。对于国际新创企业来讲，要提升对平台算法更新的敏感性，在每一次的更新中及时了解其中的逻辑、预知其对产品营销的影响，从而使自己的品牌内容获得更多的算法支持或避免受到算法的限制，进而减少算法对自身的影响。

综上所述，掌握精进算法的数字平台，可以通过对国际用户需求的更精准把握和对国际新创企业的更高效筛选，建立自身循环扩张的网络效应。

7.3.3 数字平台收购国际新创企业的动因诠释

基于平台的国际新创企业成长过程中面临的第三大威胁是被平台运营商的收购行为，以减少对平台运营商的威胁或实现平台所有者进入新的市场领域。在全球数字经济市场，数字平台的并购活动一直处于活跃状态。就某种意义而言，并购已经成为数字平台的发展战略[276]。

无论是势力遍及全球的美国互联网巨头 GAFA，还是我国的 BAT，这些大型数字平台运营商通过大量收购初创企业的方式将潜在竞争威胁转化为竞争优势。以脸书为例，自 2007 年开始，脸书对社交媒体市场的潜在竞争对手和邻近市场的企业发起了一系列并购，推动了脸书的快速成长与发展。苹果仅在 2019 年六个月内收购了 20 ~ 25 家公司，平均每两到三周就收购一家公司。由于被收购初创企业规模很小，苹果通常不会公布这些交易，其收购目的主要在于整合目标公司的人才和知识产权。同样，谷歌 2001 ~ 2018 年平均每个月就会收购一家初创企业。美国众议院司法委员会反垄断分会 2020 年 10 月对谷歌、亚马逊、脸书和苹果（以下简称 GAFA）的最新调查数据显示，亚马逊 1998 ~ 2020 年共实施了 104 起收购，平均每年约 4.5 起；苹果公司 1998 ~ 2020 年共实施了 120 起收购，平均每年约 5.2 起；脸书 2007 ~ 2020 年共实施了 86 起收购，平均每年约 6.1 起；谷歌 2001 ~ 2020 年共实施了 256 起收购，平均每年约 12.8 起。从被收购企业的领域来看，亚马逊、脸书和谷歌均收购了针对移动设备优化服务的公司，从而推动平台向移动服务领域的拓展。同时，还注重对具有先进数据分析技术（机器学习、人工智能、大数据分析等）企业的收购，可以预期这些合并有助于提高平台的计算效率和预测能力。例如，苹果公司意识到机器学习/深度学习视频技术具有改变世界的潜力后，收购了视频 AI 创业公司 WaveOne，旨在打造更加高效的流媒体。

收购是企业实现自我发展的重要战略，数字平台针对国际新创企业的并购动机可主要归结为以下三种：第一，获取初创企业（包括国际新创企业）的核心资产。通过收购来获取国际新创企业的资产，是数字平台的常见做法。例如，脸书和谷歌一直在以快速的步伐收购新创企业，很多情况下，其收购的主要动机是雇用新创企业的软件工程师或其他高质量员工，通过收购来满足其对技术人才的强烈需求，并逐步形成所谓的“购—聘”（acqui - hires）策略，这比单独招聘员工更有效率。除此以外，目标企业的技术、专利、用户、数据和信息等，也是数字平台期待通过并购以获得的宝贵资产。第二，拓展平台业务领域。数字平台通过并购初创企业（包括国际新创企业）可以开拓新市场，实现业务的多元化，该动机可视为平台企业的一种进入策略，并成为平台实施战略扩张的重要手段。例如，谷歌斥资10亿美元收购初创企业Raxium，意在利用Raxium的技术打造性能更强的新一代增强现实（AR）设备，旨在布局智能眼镜，加强其在智能眼镜领域头部厂商的地位。谷歌曾为建立移动业务并适应移动计算的新兴趋势，在2005年以5000万美元的估价收购安卓。尽管当时的安卓只是一家名不见经传的初创企业，并不能为谷歌带来直接收入，但其为谷歌提供了渗透移动市场所需的技术能力。2007年，谷歌正式推出安卓这一智能手机设备开源移动操作平台，迅速占领智能手机和平板电脑市场，安卓手机上展示的移动广告收入也成为谷歌的重要盈利来源。再如，阿里巴巴通过收购高德地图，使其O2O业务得到重点发展，两者的合作从移动互联网位置服务及生活服务延伸至数据建设、产品开发等多个领域，实现线上线下资源的有效整合。第三，消除潜在的竞争和创新。这是数字平台的一种防御性动机，旨在以先发制人的并购手段，消除潜在竞争对手（potential competitors）或新生竞争者（nascent competitor）在未来竞争中的威胁，从而防止其市场地位及垄断利润遭受蚕食。据美国GAFA调查报告披露，脸书的内部文件证实了其通过收购具有竞争威胁的公司，以保护和扩大脸书在社交网络市场的支配地位的做法，脸书的高管将这一并购战略描述为“巩固市场地位的争夺战”。2012年，扎克伯格在和脸书前首席财务官的信中称，收购 Instagram 等新生竞争对手的目的是消除竞争威胁并维持脸书的地位。调查显示，当脸书收购 WhatsApp 时，扎克伯格和其他高级管理人员及数据专家将 WhatsApp 视为对脸书自有产品 Messenger 的潜在威胁，并提供了进一步巩固脸书统治地位的机会。脸书通过关键性收购来增加其社交网络的使用率并扩大其在市场中的影响力。最后，脸书的连续收购反映了该公司对有潜力在完全成长为强大的竞争威胁之前将其收购。脸书的内部文件表明，一旦发现竞争威胁，便试图通过克隆其产品功能、收购目标企业，或将其从脸书的社交图谱中排除来压制它们。脸书采取了这些措施来遏制竞争对手以使其免受竞争，而不仅仅是发展或提供更好的产品和服务。谷歌斥资 54 亿美元收购安全厂商 Mandiant（专为网络用户提供安全侦查、回应平台及侦查、管理服务的网络安全公司），旨在强化数据云平台 Google Cloud 既有的安全服务包括零信任安全方案 BeyondCorp Enterprise、恶意软件分析服务 VirusTotal、云计算原生安全资讯与事件管理（SIEM）平台 Chronicle、安全监控及安全管理指引服务等，让 Google Cloud 得以提供端对端的安全运营服务，以便企业在安全生命周期的每一阶段都能获得保障。加拿大电商平台 Shopify 以 21 亿美元价格收购科技初创企业 Delivere，旨在提升自身的物流和履行能力，增强 Shopify Fulfillment Network 管理从港口到家门口的商家库存的能力，消除 Shopify 商家及非 Shopify 商家的物流供应链复杂性。

因此，数字平台收购策略将会导致平台运营商对众多初创企业（包括国际新创企业）掌控力大大增强，并导致垄断局面的产生，进一步降低新创企业进入平台生态系统的可能性。由于数字经济领域存在“颠覆性创新”，具有高度创新性的初创企业很可能在短时间内实现迅速发展，甚至赶超处于寡头垄断地位的数字平台。为防止初创企业在未来发展成为可以与之抗衡的市场力量，数字平台运营商往往拥有着比反垄断执法机构更加先进的检测工具和检测技术，对初创企业进行监测。例如，脸书就一直花费很大精力监测潜在竞争对手，通过收购移动应用分析公司 Onavo，并利用其提供的非公开数据建立早期预警系统，据此对潜在竞争对手进行识别，Whats App 就是通过这样的方式被脸书识别后收购。

7.3.4 数字平台所处生命周期阶段

平台也是产品，也有生命周期，为此平台需要不断演化以适应外部不断变化的市场环境和顾客需求。处于初创期的数字平台往往面临生存压力，其主要任务是解决如何进入目标市场并抓住顾客群体的问题，只有积累了大量的用户数量，提高了企业知名度，才能利用规模效应拓展其他业务。若国际新创企业依附的数字平台缺乏足够市场吸引力（如处于初创期），国际新创企业的创业者就会面临更复杂多变的市场经营环境，更难专心经营，国际新创企业成长过程必将困难重重。

随着数字平台更新和主要业务的成熟，平台运营商必将调整参与规则和技术参数，进而影响国际新创企业成长。例如，2018 年秋季，eBay 单方面宣布将图书、DVD 和电影类产品的佣金提高 12%，同时取消 eBay 商店所有者享受的费用折扣，从而直接影响了国际新创企业的利润。诚然，该情况也发生在实体经济领域，但在实体经济领域几乎所有的供应商合同都有固定的条款，而平台运营商和国际新创企业之间的合同本质上是“现货”交易，因为条款可以由平台运营商随意修改。随着数字平台主营业务进入成熟期，由于数字平台在建立市场声誉、排名、交易历史、生态系统等方面累计投资的资产异质性和缺乏可移植性，国际新创企业成长过程中被锁定效应日益显现。此外，鉴于平台运营商获得了数字平台市场的大部分效能国际新创企业成长过程对平台的依赖性也会增加。因此，随着数字平台的成长和成熟，平台运营商和国际新创企业之间权力不对称性日益增加，单个国际新创企业对于整合数字平台生态系统的重要性将进一步降低。因此，平台运营商和国际新创企业权利不平衡将会加剧他们之间的利益冲突，平台运营商的任何决定将会给国际新创企业成长带来独特的风险。

7.4 国际新创企业成长中保障机制构建

借助数字平台，众多创业者、初创企业投身其中，得以经营多国市场，成为国际新创企业。这些新创企业正在为全球买家提供多样化的“中国制造”和轻定制服务。由于数字平台生态系统是一个复杂系统，存在多个层次与要素，构建基于平台的国际新创企业成长的保障机制，也是一个系统工程，需要多个关键要素间的相互作用与影响，需要更关注平台运营商与互补企业（国际新创企业），互补企业（国际新创企业）之间共生依赖、互补创新的协同关系。可以说，保障国际新创企业健康成长就是维系数字平台生态系统效益最大化。

与此同时，该保障机制不仅是个经济问题，而且是个政治、社会和文化结合在一起的问题。因此，国际新创企业成长的保障机制可以采取逐要素、逐层优化的模式，以各个子系统为优化单位进行保障机制设计，也可以从整体、系统的层面构建关键要素之间的优化逻辑与机制，形成整体合力。本书认为，从国际新创企业、平台运营商、软环境三个维度构建关键要素之间的保障机制以及建立关键保障机制之间的逻辑关系，从而促进基于平台的国际新创企业成长。

7.4.1 基于平台的国际新创企业成长路径构建

面对数字平台的网络效应和“赢者通吃”效应，国际新创企业如何与数字平台运营商共创、共生，如何巧妙处理“锁定”与“成长”“共创”和“独占”，推进自身成长是国际商务、战略管理、创业管理等领域学者关注的热点话题[277]。本书认为，国际新创企业成长过程中需要在利用数字平台开展自身业务的同时，应通过采取多归属策略、技术储备、抱团取暖等措施，削弱平台运营商的影响力和控制力。

（1）多归属策略。

如果平台运营商不能完全控制生态系统的参与者，那么平台上的买者和卖者就有机会选择同时与两个以上的平台建立连接，由此就产生了多归属（Multihoming）问题。在本书的研究中，多归属策略是指国际新创企业为了实现成长目标而在多个平台上提供产品/服务的一种策略。多归属策略可以减少国际新创企业对某个平台的依赖性，增加自身的收入。基于平台的国际新创企业的多归属策略有两种常见的类型：其一，直接向多个平台提供产品或服务；其二，运用多个渠道销售产品。

①平台多归属策略。

平台多归属策略是指国际新创企业同时向多个平台提供产品/服务，并根据每个平台和平台上顾客的具体要求定制他们的产品。根据德勤发布的2021年度《科技赋能亚太数字贸易》报告[278]，亚洲的国际新创企业中64%依附于亚马逊、31%依附于eBay、18%依附于Lazada、14%依附于速卖通、13%依附于海外当地电商平台、18%做自建站。研究结果表明，众多国际新创企业已经开始实施了平台多归属策略。相比以前依赖亚马逊等大平台，自建独立站的兴起是国际新创企业自主品牌创建觉醒的标志。自建独立站不仅能免去第三方电商平台的“进场费”、避免受制于大平台规则，还能更直接面对消费者，让“粉丝”对品牌更忠实，后续营销活动更有主动权，也使做数字贸易数据更安全。虽然绝大多数国际新创企业实施平台多归属策略成本较低廉，但依附于技术平台的国际新创企业则面临更大的转换成本。例如，因为产品必须针对特定平台的基础设施和设计实施定制，所以将软件从iOS移植到Android或从Android移植到iOS代价更大，技术也更加复杂。

通常情况下，平台运营商为了建立稳定的平台生态系统，不鼓励国际新创企业实施多归属策略。若平台运营商在市场上极具有影响力，则会利用自身优势地位和平台生态系统内国际新创企业对平台的依赖性，以数字平台赋能作为砝码，采取种种明示或暗示的不正当手段强迫国际新创企业在该平台和竞争对手平台中“二选一”。如果国际新创企业不配合，就不能获得平台许多优惠政策和优势资源的支持，甚至会被逐出平台。平台运营商实行“二选一”的策略本质上是要求国际新创企业与其签订“独家合作协议”，保证产品只能通过该平台销售。

②渠道多归属策略。

以实体产品为主的国际新创企业也可以通过开发非平台渠道来改变被平台运营商锁定的局面，提高企业销售收入和利润，从而降低对特定平台的依赖性。若平台用户对国际新创企业提供产品或服务有了足够的信任，国际新创企业便可以通过其他通信媒介与消费者最直接联系，从而降低第三方平台对自身的不可替代程度。国际新创企业“脱媒”对平台运营商来说是一种生存威胁，因为它不仅减少了平台运营商的收入，而且还可能将平台运营商从平台生态系统中剔除。如果国际新创企业拥有数量足够多的顾客，去平台中介化将可以构建一个供给者和需求者无缝对接的零售渠道。国际新创企业脱离平台中介方式主要有两种：一是创办实体店。若国际新创企业创办实体店，则需要更多的投资完善自身的销售渠道，让更多顾客知晓并购买企业的商品。二是建立企业产品销售网站，让消费者通过企业自身网络直接购买商品或服务。如何将原平台运营商的客户吸引到自建网站中去，也是国际新创企业考虑的首要问题。

因此，无论是平台多归属策略还是渠道多归属策略都是基于平台的国际新创企业为减轻对特定平台的依赖性，获得更为广阔的市场空间和更为稳定的市场环境进而抵御更为复杂的商业风险而采取的措施。然而，平台多归属策略可能会受到可替代平台缺乏的限制。若国际新创企业能够将客户吸引到自建独立网站，则企业必将可以减少对现有平台的依赖性。然而，即使国际新创企业有一个自建的独立网站，其运营效果仍然取决于谷歌、百度等搜索引擎推荐的影响。为了更懂用户，激发用户的购买欲，国际新创企业在自建网站的同时还要建立自己的搜索引擎优化平台，帮助客户快速定位到目标商品；而且要进一步完善系统推荐，根据客户喜好、浏览足迹、用户购买率等推荐其可能感兴趣的商品。

（2）收入来源多元化。

收入来源多元化策略是国际新创企业减轻对数字平台依赖的一种非常重要的策略。平台以外的收入可以减少国际新创企业对平台运营商的依赖性，甚至可以达到完全离开平台程度。例如，抖音、快手、YouTube、Instagram 等网络红人或其他类型的创业者在平台上吸引了大量粉丝之后，开始利用他们的名气参加综艺、出演影视剧等，以获得平台外的收入来源。因此，在内容的平台上，平台依赖型创业者收入多样化更加容易。他们利用自己的名气或拥有大量的粉丝群体，嫁接电商，在天猫、京东、淘宝、快手、抖音等平台上帮电商卖货，或者自己成为电商，专营自己的产品，等等。但在其他平台上，尤其是手机应用商店，获得多元化收入则是比较困难的。在寻求收入来源多元化增加自身收入的同时，平台依赖型创业者如何避免与平台紧张关系也是其应该注意的首要事项。不然，平台运营商将会采取并购、技术限制等诸多措施，限制基于平台的国际新创企业成长。例如，2021 年，傲基、有棵树、帕拓讯等相继被亚马逊封号，基于亚马逊的中国卖家行业损失远超千亿元。

（3）技术储备紧迫化。

对于基于平台的国际新创企业来说，要想抓住互联网、大数据、区块链等带来的红利，国际创业者一定要积极参与到数字平台生态建设中，借助大型互联网公司的平台产品（云计算平台、大数据平台、人工智能平台等）从事技术创新或产品研发，实现与大型平台企业技术体系的无缝对接，做好与相同规模企业的互联互通，形成行业领域的资源积累，形成“抱团取暖”的技术联盟。基于平台的国际新创企业只有充分利用平台内外的各种科技资源实施借外脑开发、合作开发、全方位整合创新要素，才能跨越创新的“死亡之谷”、穿越创新的“达尔文之海”，才能在更为复杂的环境中生存。基于平台的国际新创企业通过做品牌深度布局提供高性能、高质量的产品，以保证长期的竞争优势。

（4）国际新创企业间“抱团取暖”。

在资金匮乏又动荡的国际市场环境下，基于平台的国际新创企业或许选择“抱团取暖”是一个更为明智的选择，毕竟在市场需求不明朗的环境下，基于平台的国际新创企业凭借自有优势构建的价值壁垒难以阻挡市场的风暴，必须通过新的市场契机在优势互补中提升自己的核心竞争力，让企业平稳发展。基于平台的国际新创企业间相互抱团也是一种联盟形式，可以增加初创企业向平台运营商施加压力。例如，在实体店经营困难之际，因商铺租金引起的纠纷日趋增多。许多商户联合起来抵制房东涨租的不合理行为，表达他们的不满。在某些情况下，商户和房东会各退一步，实现共赢发展。基于平台的国际新创企业同样也会为了维护自身利益联合起来对抗大型平台。2021 年以来，亚马逊开启了最严的封号潮，大批中国跨境电商被亚马逊平台关停，产品被迫下架。平台上的中小卖家将直接面临资金链断裂的灾难性后果。目前，已经有几十个中国卖家联合起来对亚马逊提出集体诉讼，要求亚马逊运营商返还被冻结的资金。虽然目前案件还在等待被告方的应诉，但亚马逊运营商已经表达了一些和解意向。

7.4.2 平台运营商需不断关注生态系统的健康性

引导平台运营商具备平台生态系统健康发展的战略意识、生态思维，赋权释能推动多边用户治理。进入数字化时代，行业边界愈加模糊，企业间的关系在竞争与合作之间不断转化，形成了由主导企业和众多互补企业构成的平台生态系统。数字平台生态系统的竞争优势依赖于平台运营商与互补企业及用户之间价值共创的能力。平台生态系统是平台利益相关者及相关事务构成的整体，平台生态系统健康性关乎平台模式的成败。所谓平台生态系统健康性是指平台生态系统通过平台运营商与互补企业之间、互补企业之间的多维沟通、合作，实现抵抗内外部风险、满足市场需求，进而实现盈利的一种稳定、持续的运行状态。它反映出平台生态系统运营发展的总体健康状态，刻画出其不断进行价值共创、可持续发展的基本能力，具体特征表现为：能否保持稳定、可持续创新、活跃的状态；能否有效抵御风险，在受到颠覆式创新或市场竞争后进行自我恢复情况，从而继续维持系统运行和履行职能；系统发展过程是否平稳、可持续；盈利水平的高低等。

平台运营商是平台生态圈的创建者、领导者，是平台生态系统重要承载者、监管者，要及时检查与合作伙伴的关系是否良好、创新活动是否正常、危机应对工作是否合格以及财务绩效是否在不断增长，从而不断提高平台生态系统的健康性。例如，万里汇（WorldFirst）用技术为国际新创企业（也称为微型跨国企业）实现“收、付、管、兑、贷”一站式服务，持续助力中国乃至全球商家数字化出海。中国外贸企业尤其是国际新创企业，可通过万里汇（WorldFirst）全球企业账户，轻松解决全球收款、全球付款、外汇风险管理、供应链融资等多种需求，从而有效节约资金成本、提升周转效率，帮助国际新创企业快速捕捉商机。

平台生态系统健康性需要平台吸引力与资源积聚力共同作用。平台吸引力源于平台架构设计，一旦启动能够吸引相关利益群体自发参与。平台生态系统健康平稳发展也需要强大的资源集结力。平台资源集结力是平台运营商集聚有利于平台发展所需要相关资源的特定能力束，是支撑平台生态系统发展的核心能力。平台资源积聚力表现方式多样。平台运营商启动期常用的单边定价补贴，以及招牌策略等，破解平台启动期“鸡与蛋难题”的举措与行动，实际上都是资源积聚力之平台营销力的具体表现。除了把重要的参与者吸纳到平台生态中来之外，还要及时过滤及清除有损于平台生态系统发展的参与者，塑造出健康的平台生态系统，这也是资源积聚力的核心功能之一。资源积聚力与平台吸引力能够相互强化，可以共同发挥作用，从而促进平台生态系统又好又快地健康发展。

7.4.3 营造尊重规律鼓励探索的平台创新生态

平台是多边市场中的重要组成部分，政府部门对平台监管有着重要意义。互联网平台经济是生产力新的组织方式，是经济发展新动能，对优化资源配置、促进跨界融通发展和大众创业万众创新、推动产业升级、拓展消费市场尤其是增加就业都有重要推动作用。聚焦平台经济发展面临的突出问题，国务院先后出台了《关于促进平台经济规范健康发展的指导意见》《关于平台经济领域的反垄断指南》等政策。迄今为止，大部分注意力都集中在宏观层面，如对舆论形成、消费者和数据隐私的保护、反垄断等。虽然此类措施都是切实可行的，但各级政府部门对平台运营商如何塑造竞争环境和平台生态系统的研究还不深入，更缺少对平台运营商和平台依赖型创业者之间微观关系的探究。

鼓励符合条件的企业建立跨境平台生态系统。对于任何一个商业组织，行业环境都是对其产生直接影响的不可忽视的方面。稳定健康的行业环境有利于平台生态系统的平稳发展。虽然政府部门出台了一系列关于跨境电商发展方面的相关文件，并成立跨境电商发展服务中心和跨境电商行业协会，但要更加重视反垄断，重视竞争政策，促进我国数字平台生态系统的健康持续发展。因为跨境平台生态系统发展依赖平台运营商和众多参与者共创价值和共同演化，所以需要实施多利益相关者的共同治理。

一是加强政策引导，营造行业良好生态。对于数字平台生态系统培育和发展要明确相关政府部门主体责任，避免出现相互推诿的情况发生，直接目标是改善和维护市场中的公平竞争机制，核心目标是促进平台经济效率提升，终极目标是提高消费者福利。另外，还要兼顾维护市场统一、消除市场壁垒等目标，营造健康有序的发展环境。支持有实力的平台企业牵头组建创新联合体，围绕工业互联网底层架构、工业软件根技术、人工智能开放创新、公共算法集、区块链底层技术等领域，推进关键软件技术攻关。

二是聚焦重点治理，提升竞争政策和反垄断执法的战略高度。首先，竞争政策和反垄断政策不仅需要专业水准，也需要对行业有深刻理解，更需要有战略的高度，使竞争政策与其他经济政策相互协调、相互支撑，为我国数字经济、平台经济的发展和综合国力的提升保驾护航。强化 App 全链条、全主体监管，督促应用商店、终端等关键环节，落实落细主体责任，实现行业上下游联防共治。其次，提高监管技术。政府应加强对现有科技的运用，加强对数据进行分析，加强对平台运营商经营行为进行实时地、精确地监控分析，规范和引导平台运营商的经营行为。

三是要有发展的眼光，强化能力提升。一方面，如果经营者确实违反了《反垄断法》，导致市场竞争被削弱、损害了消费者权益等，就要按照法律法规进行严格执法；另一方面，也要看到我国社会主义市场经济还在逐步发展和完善的过程中，随着有关法律政策制度的完善，平台运营商的行为也会随之调整合规。政策制定不能仅仅是事后的惩罚，更应该防患于未然，在预防方面就要使企业无漏洞可钻，避免造成事后的纠纷。

四是观察企业之间的竞争，要有国际视野。在对互联网平台企业进行规制时，要把国际竞争也考虑进来。我国的重点领域、重点行业，特别是高科技和新兴行业，要尽可能地给我国创新型企业更大的发展空间、更好的政策环境和更有弹性的容错空间，鼓励企业不断创新、做大做强。

7.4.4 保障机制合力的生成

综上所述，该保障机制的三个层面交互作用主要涵盖了“资源交互—关键能力（韧性生成）—绩效提升”三阶段，形成了措施保障、效果协同、生态发力三种状态。

首先，措施保障主要体现在平台赋能政策和政策引领平台耦合作用。平台赋能政策主要包括平台运营商对政策执行的数字赋能、资源协调和提质增效三个方面：一是数字赋能方面，平台运营商主要基于自身数据、算法、算力等数字技术优势来协助政府相关扶持政策的落实；二是资源协调方面，平台对政策的资源协调赋能，主要体现以平台运营商为核心的平台生态系统内部，依赖于核心企业对国际新创企业的资源协调能力，加快形成资源集聚效应；三是平台赋能政策推动政策执行的提质增效。基于平台自身的商业影响力，平台起到激励国际新创企业完善商业生态体系、发展新业态等重要作用。措施保障还体现在政策对平台的引领作用，主要包括政策引导和监管规范两个方面：一是在政策引导方面，政府部门发挥政策号召力来引导平台运营商在助力国际新创企业走出国门等方面做出相应的举措；二是政策对平台的监管规范方面，主要针对平台生态系统健康稳定发展、落实市场规范及合理开展财政帮扶等方面。总体而言，平台赋能政策和政策引领平台在措施协同方面存在相辅相成、彼此互补的关系。政策执行需要借助平台在技术、数据、市场和生态集聚等方面的优势来充分贯彻引导举措，平台运营商在助力国际新创企业发展和自身建设等方面也需要政策的方向性引领。政策和平台的交互作用能进一步增强彼此的赋能效率。

其次，效果协同主要体现在国际新创企业关键能力生成及提升的过程。在该过程中，政府政策作为外源性的资源注入，主要起到改变平台运营商内外部环境的作用。政策与平台在保障机制上的差异又决定了两者对国际新创企业生存环境的塑造是不同的。数字平台生态政策服务和规章制度的完善以及国际新创企业（微型跨国企业）快速发展，均需要动用国家政策的强制性力量和全局性统筹来实现。平台生态带给国际新创企业的品牌发展支持、数字营销支持和扩大在线市场资源等环境改善，均是针对特定行业乃至聚焦到企业、商家等基础市场主体来开展个性化帮扶。但纯粹依赖平台的力量又不足以形成大范围、全局性的整体变化，还需要借助政策“指挥棒”的号召来推动经济发展环境的整体飞跃。因此，政策引领与平台赋能相辅相成，共同塑造国际新创企业发展环境、提升国际新创企业关键能力。

最后，基于政策引导、平台赋能、多主体参与（国际新创企业为主）

形成平台生态发力，实现平台生态价值最大化。以平台生态发力为抓手，持续优化基于数字新技术的运营流程、提高在市场中供需双方匹配的精确度，有效提升平台生态绩效。在该阶段，数字平台运营商要以大数据的强大预测力、精准决策力支撑和服务平台生态价值共创，以科学的平台架构和规则提供平台生态主体开放、有序的发展环境，从而在与平台参与者的共赢中实现对产业发展的推动。国际新创企业要顺应数字平台的经营规则调整，率先布局、拥抱创新，在平台生态的薄弱环节发力，与平台一起共同投入，开展互补性创新，避免单方面投入带来的能力增长给平台造成威胁，抑或是单方面投入增加了对平台的依赖，后续受到平台要挟而难以持续从生态中获利。

本章小结

本章基于前面的研究成果，构建了基于数字平台的国际新创企业成长的保障机制。首先，介绍了平台权力生成的理论逻辑；其次，探讨了基于数字平台的国际新创企业的依附效应；再次，论述了基于数字平台的国际新创企业成长风险；最后，从国际新创企业、平台运营商、行业软环境三个维度构建国际新创企业成长的保障机制。

第8章

研究结论与展望

本章在文献回顾、理论演绎、案例探索、机理分析、实证验证和机制构建的基础上，着重总结本书的结论和创新性，提出管理实践启示，并在此基础上对本书的局限和未来展望进行阐述。

8.1 研究结论

数字技术已经成为世界各国经济健康发展的基础支撑架构，彻底改变了企业在国际市场上创造、交付和获取价值的方式。得益于数字技术不断降低全球贸易门槛，大量的创业者、小企业加入跨境数字平台，成为“国际新创企业”。数字平台从根本上改变了现有的商业模式，颠覆了以供应链为基础的生态系统，重塑了行业结构。随着致力于全球市场开发的数字平台逐年增加，基于平台的国际新创企业正在利用数字空间变得更具创新性、更具竞争力。因此，基于数字平台的国际新创企业代表了国际化进程的典型案例，被视为最有前景的经济发展模式。基于数字平台的国际新创企业成长必将不同于传统国际化理论提出的增量路径模型，必将不同于传统国际新创企业成长路径。基于数字平台的国际新创企业不仅面临规模劣势、新进入者劣势，还面临合法性和在线生存问题。目前，学术界较少关注基于数字平台的国际新创企业成长。因此，探究数字平台赋能国际新创企业成长机理与保障机制研究具有重要的理论和实践意义。

通过系统的文献梳理，本书基于网络外部性理论探究了数字平台国际化运作机理，为研究界定了清晰的研究边界；采用探索性多案例研究构建了国际新创企业关键能力构成；运用模块化理论、资源基础理论和平台生态理论系统分析了数字平台赋能国际新创企业成长机理，运用资源—能力—成长的研究逻辑，构建了数字平台赋能国际新创企业成长的概念模型，通过理论演绎提出相关假设，进一步开发变量量表，运用问卷调查法，综合采用探索性因子分析、验证性因子分析、描述性统计分析、相关分析、结构方程模型验证了数字平台赋能国际新创企业成长及其边界条件。因此，本书主要得出以下研究结论：

第一，网络外部性是数字平台实施国际化赋能的重要影响因素。以往研究成果通常忽略了国界，多专注于单一国家背景下的数字平台相关研究，对数字平台国际化运作研究尚处于初始阶段。运用网络外部性理论，基于国内网络外部性和跨境网络外部性，详细讨论了数字平台国际化模式、国际战略制定、国际市场选择等主题，并提出了相应的命题。获得先发优势对数字平台可持续发展至关重要，先发优势可以帮助数字平台在潜在对手进入之前建立用户基础。若具有强大的跨境网络外部性，则数字平台可以利用全球用户基础较为容易地进入当地市场。同时，数字平台成为任何特定国家的早期进入者，都不如在全球建立一个庞大的用户基础。因此，网络外部性的地理范围是数字平台考虑进入国外市场的重要因素。基于此研究结论，本书所指的数字平台是能够开展跨国经营活动的数字平台。

第二，国际新创企业的关键能力是一个多维结构，由全球跨文化编程能力、跨境数字货币适应能力、国际商业模式重构能力以及全球虚拟网络嵌入能力组成。诚然，此类关键能力因国际新创企业性质而异。这些关键能力与创业者技能、领导力、人际关系能力以及创业者和在这些公司工作的员工的总体管理技能相关。创业者在新创企业国际化过程中起着关键作用。创业者或创业团队若拥有关键能力，则可以加速新创企业快速实现国际化。

第三，本书系统论证了数字平台赋能如何促进国际新创企业成长，并以关键能力为中介变量，进一步分析数字平台赋能对国际新创企业影响的边界条件，提出相关研究假设。实证结果表明，数字平台赋能对国际新创企业关键能力具有显著正相关关系，对国际新创企业成长绩效具有显著正相关关系；产品复杂性、竞争强度负向调节数字平台赋能对国际新创企业关键能力的影响；关键能力对国际新创企业成长绩效具有显著正相关关系。同时，数字平台赋能对国际新创企业成长具有直接相关关系，关系能力起到部分中介作用。

第四，本书构建基于数字平台的国际新创企业成长的保障机制，支撑国际新创企业快速发展，加速新创企业国际化进程。数字平台的风险管控已成为国际新创企业在国际市场上快速成长的关键影响因素，本书详细解析了国际新创企业成长中的依附效应，基于数字平台的国际新创企业成长过程中困境，从国际新创企业、平台运营商、行业软环境三个维度构建一套全方位、多维度的国际新创企业成长的保障机制。

8.2 研究特色和创新之处

8.2.1 研究特色

数字平台跨越了国界、行业和时空的限制，降低了跨境贸易的障碍，为新创企业打开了国际大门，使其快速成为国际新创企业。基于数字平台的国际新创企业成长不同于传统国际化理论提出的增量路径模型，也不同于传统国际新创企业成长路径。目前，数字平台生态系统与国际新创企业仍是两个相对独立的领域，前者属于战略领域，后者在国际商务、国际创业领域广受关注。因此，现有对基于数字平台的国际新创企业成长研究比较分散、凌乱，缺乏系统性，研究视角过于单一，缺乏从数字平台赋能角度对国际新创企业成长的理论分析与实证研究，理论分析框架不够扎实。本书更加注重对数字平台赋能国际新创企业成长的理论研究，系统探究了基于网络外部性的数字平台国际扩张机理。只有数字平台是国际化平台，才能更好催生国际新创企业，才能更好营造国际平台生态系统；本书解析了国际新创企业关键能力构成、数字平台赋能多维路径；基于“资源—能力—成长”分析框架，本书构建了数字平台赋能国际新创企业成长的作用机理模型，在此基础上，运用问卷分析法、多元统计分析法进行了验证分析。进一步，本书探讨了平台权力生成的理论逻辑、基于平台的国际新创企业依附效应，探究了国际新创企业成长风险，进而从政府营造软环境、平台运营商、国际新创企业三个方面构建了保障机制，使本书的研究更具前瞻性。因此，本书的研究可为我国数字平台国际化和国际新创企业快速成长提供参考借鉴，使研究更加完整和具有决策参考价值。

8.2.2　创新之处

首先，从网络外部性视角探讨了数字平台的国际化战略运行机理，拓展了数字平台理论。现有文献通常忽略了国界，多专注于单一国家背景下的数字平台相关研究，对数字平台国际化运作的研究尚处于初始阶段。现有研究多强调了网络外部性在数字平台成长中的作用，网络外部性对于理解数字平台的国际化战略选择和绩效结果至关重要，但直接和间接网络外部性难以解释数字平台国际化运作过程中的进入模式、国际市场选择等。本书直接拓展了网络外部性的类型（直接 vs. 间接，国内 vs. 跨国）。当存在跨国外部性时，数字平台的安装基数形成了非地域限制的企业特定优势。进而，本书基于网络外部性理论和内部化理论，探究数字平台国际化过程中的进入模式选择、国际市场选择等，表明不同类型的网络外部性对数字平台的国际化战略具有异质效应。本书的研究结论为深入探究数字平台国际化战略奠定了基础。

其次，解析了基于数字平台的国际新创企业关键能力构成，丰富了国际新创企业成长的研究文献。本书运用动态能力理论、价值共创理论、网络外部性理论、平台生态理论探究基于数字平台的国际新创企业成长过程中关键能力构成，关注国际新创企业自身的战略能动性，凸显国际新创企业（互补者）的主观能动性，响应了 Chen 等[279]（2022）对平台生态系统互补者关注的呼吁，加深了对数字平台环境中国际新创创业成长的了解，推动了国际创业、国际商务、数字经济等研究领域融合，丰富了平台生态系统互补者的相关研究。

再次，多视角全方位揭示数字平台赋能国际新创企业成长的作用机理。本书运用模块化理论和生命周期理论，解析了数字平台生态依赖于不同模块化架构参与者提供的资源，并详细探究了对国际新创企业国际化进程产生的影响。运用结构方程模型从静态视角分析并验证了国际新创企业成长机理；基于"寄生—共生—互生—再生"四个阶段，揭示了基于数字平台的国际新创企业成长的动态演化轨迹，基于数字平台的国际新创企业成长过程不同于传统国际化理论提出的增量路径模型，不同于传统国际新创企业成长路径。本书的研究成果基于资源基础理论、动态能力理论、价值共创理论，揭示了数字平台赋能对国际新创企业成长的影响机制，拓展了数字经济时代下国际创业的研究边界，对于国际新创企业借助数字平台赋能迅速实现国际化具有重要意义。

最后，构建平台依附型国际新创企业成长的保障机制。本书立足"资源—行为—成长"的视角，基于数字平台的国际新创企业成长过程中的风险，从国际新创企业、平台运营商、行业软环境三个维度构建一套全方位、多维度的国际新创企业成长的保障机制，为我国国际新创企业快速成长指明了方向和路径。

8.3 管理实践

第一，本书的研究结论对于数字经济背景下国际创业具有十分重要的指导意义。嵌入数字平台之中的国际新创企业以独特的方式创造价值，国际化过程必然不同于以往渐进式国际化路径。本书的研究结论有助于国际新创企业借助数字平台快速实现国际化，并在成长过程中快速获取国际客户，以降低外来者劣势，增加自身价值。

第二，本书的研究结论对于国际新创企业关键能力培育具有十分重要的指导意义。数字平台的风险管控已成为国际新创企业在国际市场上快速成长的关键。传统企业进入国外市场只会考虑国家间政治风险、文化风险、商业风险和金融风险。数字化和数字化平台的兴起给新创企业国际化进程带来了崭新的平台风险。这种现象对于依赖数字平台寻求海外机会的国际新创企业来说尤为突出。因此，国际新创企业高层领导在尝试利用数字平台不断增加的机会时，应该特别注意数字平台带来的风险。基于数字平台的国际新创企业高层管理者应积累技能、关系和知识，以应对新型的数字平台风险。较强的学习能力有助于国际新创企业更好地走向海外市场。随着互联网技术的飞速发展，国际创业者可以通过互联网、云计算、区块链等数字技术获得与竞争对手相同的信息、渠道和用户。学习能力有助于国际创业者感知、抓住特定的国际创业机会，增加国际创业成功概率，形成更加自信的创业行为。学习能力超越了产品出口或海外直接投资的传统能力，可以帮助国际创业者更好地参与全球虚拟市场，克服国际新创企业外来者劣势、资源劣势。

第三，本书的研究结论对数字平台生态系统健康性具有十分重要的指导意义。数字平台生态系统健康与否决定了平台运营模式成败。平台生态系统发展起于利益相关者分析，生于利益相关者联系，成于利益相关者互动。数字平台生态健康性需要平台吸引力和资源集结力共同作用，即需要在数字平台赋能作用下，不断提升自我吸引力以及资源集结力，从而实现平台生态价值创造与价值捕获的不断平衡。数字平台运营商在选择、吸纳互补者时，应挑选声誉好、具有契约精神的互补者，以形成良好合作伙伴关系。数字平台运营商要不断加大数字基础设施的投入，提升自身的研发水平，带动互补者创新能力提升，进而提高平台生态系统的创新性。数字平台运营商需要不断关注国内外环境的变化，保持足够敏感度和应变能力，及时发现新的市场动向和挑战，防止陷入成功带来的路径依赖或“核心能力刚性”，以保持平台生态系统的稳健性，进而更好地满足市场需求。

8.4 研究局限与未来展望

本书采用多种研究方法，探索数字平台赋能国际新创企业成长机理与保障机制，但由于时间和能力有限，以及平台生态系统的异质性，研究依然存在一些不足和局限，需要在未来继续展开研究，不断加以完善。其一，本书采取调研问卷的形式收集数据，这意味着量表的回答必然具备一定的主观判断。尽管调研对象填写的内容基本符合企业的现实状况，所得的问卷数据也经过了严格的信度和效度检验，但是仍然难以保证调研问卷的填写结果能反映出企业的真实发展情况。未来研究可以结合计算机仿真模拟、系统动力学分析、面板数据等来探讨数字平台赋能、关键能力和国际新创企业成长之间的因果关系，以验证现有研究结论的普适性和可靠性。其二，本书引入产品复杂性和竞争强度两个调节变量作为数字平台赋能、关键能力与国际新创企业成长的边界条件。然而，在数字平台生态系统研究中，涉及平台生态系统情境因素的变量有许多，未来研究可进一步考虑其他潜在生态系统情境因素，或者超越生态系统层面的情境因素如制度环境等，以更详细地阐述数字平台赋能与国际新创企业成长之间的关系。其三，赋能和治理是数字平台协调国际新创企业价值创造的两大职能，未来研究可从平台治理视角探讨数字平台和国际新创企业之间关系，以确保数字平台生态系统健康性，降低国际新创企业脱离平台的风险，提高平台生态系统的价值。

参考文献

[1] Lund S, Manyika J, Woetzel J, et al. Globalization in Transition: The Future of Trade and Value Chains [R]. American: McKinsey Global Institute, 2019.

[2] Teece D J, Pundziene A, Heaton S, et al. Managing Multi - Sided Platforms: Platform origins and go - to - market strategy [J]. California Management Review, 2022, 64 (4): 5 - 19.

[3] Trabucchi D, Buganza T, Muzellec L, et al. Platform - driven innovation: Unveiling research and business opportunities [J]. Creativity and Innovation Management, 2021, 30 (1): 6 - 11.

[4] 齐昊，李钟瑾．平台经济金融化的政治经济学分析 [J]. 经济学家，2021 (10): 14 - 22.

[5] Cusumano M A, Yoffie D B, Yoffie D B. The future of platforms [J]. MIT Sloan management review, 2020, 61 (3): 46 - 54.

[6] Bonina C, Koskinen K, Eaton B, et al. Digital platforms for development: Foundations and research agenda [J]. Information System Journal, 2021, 31 (6): 869 - 902.

[7] Nambisan S, Zahra S A, Luo Y D. Global platforms and ecosystems: Implications for international business theories [J]. Journal of International Business Studies, 2019, 50 (9): 1464 - 1486.

[8] Buccieri D, Javalgi R G, Cavusgil E. International new venture performance: Role of international entrepreneurial culture, ambidextrous innovation, and dynamic marketing capabilities [J]. International Business Review, 2019, 29

(2): 101639.

[9] Oviatt B M, McDougall P. Toward a theory of international new ventures [J]. Journal of International Business Studies, 1994, 26 (2): 45 -64.

[10] Knight G A, Cavusgil S T. Innovation, Organizational Capabilities, and the Born Global Firm [J]. Journal of International Business Studies, 2004, 35 (2): 124 -141.

[11] Coombs J E, Sadrieh F, Annavarjula M. Two decades of international entrepreneurship research: what have we learne——where do we go from here [J]. International Journal of Entrepreneurship, 2009, 13 (1): 23 -64.

[12] Coviello N E, McDougall P P, Oviatt B M. The emergence, advance and future of international entrepreneurship research——an introduction to the special forum [J]. Journal of Business Venturing, 2011, 26 (6): 625 -631.

[13] McDougall - Covin P, Jones M V, Serapio M G. High - Potential Concepts, Phenomena, and Theories for the Advancement of International Entrepreneurship Research [J]. Entrepreneurship Theory and Practice, 2014, 38 (1): 1 -10.

[14] Weerawardena J, Mort G S, Liesch P W, et al. Conceptualizing accelerated internationalization in the born global firm: A dynamic capabilities perspective [J]. Journal of World Business, 2007, 42 (3): 294 -306.

[15] Dzikowski P. A bibliometric analysis of born global firms [J]. Journal of Business Research, 2018, 85 (4): 281 -294.

[16] Morais F, Ferreira, J J. SME internationalization process: Key issues and contributions, existing gaps and the future research agenda [J]. European Management Journal, 2020, 38 (1): 62 -77.

[17] Coviello N E, Cox M P. The resource dynamics of international new venture networks [J]. Journal of International Entrepreneurship, 2006, 4 (2): 113 -132.

[18] Bembom, M, Schwens, C. The Role of Networks in Early Internationalizing Firms: A Systematic Review and Future Research Agenda. European Management Journal, 2018, 36 (6): 679 -694.

[19] Castagnoli R, Büchi G, Coeurderoy R, et al. Evolution of Industry 4.0 and International Business: A Systematic Literature Review and a Research Agenda [J]. European Management Journal, 2022, 40 (4): 572 –589.

[20] Child J, Hsieh L, Elbanna S, et al. SME international business models: the role of context and experience [J]. Journal of World Business, 2017, 52 (5): 664 –679.

[21] Marinkovi'c M, Al – Tabbaa O, Khan Z, et al. Corporate foresight: a systematic literature review and future research trajectories [J]. Journal of Business Research, 2022, 144 (3): 289 –311.

[22] Sultana N, Turkina E. Foreign direct investment, technological advancement, and absorptive capacity: a network analysis [J]. International Business Review, 2020, 29 (2): 101668.

[23] Parker G G, Van Alstyne M W, Choudary S P. Platform revolution: How networked markets are transforming the economy – And how to make them work for you [M]. New York: W. W. Norton & Company, 2016.

[24] Andersson S, Evers N, Kuivalainen O. International new ventures – Rapid internationalisation across different industry contexts [J]. European Business Review, 2014, 26 (5): 390 –405.

[25] Kano L, Tsang E W K, Yeung H W – C. Global value chains: a review of the multi – disciplinary literature [J]. Journal of International Business Studies, 2020, 51 (4): 577 –622.

[26] Kim D, Cavusgil E. Antecedents and outcomes of digital platform risk for international new ventures' internationalization [J]. Journal of World Bussiness, 2020, 55 (1): 101021.

[27] Stallkamp M, Schotter A P. Platforms without borders? The international strategies of digital platform firms [J]. Global Strategy Journal, 2021, 11 (1): 58 –80.

[28] 邢小强，周平录，张竹等．数字技术、BOP 商业模式创新与包容性

市场构建 [J]. 管理世界, 2019 (12): 116 – 136.

[29] Ancillai C, Sabatini A, Gatti M et al. Digital technology and business model innovation: A systematic literature review and future research agenda [J]. Technological Forecasting and Social Change, 2023, 188 (3) : 122307.

[30] Ghauri P, Fu X, Minayora A. Digital technology – based entrepreneurial pursuit of the marginalized communities [J]. Journal of International Management, 2022, 28 (2): 100948.

[31] Bharadwaj E, Sawy O A, Pavlou P A, et al. Digital business strategy: Toward a next generation of insights [J]. Mis Quarterly, 2013, 37 (2): 471 – 482.

[32] Yoo, Y. Computing in everyday life: A call for research on experiential computing [J]. MIS Quarterly, 2010, 34 (2): 213 – 231.

[33] Nambisan S. Digital entrepreneurship: Toward a digital technology perspective of entrepreneurship [J]. Entrepreneurship Theory and Practice, 2017, 41 (6): 1029 – 1055.

[34] Tilson D, Lyytinen K, Sørensen C. Research commentary—Digital infrastructures: The missing IS research agenda [J]. Information Systems Research, 2010, 21 (4): 748 – 759.

[35] Autio E, Nambisan S, Thomas L D, et al. Digital affordances, spatial affordances, and the genesis of entrepreneurial ecosystems [J]. Strategic. Entrepreneurship Journal, 2018, 12 (1): 72 – 95.

[36] Verhoef P C, Broekhuizen T, Bart Y, et al. Digital transformation: A multidisciplinary reflection and research agenda [J]. Journal of Business Research, 2021, 122 (1): 889 – 901.

[37] 王凤彬, 王骁鹏, 张驰. 超模块平台组织结构与客制化创业支持——基于海尔向平台组织转型的嵌入式案例研究 [J]. 管理世界, 2019 (2): 121 – 150.

[38] Mcintyre D, Srinivasan A, Afuah A, et al. Multi – sided platforms as new organizational forms [J]. Academy of Management Perspectives, 2020, 35

(4): 566 – 583.

[39] Rietveld J, Schilling M. Platform competition: A systematic and interdisciplinary review of the literature [J]. Journal of Management, 2021, 47 (6): 1528 – 1563.

[40] Chen L, Tong T W, Tang S, et al. Governance and Design of Digital Platforms: A Review and Future Research Directions on a Meta – Organization [J]. Journal of Management, 2022, 48 (1): 147 – 184.

[41] Zhu F, Iansiti M. Entry into platform – based markets [J]. Strategic Management Journal, 2012, 33 (1): 88 – 106.

[42] Hagiu A. Pricing and commitment by two – sided platforms [J]. RAND Journal of Economics, 2006, 37 (3): 720 – 737.

[43] 肖红军，李平．平台型企业社会责任的生态化治理 [J]．管理世界，2019 (4): 126 – 150.

[44] Boudreau K J. Open platform strategies and innovation: Granting access vs. devolving control [J]. Management Science, 2010, 56 (10): 1849 – 1872.

[45] Zhu F, Liu Q. Competing with complementors: An empirical look at Amazon. com [J]. Strategic Management Journal, 2018, 39 (10): 2618 – 2642.

[46] 龚丽敏，江诗松．平台型商业生态系统战略管理研究前沿：视角和对象 [J]．外国经济与管理，2016，38 (6): 38 – 50，62.

[47] 罗珉，杜华勇．平台领导的实质选择权 [J]．中国工业经济，2018 (2): 82 – 99.

[48] Rochet, Tirole J. Two – Sided Markets: A Progress Report [J]. The Rand Journal of Economics, 2006, 37 (3): 645 – 667.

[49] 肖红军．责任型平台领导：平台价值共毁的结构性治理 [J]．中国工业经济，2020 (7): 174 – 192.

[50] Iansiti M, Levien R. The Keystone Advantage: What the New Dynamics of Business Eco – systems Mean for Strategy, Innovation, and Sustainability [M]. Brighton: Harvard Business Press, 2004.

［51］ Moore C，Rao H R，Whinston A，et al. Information Acquisition Policies for Resource Allocation Among Multiple Agents ［J］. Information Systems Research，1997，8（2）：151－170.

［52］ Gawer A. Bridging Differing Perspectives on Technological Platforms：Toward an Integrative Framework ［J］. Research Policy，2014，43（7）：1239－1249.

［53］ Thomas L，Autio E，Gann D.（2014）. Architectural Leverage：Putting Platforms in Context ［J］. The Academy of Management Perspectives，2014，28（2）：198－219.

［54］ 孙晋．数字平台的反垄断监管［J］．中国社会科学，2021（5）：101－127，206－207.

［55］ 刘洋，董久钰，魏江．数字创新管理：理论框架与未来研究［J］．管理世界，2020（7）：198－217，219.

［56］ Tiwana A，Konsynsky B，Bush A A. Platform Evolution：Coevolution of Platform Architecture，Governance，and Environmental Dynamics ［J］. Information Systems Research，2010，21（4）：675－687.

［57］ Tilson D，Lyytinen K，Sørensen C. Digital Infrastructures：The Missing IS Research Agenda ［J］. Information Systems Research，2010，21（5）：748－759.

［58］ Ghazawneh A，Henfridsson O. A Paradigmatic Analysis of Digital Application Marketplaces ［J］. Journal of Information Technology，2015，30（3）：198－208.

［59］ Constantinides P，Henfridsson O，Parker G G. Introduction—Platforms and Infrastructures in the Digital Age ［J］. Information Systems Research，2018，29（2）：381－400.

［60］ Teece D J. Profiting from innovation in the digital economy：enabling technologies，standards，and licensing models in the wireless world. Research Policy，2018，47（8）：1367－1387.

［61］ De Reuver M，Sørensen C，Basole R C. The digital platform：A research agenda ［J］. Journal of Information Technology，2018，33（2）：124－135.

［62］ Darking M，Whitley E A，Dini P. Governing Diversity in the Digital Ecosystem [J]. Communications of the ACM, 2008, 51 (8): 137 - 140.

[63] Wareham J, Fox P B, Cano Giner J L. Technology Ecosystem Governance [J]. Organization Science, 2014, 25 (4): 1195 - 1215.

[64] Henfridsson O, Bygstad, B. The Generative Mechanisms of Digital Infrastructure Evolution [J]. MIS Quarterly, 2013, 37 (3): 907 - 931.

[65] Eaton B D, Elaluf - Calderwood S, Sørensen C, et al. Distributed Tuning of Boundary Resources: The Case of Apple's iOS Service System [J]. MIS Quarterly, 2015, 39 (1): 217 - 243.

[66] 国旭，贺俊，陶思宇．多平台企业协同效应的来源及作用机理——阿里巴巴多平台体系的案例研究 [J]．经济管理，2022，44 (10)：92 - 110.

[67] West J, Bogers M. Open innovation: current status and research opportunities [J]. Innovation, 2017, 19 (1): 43 - 50.

[68] Hilbolling S, Berends H, Deken F, et al. Complementors as connectors: managing open innovation around digital product platforms [J]. R&D Management, 2020, 50 (1): 18 - 30.

[69] Boudreau K J. Let a thousand flowers bloom? An early look at large numbers of software app developers and patterns of innovation [J]. Organization Science, 2012, 23 (5): 1409 - 1427.

[70] Jacobides M G, Cennamo C, Gawer A. Towards a theory of ecosystems [J]. Strategic Management Journal, 2018, 39 (8): 2255 - 2276.

[71] Benner M J, Waldfogel J. Changing the channel: Digitization and the rise of "middle tail" strategies [J]. Strategic Management Journal, 2023 (1): 264 - 287.

[72] Rietveld J, Eggers J P. Demand heterogeneity in platform markets: Implications for complementors [J]. Organization Science, 2018, 29 (2): 304 - 332.

[73] Huber T L, Kude T, Dibbern J. Governance practices in platform ecosystems: Navigating tensions between cocreated value and governance Costs [J]. Information Systems Research, 2017, 28 (3): 563 - 584.

[74] Cennamo C, Ozalp H, Kretschmer T. Platform architecture and quality trade – offs of multihoming complements [J]. Information Systems Research, 2018, 29 (2): 461 –478.

[75] Ondrus J, Gannamaneni A, Lyytinen K. The Impact of Openness on the Market Potential of Multi – sided Platforms: A Case Study of Mobile Payment Platforms [J]. Journal of Information Technology, 2015, 30 (3): 260 –275.

[76] Kazan E, Tan C – W, Lim E T K, et al. Disentangling digital platform competition: The case of UK mobile payment platforms [J]. Journal of Management Information Systems, 2018, 35 (1): 180 –219.

[77] Tiwana A. Evolutionary competition in platform ecosystems [J]. Information Systems Research, 2015, 26 (2): 266 –281.

[78] 潘巧虹，骆温平，刘宗沅．平台企业和参与者合作中的悖论识别与治理——基于菜鸟网络的案例研究 [J]．当代财经，2022 (5)：75 –87.

[79] Dattée B, Alexy O, Autio E. Maneuvering in poor visibility: How firms play the ecosystem game when uncertainty is high [J]. Academy of Management Journal, 2018, 61 (2): 466 –498.

[80] Karhu K, Gustafsson R, Lyytinen K. Exploiting and Defending Open Digital Platforms with Boundary Resources: Android's Five Platform Forks [J]. Information Systems Research, 2018, 29 (2): 479 –497.

[81] Ozalp H, Cennamo C, Gawer, A. Disruption in platform – based ecosystems [J]. Journal of Management Studies, 2018, 55 (7): 1203 –1241.

[82] Song P, Xue L, Rai A, et al. The ecosystem of software platform: A study of asymmetric cross – side network effects and platform governance [J]. MIS Quarterly, 2018, 42 (1): 121 –142.

[83] Kapoor R, Agarwal S. Sustaining superior performance in business ecosystems: Evidence from application software developers in the iOS and Android smartphone eco – systems [J]. Organization Science, 2017, 28 (3): 531 –551.

[84] Parker G, Van Alstyne M, Jiang X. Platform ecosystems: How develop-

ers invert the firm [J]. MIS Quarterly, 2017, 41 (1): 255 -266.

[85] Jha S K, Pinsonneault A, Dube L. The evolution of an ICT platform - enabled ecosystem for poverty alleviation: The case of Ekutir [J]. MIS Quarterly, 2016, 40 (2): 431 -445.

[86] Spagnoletti P, Resca A, Lee G. A Design Theory for Digital Platforms Supporting Online Communities: A Multiple Case Study [J]. Journal of Information Technology, 2015, 30 (4): 364 -380.

[87] Pagani M. Digital business strategy and value creation: Framing the dynamic cycle of control points [J]. MIS Quarterly, 2013, 37 (2): 617 -632.

[88] Gawer A, Henderson, R. Platform owner entry and innovation in complementary markets: Evidence from Intel [J]. Journal of Economics & Management Strategy, 2007, 16 (1): 1 -34.

[89] Helfat C E, Raubitschek R S. Dynamic and integrative capabilities for profiting from innovation in digital platform - based ecosystems [J]. Research Policy, 2018, 47 (8): 1391 -1399.

[90] Sampler J L. Platforms Should be more than matchmakers [J]. MIT Sloan Management Review, 2018, 60 (1): 16 -18.

[91] Schmeiss J, Hoelzle K, Tech R P. Designing governance mechanisms in platform ecosystems: Addressing the paradox of openness through blockchain technology [J]. California Management Review, 2019, 62 (1): 121 -143.

[92] Colombo M G, Dagnino G B, Lehmann E E, et al. The Governance of Entrepreneurial Ecosystems [J]. Small Business Economics, 2019, 52 (2): 419 -428.

[93] Caillaud B., Jullien, B. Chicken - and - egg: competition among intermediation service providers [J]. RAND Journal of Economics, 2003, 34 (2): 309 -328.

[94] Claussen J, Kretschmer T, Mayrhofer P. The effects of rewarding user engagement: The case of Facebook apps [J]. Information Systems Research, 2013, 24 (1): 186 -200.

[95] Edward G, Anderson Jr, Geoffrey G P, et al. Platform performance investment in the presence of network externalities [J]. Information Systems Research, 2014, 25 (1): 152 - 172.

[96] Cennamo C, Santaló S. Platform competition: Strategic trade - offs in platform markets [J]. Strategic Management Journal, 2013, 34 (11): 1331 - 1350.

[97] Foerderer J, Kude T, Mithas S, et al. Does platform owner's entry crowd out innovation? Evidence from Google photos [J]. Information Systems Research, 2018, 29 (2): 444 - 460.

[98] Wen W, Zhu F. 2019. Threat of platform - owner entry and complementor responses: Evidence from the mobile app market [J]. Strategic Management Journal, 2019, 40 (9): 1336 - 1367.

[99] Eisenmann T, Parker G, Van Alstyne M. Platform Envelopment [J]. Strategic Management Journal, 2011, 32 (12): 1270 - 1285.

[100] Rietveld J, Schilling M A, Bellavitis C. Platform strategy: Managing ecosystem value through selective promotion of complements [J]. Organization Science, 2019, 30 (6): 1232 - 1251.

[101] Greve H R, Song S Y. Amazon warrior: How a platform can restructure industry power and ecology [J]. Entrepreneurship, Innovation, and Platforms, 2017, 37 (9): 299 - 335.

[102] Fleder D, Hosanagar K. Blockbuster culture's next rise or fall: The impact of recommender systems on sales diversity [J]. Management Science, 2009, 55 (5): 697 - 712.

[103] Brunswicker S, Almirall E, Majchrzak A. Optimizing and satisficing: The interplay between platform architecture and producers' design strategies for platform performance [J]. MIS Quarterly, 2019, 43 (4): 1249 - 1277.

[104] Rietveld J, Ploog J N, Nieborg D B. The coevolution of platform dominance and governance strategies: Effects on complementor performance outcomes [J]. Academy of Management Discoveries, 2020, 6 (3): 488 - 513.

[105] Hedlund G, Kverneland A. Are strategies for foreign markets changing? The case of Swedish investment in Japan [J]. International Studies of Management and Organization, 1985, 15 (2): 41 -59.

[106] Ganitsky J. Strategies for innate and adoptive exporters: Lessons from Israel's case [J]. International Marketing Review, 1989, 6 (5): 50 -65.

[107] McDougall P. International versus domestic entrepreneurship: New venture strategic behavior and industry structure [J]. Journal of Business Venturing, 1989, 4 (6): 387 -400.

[108] Rennie, M. Born global [J]. McKinsey Quarterly, 1993 (4): 45 -52.

[109] McDougall P, Shane S, Oviatt B. Explaining the formation of international new ventures: The limits of theories from international business research [J]. Journal of Business Venturing, 1994, 9 (6): 469 -487.

[110] Madsen T, Servais P. The internationalization of born globals: An evolutionary process [J]. International Business Review, 1997, 6 (6): 561 -583.

[111] Coviello N, Munro H. Network relationships and the internationalization process of small software firms [J]. International Business Review, 1997, 6 (4): 361 -372.

[112] Servais P, Madsen T, Rasmussen E. Small manufacturing firms' involvement in international e - business activities [J]. Advances in International Marketing, 2007, 17 (6): 297 -309.

[113] Efrat K, Shoham A. Born global firms: The differences between their short - and long - term performance drivers [J]. Journal of World Business, 2012, 47 (4): 675 -685.

[114] 潘宏亮. 国际创业经验对天生国际化企业创新作用机制 [J]. 科学学研究, 2019, 37 (5): 888 -897.

[115] 潘宏亮. 国际创业经验、创新要素累积与天生国际化企业双元创新 [J]. 科研管理, 2020, 41 (3): 43 -51.

[116] Mathews J, Zander I. The international entrepreneurial dynamics of ac-

celerated internationalization [J]. Journal of International Business Studies, 2007, 38 (3): 387 -403.

[117] Chetty S, Campbell - Hunt C. Explosive international growth and problems of success amongst small to medium - sized firms [J]. International Small Business Journal, 2003, 21 (1): 5 -27.

[118] Vahlne J - E, Johanson J. From internationalization to evolution: The Uppsala model at 40 years [J]. Journal of International Business Studies, 2017, 48 (9): 1087 -1102.

[119] Tuomisalo T, Leppäaho T. Learning in international new ventures: A systematic review [J]. International Business Review, 2019, 28 (3): 463 -481.

[120] Braunerhjelm P, Halldin, T. Born Globals. Presence, performance and prospects [J]. International Business Review, 2019, 28 (1): 60 -73.

[121] Oviatt B M, McDougall P P. Defining International Entrepreneurship and Modeling the Speed of Internationalization [J]. Entrepreneurship Theory and Practice, 2005, 29 (5): 537 -553.

[122] 田毕飞，祝人杰．组织学习与国际新创企业 GVC 嵌入路径——基于中国芯片行业的跨案例分析 [J]. 科研管理，2022 (9): 91 -98.

[123] Rialp A, Rialp J, Knight G. The phenomenon of early internationalizing firms: What do we know after a decade (1993 -2003) of scientific inquiry? [J]. International Business Review, 2005, 14 (2): 146 -166.

[124] Baum M, Schwens C, Kabst R. International as opposed to domestic new venturing: The moderating role of perceived barriers to internationalization [J]. International Small Business Journal, 2013, 31 (5): 536 -562.

[125] Oliva, F L, Teberga, P M F, Testi, L I O, et al. Risks and critical success factors in the internationalization of born global startups of industry 4.0: A social, environmental, economic, and institutional analysis [J]. Technological Forecasting and Social Change, 2022, 175 (2): 121346.

[126] Ripolle's M, Blesa A. International new ventures as "small multination-

als": The importance of marketing capabilities [J]. Journal of World Business, 2012, 47 (2): 277 - 287.

[127] Knight G A, Liesch P W. Internationalization: From incremental to born global [J]. Journal of World Business, 2016, 51 (1): 93 - 102.

[128] 王益民，梁枢，赵志彬. 国际化速度前沿研究述评：基于全过程视角的理论模型构建 [J]. 外国经济与管理, 2017, 39 (9): 98 - 112.

[129] Martin S L, Javalgi R R G. Entrepreneurial orientation, marketing capabilities and performance: the moderating role of competitive intensity on Latin American international new ventures [J]. Journal of Business Research, 2016, 69 (6): 2040 - 2051.

[130] 周劲波，黄胜. 制度环境、创业能力对国际创业模式选择的影响 [J]. 管理学报, 2015, 12 (3): 393 - 399.

[131] Di Gregorio D, Musteen M, Thomas D. International new ventures: The cross - border nexus of individuals and opportunities [J]. Journal of World Business, 2008, 43 (2): 186 - 196.

[132] Sarasvathy S. Effectuation: Elements of entrepreneurial expertise [M]. Northampton, MA: Edward Elgar Publishing, 2009.

[133] Harms R, Schiele H. Antecedents and consequences of effectuation and causation in the international new venture creation process [J]. Journal of International Entrepreneurship, 2012, 10 (2): 95 - 116.

[134] Nummela N, Saarenketo S, Jokela P, et al. Strategic decision - making of a born global: A comparative study from three small open economies [J]. Management International Review, 2014, 54 (4): 527 - 550.

[135] Mort G, Weerawardena J, Liesch P. Advancing entrepreneurial marketing: Evidence from born global firms [J]. European Journal of Marketing, 2012, 46 (3/4): 542 - 561.

[136] Wright M, Westhead P, Ucbasaran D. Internationalization of small and medium - sized enterprises (SMEs) and international entrepreneurship: A critique

and policy implications [J]. Regional Studies, 2007, 41 (7): 1013 - 1029.

[137] Zahra S. Public and corporate governance and young global entrepreneurial firms [J]. Corporate Governance: An International Review, 2014, 22 (2): 77 - 83.

[138] Brouthers K D, Geisser K D, Rothlauf F. Explaining the internationalization of ibusiness firms [J]. Journal of International Business Studies, 2016, 47 (5): 513 - 534.

[139] Shaheer N A, Li S. The CAGE around cyberspace? How digital innovations internationalize in a virtual world [J]. Journal of Business Venturing, 2020, 35 (1): 105892.

[140] Mudambi R, Zahra S. The survival of international new ventures [J]. Journal of International Business Studies, 2007, 38 (2): 333 - 352.

[141] Zhou L, Barnes B, Lu Y. Entrepreneurial proclivity, capability upgrading and performance advantage of newness among international new ventures [J]. Journal of International Business Studies, 2010, 41 (5): 882 - 905.

[142] Sinkovics N, Sinkovics R R, Yamin M. The role of social value creation in business model formulation at the bottom of the pyramid - Implications for MNEs? [J]. International Business Review, 2014, 23 (4): 692 - 707.

[143] Eduardsen J S, Ivang R. Internet - enabled internationalisation: a review of the empirical literature and a research agenda [J]. International Journal of Business Environment, 2016, 8 (2): 152 - 175.

[144] Bryan Jeana, R J, Kim D. Internet and SMEs' internationalization: The role of platform and website [J]. Journal of international management, 2020, 26 (1): 100690.

[145] Houghton K A, Winklhofer H. The effect of website and e - commerce adoption on the relationship between SMEs and their export intermediaries [J]. International Small Bussiness Journal, 2004, 22 (4): 369 - 388.

[146] Modgil S, Dwivedi Y K, Rana N P, et al. Has Covid - 19 accelerated

opportunities for digital entrepreneurship? An Indian perspective [J]. Technological Forecasting and Social Change, 2022, 175 (2): 121415.

[147] Cusumano M A, Gawer A, Yoffie D B. Can self – regulation save digital platforms? [J]. Industrial and Corporate Change, 2021, 30 (5): 1259 – 1285.

[148] Cennamo C, SantalóJ. Generativity tension and value creation in platform ecosystems [J]. Organization Science, 2019, 30 (3): 617 – 641.

[149] 林楠，席酉民，刘鹏．产业互联网平台的动态赋能机制研究——以欧冶云商为例 [J]. 外国经济与管理，2022，44 (9)：135 – 152.

[150] Leong C M L, Pan S L, Ractham P, et al. ICT – enabled community empowerment in crisis response: social media in Thailand flooding 2011 [J]. Journal of the Association for Information Systems, 2015, 16 (3): 174 – 212.

[151] 周文辉，王鹏程，杨苗．数字化赋能促进大规模定制技术创新 [J]. 科学学研究，2018，36 (8)：1516 – 1523.

[152] 胡海波，卢海涛．企业商业生态系统演化中价值共创研究——数字化赋能视角 [J]. 经济管理，2018，40 (8)：57 – 71.

[153] 孙新波，张明超，王永霞．工业互联网平台赋能促进数据化商业生态系统构建机理案例研究 [J]. 管理评论，2022 (1)：322 – 337.

[154] 缪沁男，魏江，杨升曦．服务型数字平台的赋能机制演化研究——基于钉钉的案例分析 [J]. 科学学研究，2021 (1)：1 – 17.

[155] Yoo Y, Henfridsson O, Lyytinen K. The new organizing logic of digital innovation: An agenda for information systems research [J]. Information Systems Research, 2010, 21 (4): 724 – 735.

[156] Liu Y, Chen, D Q, Gao W. How does customer orientation (in) congruence affect B2B electronic commerce platform firms' performance? [J]. Industrial Marketing Management, 2020, 87 (3): 18 – 30.

[157] Monaghan S, Tippmann E, Coviello N. Born digitals: thoughts on their internationalization and a research agenda [J]. Journal of International Business Studies, 2020, 51 (3): 11 – 22.

［158］ Srinivasan A, Venkatraman N. Entrepreneurship in digital platforms: a network – centric view ［J］. Strategic Entrepreneurship Journal, 2018, 12 (1): 54 – 71.

［159］ 王节祥，刘双，瞿庆云．数字平台生态系统中的创业企业成长研究：现状、框架与展望［J］．研究与发展管理，2023，35（1）：72 – 88.

［160］ Teece D J. Explicating dynamic capabilities: the nature and microfoundations of (sustainable) enterprise performance ［J］. Strategic Management Journal 2007, 28 (13): 1319 – 1350.

［161］ Schreyogg G, Kliesch – Eberl M. How dynamic can organizational capabilities be? Towards a dual – process model of capability dynamization ［J］. Strategic Management Journal, 2007, 28 (9): 913 – 933.

［162］ Laurell H, Achtenhagen L, Andersson S. The changing role of network ties and critical capabilities in an international new venture's early development ［J］. The International Entrepreneurship and Management Journal, 2017, 13 (3): 113 – 140.

［163］ Blesa A, Haenlein M. Critical capabilities for widening international new ventures' geographical scope ［J］. European Management Journal, 2021, 29 (2): 201 – 213.

［164］ Zahra S A, George, G. Absorptive capacity: A review, reconceptualization, and extension ［J］. Academy of Management Review, 2002, 27 (2): 185 – 203.

［165］ Dixon S, Meyer K, Day M. Building dynamic capabilities of adaptation and innovation: A study of micro – foundations in a transition economy ［J］. Long Range Planning, 2014, 47 (4): 186 – 205.

［166］ Atzmon M B, Vanderstraeten J, Albers S. Small – firm growth – enabling capabilities: A framework for young technology – based firms ［J］. Technovation, 2022, 117 (9): 102542.

［167］ Teece D J. Business models and dynamic capabilities ［J］. Long Range Planning, 2018, 51 (1): 40 – 49.

[168] Schreieck M, Wiesche M, Krcmar H. From Product Platform Ecosystem to Innovation Platform Ecosystem: An Institutional Perspective on the Governance of Ecosystem Transformations [J]. Journal of the Association for Information Systems, 2021, 23 (6): 1354 -1385.

[169] Re B, Magnani G. Value co - creation in circular entrepreneurship: An exploratory study on born circular SMEs [J]. Journal of Business Research, 2022, 147 (8): 189 -207.

[170] Aarikka - Stenroos L, Jaakkola E. Value co - creation in knowledge intensive business services: A dyadic perspective on the joint problem solving process [J]. Industrial Marketing Management, 2012, 41 (1) : 15 -26.

[171] Tommasetti A, Troisi O, Vesci M. Measuring customer value co - creation behavior [J]. Journal of Service Theory and Practice, 2017, 27 (5): 930 - 950.

[172] 崔连广，冯永春，张敬伟．客户解决方案研究述评与展望 [J]. 外国经济与管理，2016，38 (10)：102 -116.

[173] Johanson J, Vahlne J E. The Uppsala internationalization process model revisited: From liability of foreignness to liability of outsidership [J]. Journal of International Business Studies, 2009, 40 (9): 141 -143.

[174] O' Donnell A, Gilmore A, Cummins D, et al. The networks construct in entrepreneurship research: a review and critique [J]. Management Decision, 2001, 39 (9): 749 -760.

[175] Peiris I K, Akoorie M E M, Sinha P. International entrepreneurship: a critical analysis of studies in the past two decades and future directions for research [J]. Journal of International Entrepreneurship, 2012, 10 (4): 279 -324.

[176] Sigfusson T, Harris S. The relationship formation paths of international entrepreneurs [J]. Journal of International Entrepreneurship, 2012, 10 (9): 325 -349.

[177] Tolstoy D, Agndal H. Network resource combinations in the internation-

al venturing of small biotech firms [J]. Technovation, 2010, 30 (2): 4 –36.

[178] Stallkamp M, Schotter A. Platforms without borders? The international strategies of digital platform firms [J]. Global Strategy Journal, 2021, 11 (1): 58 –80.

[179] Parente R, Geleilate J M, Rong K. The sharing economy globalization phenomenon: a research agenda [J]. Journal of International Management, 2018, 24 (1): 52 –64.

[180] Beugelsdijk S, Mudambi R. MNEs as border – crossing multi – location enterprises: The role of discontinuities in geographic space [J]. Journal of International Business Studies, 2013, 44 (5): 413 –426.

[181] Burtch G, Ghose A, Wattal S. Cultural differences and geography as determinants of online pro – social lending [J]. MIS Quarterly, 2014, 38 (3): 773 –794.

[182] Ghemawat P. The laws of globalization and business applications [M]. Cambridge, U. K.: Cambridge University Press, 2017.

[183] Autio E, Zander I. Lean internationalization [J]. Academy of Management Proceedings, 2016 (1): 17420.

[184] 刘绍荣, 夏宁敏, 唐欢. 平台型组织 [M]. 北京: 中信出版社, 2019.

[185] Moore J. Predators and prey: a new ecology of competition [J]. Harvard Business Review, 1993, 71 (3): 75 –86.

[186] Marano V, Tallman S, Teegen H J. The liability of disruption [J]. Global Strategy Journal, 2020, 10 (1): 174 –209.

[187] Banalieva E R, Dhanaraj C. Internalization theory for the digital economy [J]. Journal of International Business Studies, 2019, 50 (8): 1372 –1387.

[188] Rong K, Kang Z Y, Williamson P J. Liability of ecosystem integration and internationalisation of digital firms [J]. Journal of International Management, 2022, 28 (4): 100939.

[189] Autio E. Strategic entrepreneurial internationalization: A normative framework [J]. Strategic Entrepreneurship Journal, 2017, 11 (3): 211 -227.

[190] Cavusgil S T, Knight G. The born global firm: An entrepreneurial and capabilities perspective on early and rapid internationalization [J]. Journal of International Business Studies, 2015, 46 (1): 3 -16.

[191] Vuorio A, Torkkeli L. Dynamic managerial capability portfolios in early internationalising firms [J]. International Business Review, 2023, 32 (1): 102049.

[192] Knight G, Kim D. International business competence and the contemporary firm [J]. Journal of International Business Studies, 2009, 40 (2): 255 -273.

[193] Gassmann O, Keupp M M. The competitive advantage of early and rapidly internationalising SMEs in the biotechnology industry: A knowledge - based view [J]. Journal of World Business, 2007, 42 (3): 350 -366.

[194] 王凤彬，张雪．用纵向案例研究讲好中国故事：过程研究范式、过程理论化与中西对话前景 [J]. 管理世界，2022 (6): 191 -213.

[195] 曹裕，李想，胡韩莉等．数字化如何推动制造企业绿色转型？——资源编排理论视角下的探索性案例研究 [J]. 管理世界，2023 (3): 96 -112, 126, 113.

[196] 周翔，叶文平，李新春．数智化知识编排与组织动态能力演化——基于小米科技的案例研究 [J]. 管理世界，2023 (1): 138 -157.

[197] 焦豪，杨季枫．数字技术开源社区的治理机制：基于悖论视角的双案例研究 [J]. 管理世界，2022 (11): 207 -232.

[198] 朱光喜，陈景森．地方官员异地调任何以推动政策创新扩散？——基于议程触发与政策决策的比较案例分析 [J]. 公共行政评论，2019, 12 (4): 124 -142, 192 -193.

[199] UNCTAD. World Investment Report 2017: Investment and the Digital Economy [R]. United Nations, New York and Geneva, 2017.

[200] Yin R K. Case Study Research: Design and Methods, 3rd edn [M]. Sage Publications, Thousand Oaks, 2003.

［201］井润田，孙璇．实证主义 vs. 诠释主义：两种经典案例研究范式的比较与启示［J］．管理世界，2021（3）：13，198－216．

［202］毛基业，张霞．案例研究方法的规范性及现状评估——中国企业管理案例论坛（2007）综述［J］．管理世界，2008（4）：115－121．

［203］刘意，谢康，邓弘林．数据驱动的产品研发转型：组织惯例适应性变革视角的案例研究［J］．管理世界，2020（3）：164－183．

［204］苏敬勤，刘静，吕禾雨．案例研究为什么能为本土管理理论作出贡献——学理基础与构建路径［J］．财经问题研究，2023（3）：22－31．

［205］Glaser B G，Strauss A L. The discovery of grounded theory：Strategies for qualitative research［M］. New York：Aldine. 1967.

［206］Strauss A，Corbin J. Basics of qualitative research：Techniques and procedures for developing grounded theory（2nd Ed.）［M］. Thousand Oaks，CA：Sage Publications，1998.

［207］Eisenhardt K M. Building theories from case study research. Academy of Management Review，1989，14（4）：532－550.

［208］罗仲伟，任国良，焦豪等．动态能力、技术范式转变与创新战略——基于腾讯微信“整合”与“迭代”微创新的纵向案例分析［J］．管理世界，2014（8）：152－168．

［209］Manyika J，Lund S，Bughin J，et al. Digital Globalization：the New Era of Global Flows［EB/OL］.［2023－3－31］.［2020－01－31］https：//www.mckinsey.com/business－functions/mckinsey－digital/our－insights/digital－globalization－the－new－era－of－global－flows.

［210］Teece D J. A dynamic capabilities－based entrepreneurial theory of the multinational enterprise［J］. Journal of International Business Studies，2014，45（1）：8－37.

［211］Achtenhagen L，Melin L，Naldi L. Dynamics of business models strategizing，critical capabilities and activities for sustained value creation［J］. Long Range Planning，2013，46（6）：427－442.

［212］ Ojala A. Geographic, cultural, and psychic distance to foreign markets in the context of small and new ventures ［J］. International Business Review, 2015, 24 (5): 825 –835.

［213］ Barney J. Firm resources and sustained competitive advantage ［J］. Journal of Management, 1991, 17 (1): 99 –120.

［214］ Luo Y D. New OLI advantages in digital globalization ［J］. International Business Review, 2021, 30 (2): 101797.

［215］ 邬爱其，刘一蕙，宋迪．跨境数字平台参与、国际化增值行为与企业国际竞争优势［J］．管理世界，2021 (9): 214 –333.

［216］ Tiwana, A. Platform synergy: Architectural origins and competitive consequences ［J］. Information Systems Research, 2018, 29 (4): 829 –848.

［217］ Kozlenkoval I V, Lee J Y, Xiang D, et al. Sharing economy: International marketing strategies ［J］. Journal of International Business Studies, 2021, 52 (8): 1445 –1473.

［218］ Lehdonvirta V, K¨assi O, Hjorth I, et al. The global platform economy: A new offshoring institution enabling emerging – economy microproviders ［J］. Journal of Management, 2019, 45 (2): 567 –599.

［219］ DeSantola A, Gulati R. Scaling: organizing and growth in entrepreneurial ventures ［J］. The Academy of Management Annals, 2017, 11 (2): 640 –668.

［220］ Deligianni I, Voudouris I, Spanos Y, et al. Non – linear effects of technological competence on product innovation in new technology – based firms: resource orchestration and the role of the entrepreneur's political competence and prior start – up experience ［J］. Technovation, 2019, 88 (12): 102076.

［221］ Fisher G, Kuratko D F, Bloodgood J M, et al. Legitimate to whom? The challenge of audience diversity and new venture legitimacy ［J］. Journal of Business Venturing, 2017, 32 (1): 52 –71.

［222］ Solberg C A. Product complexity and cultural distance effects on managing international distributor relationships: a contingency approach ［J］. Journal of International Marketing, 2003, 16 (3): 57 - 83.

[223] Rochet J C, Tirole J. Platform competition in two - sided markets [J]. Journal of the European Economic Association, 2003, 1 (4): 990 - 1029.

[224] John W C, Charles C C, Erik Kwok Yeung L. Export market - oriented behavior and export performance [J]. International Marketing Review, 2003, 20 (5): 493 - 513.

[225] Zahra, S A, Liu W, Si S. How digital technology promotes entrepreneurship in ecosystems [J]. Technovation, 2023, 119 (1): 102457.

[226] Chen C J. Developing a model for supply chain agility and innovativeness to enhance firms' competitive advantage [J]. Management Decision, 2019, 57 (7): 1511 - 1534.

[227] Steenkamp J. Global Brand Building and Management in the Digital Age [J]. Journal of International Marketing, 2020, 28 (1): 13 - 27.

[228] Vitari C, Raguseo E. Big data analytics business value and firm performance: linking with environmental context [J]. International Journal of Production Research, 2020, 58 (18): 5456 - 5476.

[229] Ripolles, M., Blesa, A. And yet, non - equity cooperative entries do improve international performance: Uncovering the role of networks' social capital [J]. Small Business Economics, 2020, 55 (10): 761 - 776.

[230] Tortora a D, Chierici R, Briamonte M F. "I digitize so I exist". Searching for critical capabilities affecting firms digital innovation [J]. Journal of Business Research, 2021, 129 (3): 193 - 204.

[231] Mikalef P, Boura M, Lekakos G, et al. The role of information governance in big data analytics driven innovation [J]. Information & Management, 2020, 57 (7): 103361.

[232] 潘宏亮. 基于跨界搜索的天生国际化企业知识吸收能力演化研究 [M]. 北京: 中国农业出版社, 2021.

[233] 凌文辁, 张治灿, 方俐洛. 中国职工组织承诺的结构模型研究 [J].

管理科学学报，2000（2）：76－81.

［234］江小涓．中国的外资经济对增长、结构升级和竞争力的贡献［J］．中国社会科学，2002（6）：4－14，204.

［235］储小平．职业经理与家族企业的成长［J］．管理世界，2002（4）：100－108，147.

［236］杨坚争，郑碧霞，杨立钒．基于因子分析的跨境电子商务评价指标体系研究［J］．财贸经济，2014（9）：94－102.

［237］梅景瑶，郑刚，朱凌．数字平台如何赋能互补者创新［J］．科技进步与对策，2021，38（12）：1－8.

［238］Jean R J，Kim D. Internet and SMEs' internationalization：The role of platform and website［J］．Journal of International Management，2019，26（1）：100－690.

［239］郑勇华，孙延明，尹剑峰．工业互联网平台数据赋能、吸收能力与制造企业数字化转型［J/OL］．科技进步与对策：1－12［2023－04－08］．http：//kns. cnki. net/kcms/detail/42. 1224. G3. 20220714. 1750. 006. html.

［240］林宽海，丁慧平，刘倩．基于顾客价值创造的服务型企业关键能力构建———以石油工程技术服务企业为例［J］．经济管理，2013（9）：63－72.

［241］王晓明，邱瑶，张均强．网络外部性、能力组合配置与互联网企业成长绩效［J］．电子科技大学学报（社科版），2022，24（4）：10－17.

［242］潘宏亮．数字技术应用驱动国际新创企业国际化绩效提升研究［J］．中国科技论坛，2021（4）：110－117，139.

［243］宋英华，庄越，张乃平．创新型企业成长的内部影响因素实证研究［J］．科学学研究，2011，29（8）：1274－1280.

［244］王雷，党兴华．联合投资伙伴选择、伙伴关系与风险企业成长绩效关系研究［J］．商业经济与管理，2008（4）：67－75.

［245］金昕，陈松，邵俊岗．企业创新中的“双元平衡”一直重要吗？——基于机器学习的动态分析［J］．科学学与科学技术管理，2018，39

(11): 74 - 84.

[246] Baum J R, Bird B J, Sigh S. The practical intelligence of entrepreneurs: Antecedents and a link with new venture growth [J]. Personnel Psychology, 2011, 64 (2): 397 - 425.

[247] 郭海，韩佳平. 数字化情境下开放式创新对新创企业成长的影响：商业模式创新的中介作用 [J]. 管理评论，2019，31 (6): 186 - 198.

[248] 陈宇，郝生宾. 数字化情境下创业导向和网络导向对新创企业成长的影响 [J]. 系统管理学报，2022，31 (4): 709 - 721.

[249] Wall T D, Michie J, Patterson M, et al. On the Validity of Subjective Measures of Company Financial Performance [J]. Personnel Psychology, 2004 (57): 95 - 118.

[250] 田颖，赵子旋. 数字化投资与制造企业成长绩效关系研究——基于双元创新的中介效应 [J/OL]. 科学与管理: 1 - 17 [2023 - 03 - 22]. http: //kns. cnki. net/kcms/detail/37. 1020. g3. 20230302. 1503. 002. html.

[251] Crespo N F, Simões V C, Fontes M. Uncovering the factors behind new ventures' international performance: Capabilities, alertness and technological turbulence [J]. European Management Journal, 2022, 40 (3): 344 - 359.

[252] 马海燕，于孟雨. 产品复杂度、产品密度与产业升级——基于产品空间理论的研究 [J]. 财贸经济，2018，39 (3): 123 - 137.

[253] 张陈宇，孙浦阳，谢娟娟. 生产链位置是否影响创新模式选择——基于微观角度的理论与实证 [J]. 管理世界，2020 (1): 45 - 59, 233.

[254] Son J Y, Benbasat I. Organizational buyers' adoption and use of b2b electronic marketplaces: efficiency - and legitimacy - oriented perspectives [J]. Journal of Management Information Systems, 2007, 24 (1): 55 - 99.

[255] Jasna P, Andrea B, Iztok P. The effect of product complexity on servitization and deservitization: A multi - country quantitative analysis [J]. Sustainability, 2022, 14 (19): 11885 - 11895.

[256] Jaworski B J, Kohli A K. Market orientation: antecedents and conse-

quences [J]. Journal of Marketing, 1993, 57 (3): 53 -70.

[257] Folger N, Brosi P, Stumpf - Wollersheim J. Perceived technological turbulence and individual ambidexterity - The moderating role of formalization [J]. European Management Journal, 2022, 40 (5): 718 -728.

[258] Jin C L, Liu Along, Liu H F. How business model design drives innovation performance: The roles of product innovation capabilities and technological turbulence [J]. Technological Forecasting & Social Change, 2022, 178 (3): 121591.

[259] Armstrong J S, Overton T S. Estimating nonresponse bias in mail surveys [J]. Journal of Marketing Research, 1977, 14 (3): 396 -402.

[260] Flynn B B, Huo B, Zhao X. The impact of supply chain integration on performance: A contingency and configuration approach [J]. Journal of Operations Management, 2010, 28 (1): 58 -71.

[261] Podsakoff P M, Mackenzie S B, Lee J Y, et al. Common method biases in behavioral research: A critical review of the literature and recommended remedies [J]. Journal of Applied Psychology, 2003, 88 (5): 879 -903.

[262] 周浩, 龙立荣. 共同方法偏差的统计检验与控制方法 [J]. 心理科学进展, 2004, 12 (6): 942 -950.

[263] 汤丹丹, 温忠麟. 共同方法偏差检验: 问题与建议 [J]. 心理科学, 2020, 43 (1): 215 -223.

[264] 吴艳, 温忠麟. 结构方程建模中的题目打包策略 [J]. 心理科学进展, 2011, 19 (12): 1859 -1867.

[265] 周冬梅, 朱璇玮, 陈雪琳等. 数字平台生态系统: 概念基础、研究现状与未来展望 [J/OL]. 科学学研究: 1 -17 [2023 -03 -25]. https: //doi. org/10. 16192/j. cnki. 1003 -2053. 20230202. 002.

[266] 王新新, 张佳佳. 价值涌现: 平台生态系统价值创造的新逻辑 [J]. 经济管理, 2021, 43 (2): 188 -208.

[267] 温忠麟, 张雷, 侯杰泰等. 中介效应检验程序及其应用 [J]. 心理学报, 2004 (5): 614 -620.

［268］温忠麟，叶宝娟．中介效应分析：方法和模型发展［J］．心理科学进展，2014，22（5）：731－745.

［269］Shams R，Vrontis D，Belyaeva Z，et al. Strategic agility in international business：A conceptual framework for "agile" multinationals［J］. Journal of International Management，2020，27（1）：100737.

［270］Saban K A，Rau S E. The functionality of websites as export marketing channels for small and medium enterprises［J］. Electronic Marketing，2005，15（2）：128－135.

［271］Sousa－Zomer T T，Neely A，Martinez V. Digital transforming capability and performance：A micro foundational perspective［J］. International Journal of Operations & Production Management，2020，40（7/8）：1095－1128.

［272］亿邦智库.2022 东南亚跨境电商出海报告［EB/OL］．（2022－06－16）［2023－03－30］https：//www. ebrun. com/20220616/488617. shtml? eb = search_chan_pcol_content.

［273］CMA. Online platforms and digital advertising market－study final report［EB/OL］．（2020－07－01）［2023－03－30］https：//assets. publishing. service. gov. uk.

［274］Thies F，Wessel M，Benlian A. Network effects on crowdfunding platforms：Exploring the implications of relaxing input control［J］. Information Systems Journal，2018，28（6）：1239－1262.

［275］Tadelis S. Reputation and feedback systems in online platform markets［J］. Annual Review of Economics，2016，8（1）：321－340.

［276］唐要家．数字平台反垄断的基本导向与体系创新［J］．经济学家，2021（5）：83－92.

［277］Wang R D，Miller C D. Complementors' engagement in an ecosystem：A study of E－book offerings on Amazon Kindle［J］. Strategic Management Journal，2019，41（1）：3－26.

［278］德勤．跨境赋能下的亚太数字贸易［EB/OL］．（2021－12－14）

[2023－03－30] https：//www2. deloitte. com/cn/zh/pages/technology－media－and－telecommunications/articles/deloitte－launches－technology－empowered－digital－trade－in－asia－pacific－report－summary. html.

[279] Chen L，Yi J，Li S，et al. Platform governance design in platform ecosystems：implications for complementors' multihoming decision [J]. Journal of Management，2021，48（3）：630－656.

[280] 毕玮．互联网平台企业商业生态系统及其优化研究 [M]. 北京：经济管理出版社，2022.

[281] 北京大学平台经济创新与治理课题组．平台经济创新、治理与繁荣 [M]. 北京：中信出版社，2022.

[282] 彭毫，罗珉．平台生态价值创造与价值获取 [M]. 北京：北京燕山出版社，2020.

[283] 冯国华，尹靖，伍斌．数字化：引领人工智能时代的商业革命 [M]. 北京：清华大学出版社，2019.

[284] 郭海．数字化创业：前言理论与中国实践 [M]. 北京：经济管理出版社，2019.

[285] 霍春辉．云制造模式下的企业敏捷性及其绩效提升 [M]. 北京：经济管理出版社，2015.

[286] IBM 商业价值研究院．平台经济 [M]. 北京：东方出版社，2020.

[287] 丁小洲，郭韬，李盼盼．数字经济背景下技术创业企业的商业模式创新 [M]. 北京：经济科学出版社，2023.

[288] 陈威如，余卓轩．平台战略——正在席卷全球的商业模式革命 [M]. 北京：中信出版社，2013.

[289] 忻榕，陈威如，侯正宇．平台化管理 [M]. 北京：机械工业出版社，2021.

[290] 魏江，刘洋．数字创新 [M]. 北京：机械工作出版社，2021.

[291] 刘绍荣，夏宁敏，胡方敏等．产业赋能平台 [M]. 北京：中信出版社，2021.

[292] 薛求知，朱吉庆．国际创业研究述评［J］．外国经济与管理，2006（28）：8－15.

[293] 周劲波，黄胜．关系网络视角下的国际创业研究述评［J］．外国经济与管理，2013（2）：22－33.

[294] 朱秀梅，张妍，李明芳．国际创业研究演进探析及未来展望［J］．外国经济与管理，2011（11）：21－28.

[295] 郑准，张凡，王国顺．数字平台研究：源流、核心主题与整合性分析框架［J］．创新科技，2023，23（2）：22－36.

[296] 王节祥，刘双，瞿庆云．数字平台生态系统中的创业企业成长研究：现状、框架与展望［J］．研究与发展管理，2023，35（1）：72－88.

[297] 郑彬睿．数字平台经济监管困局与破解路径［J］．湖南大学学报（社会科学版），2023，37（1）：147－153.

[298] 谢鹏，马璐，韦依依等．数字化领导力与组织创新：数字平台能力和环境竞争性的作用［J］．经济与管理研究，2023，44（1）：129－144.

[299] 严国莉，王保林．数字平台利基创造力研究［J］．中国软科学，2022（12）：112－124.

[300] 伏啸，李玲芳，居恒．数字平台竞争问题综述和研究展望［J］．研究与发展管理，2022，34（6）：1－13.

[301] 于左，王昊哲，陈昕月．数字平台纵向部分交叉所有权并购对竞争的影响——以腾讯收购虎牙、斗鱼部分所有权为例［J］．当代经济科学，2023，45（1）：1－16.

[302] 裘莹，郭周明，饶俏．RCEP视域下中国数字平台畅通双循环的理论机制与政策建议［J］．改革，2022（11）：70－83.

[303] 王沛楠．跨国数字平台的基础设施化：结构转型与规制［J］．青年记者，2022（21）：96－98.

[304] 张娜娜，郎旭阳，梅亮．如何实现数字包容：基于数字平台生态系统的协同机制［J］．科学学与科学技术管理，2022，43（11）：3－18.

[305] 刘汕，张凡，惠康欣等．数字平台商业模式创新：综述与展望

[J]. 系统管理学报, 2022, 31 (6): 1109-1122.

[306] 马鸿佳, 王亚婧, 苏中锋. 数字化转型背景下中小制造企业如何编排资源利用数字机会? ——基于资源编排理论的 fsQCA 研究 [J/OL]. 南开管理评论: 1-18 [2023-04-03]. http://kns.cnki.net/kcms/detail/12.1288.F.20221001.1540.006.html.

[307] 张海汝, 李勇坚. 数字平台的诱导、操纵风险与暗模式监管——流量劫持、算法俘获与界面设计陷阱 [J]. 财经问题研究, 2022 (12): 36-45.

[308] 乔晓楠, 冯天异. 数字平台企业的租金性质与规制原则研究 [J]. 杭州师范大学学报 (社会科学版), 2022, 44 (5): 111-121.

[309] 张兴刚, 肖旭. 数字平台迭代与开发者更新决策研究——基于浏览器的经验证据 [J]. 财经论丛, 2022 (8): 80-90.

[310] 任晓聪, 于左. 平台经济的竞争特征及常态化监管方向 [J]. 深圳大学学报 (人文社会科学版), 2023, 40 (2): 69-77.

[311] 闫晴. 数字经济时代灵活用工平台税收征管制度的困局、溯源及破解 [J]. 上海交通大学学报 (哲学社会科学版), 2023, 31 (3): 104-120.

[312] 赵晨, 林晨, 刘军等. 中小企业的韧性重铸—— "政策+平台" 的协同纾困机制 [J]. 学术研究, 2023 (3): 84-91.

[313] 黄送钦, 禹心郭, 吕鹏. 平台的力量: 设立研发平台能促进企业创新吗? [J]. 经济管理, 2023, 45 (2): 80-97.

[314] 肖海军, 罗迎. 数字经济时代平台企业混合合并的反垄断规制 [J]. 甘肃社会科学, 2023 (2): 141-151.

[315] 李鑫. 平台数据型自我优待的反垄断法分析 [J]. 广东财经大学学报, 2023, 38 (1): 101-111.

[316] 王春英. 数字经济发展过程中产生的创新模式研究 [J]. 科学管理研究, 2023, 41 (1): 74-79.

[317] 周文辉, 刘德武, 朱赛. 产业互联网平台构建路径: 创业共创视角的案例研究 [J]. 研究与发展管理, 2023, 35 (1): 146-157.

[318] 熊立, 柳波, 占小军等. 平台型领导如何赋能知识型员工 "适时应

务”？——基于沉浸理论的链式中介模型［J］. 管理世界，2023（2）：124－141，223.

［319］赵泉午，游倩如，杨茜等. 数字经济背景下中小微企业服务平台价值共创机理——基于猪八戒网的案例研究［J］. 管理学报，2023，20（2）：171－180.

［320］侯薇薇，荆文君，顾昭明. 平台企业规模、数据优势与价格歧视［J］. 管理评论，2023，35（1）：66－74.

［321］依绍华，梁威. 传统商业企业如何创新转型——服务主导逻辑的价值共创平台网络构建［J］. 中国工业经济，2023（1）：171－188.

［322］王喆. 时间社会结构的居间领域：短视频平台生产—消费的机上时间与机遇时间［J］. 南京社会科学，2023（1）：113－121.

［323］朱勤，刘玥，郑梦洁. 互联网平台赋权对顾客忠诚度的影响机制研究［J］. 华东经济管理，2023，37（2）：111－119.

［324］郑彬睿. 数字平台经济监管困局与破解路径［J］. 湖南大学学报（社会科学版），2023，37（1）：147－153.

［325］杜华勇，郭旭光，滕颖. 平台领导视角下电商平台竞争力前因组态研究［J］. 管理学报，2023，20（2）：258－266.

［326］汪旭晖，李晶. 互联网平台型电商企业的在线声誉治理机制：逻辑理路与实现路径［J］. 当代经济管理，2023，45（1）：18－28.

［327］郭海，杨主恩，丁杰斌. 元宇宙商业模式：内涵、分类与研究框架［J］. 外国经济与管理，2023，45（3）：23－45.

［328］孙新波，何建笃，张媛等. 国际创业中企业家认知形成与成长机理研究［J］. 科研管理，2022，43（12）：144－153.

［329］李鹏，吴瑶，彭华涛. 知识网络嵌入与国际创业企业成长关系研究［J］. 科学学研究，2022，40（8）：1441－1451.

［330］何建笃，孙新波. 国际创业机会构建过程及演化研究——基于TTF和金鹏的双案例纵向对比分析［J］. 南开管理评论，2022，25（6）：39－53.

［331］郝晨，张卫国，李梦雅等. 国际创业提升企业创新绩效过程的案

例研究 [J]. 研究与发展管理, 2021, 33 (6): 158-174.

[332] 陆羽中, 田增瑞, 常焙筌. 国际创业投资研究热点与趋势的可视化分析 [J]. 科研管理, 2020, 41 (4): 250-262.

[333] 黄胜, 刘洋, 丁振阔. 如何动态把握国际机会以提升国际创业绩效 [J]. 科学学研究, 2018, 36 (10): 1817-1827.

[334] 龚强, 班铭媛, 张一林. 区块链、企业数字化与供应链金融创新 [J]. 管理世界, 2021 (2): 3, 22-34.

[335] 陈晓红, 李杨扬, 宋丽洁等. 数字经济理论体系与研究展望 [J]. 管理世界, 2022 (2): 13-16, 208-224.

[336] 单宇, 许晖, 周连喜等. 数智赋能: 危机情境下组织韧性如何形成? ——基于林清轩转危为机的探索性案例研究 [J]. 管理世界, 2021 (3): 7, 84-104.

[337] 周文, 韩文龙. 平台经济发展再审视: 垄断与数字税新挑战 [J]. 中国社会科学, 2021 (3): 103-118, 206.

[338] 王烽权, 江积海. 互联网短视频商业模式如何实现价值创造? ——抖音和快手的双案例研究 [J]. 外国经济与管理, 2021, 43 (2): 3-19.

[339] 王节祥, 陈威如, 江诗松等. 平台生态系统中的参与者战略: 互补与依赖关系的解耦 [J]. 管理世界, 2021 (2): 10, 126-147.

[340] 钟琦, 杨雪帆, 吴志樵. 平台生态系统价值共创的研究述评 [J]. 系统工程理论与实践, 2021, 41 (2): 421-430.

[341] 鲁若愚, 周阳, 丁奕文等. 企业创新网络: 溯源、演化与研究展望 [J]. 管理世界, 2021 (1): 14, 217-233.

[342] 蔡宁, 刘双, 王节祥等. 平台生态系统战略更新的过程机制研究: 相互依赖关系构建的视角 [J/OL]. 南开管理评论: 1-19 [2023-04-09]. http: //kns. cnki. net/kcms/detail/12. 1288. f. 20230308. 0928. 002. html.

[343] 陈凌子, 周文辉, 周依芳. 创业孵化平台价值共创、动态能力与生态优势 [J]. 科研管理, 2021, 42 (12): 10-18.

[344] 江小涓, 黄颖轩. 数字时代的市场秩序、市场监管与平台治理

[J]. 经济研究, 2021, 56 (12): 20-41.

[345] 池毛毛, 赵晶, 李延晖等. 电子商务平台吸附能力的影响机制研究——平台柔性和控制机制的交互效应 [J]. 管理科学学报, 2018, 21 (7): 35-51.

[346] 刘凤朝, 丛贞, 马荣康. 问题导向搜索下创业企业内外部差异化策略对新产品绩效的影响研究 [J/OL]. 南开管理评论: 1-23 [2023-04-09]. http: //kns. cnki. net/kcms/detail/12. 1288. F. 20230224. 1415. 004. html.

[347] 鞠雪楠, 赵宣凯, 孙宝文. 跨境电商平台克服了哪些贸易成本? ——来自"敦煌网"数据的经验证据 [J]. 经济研究, 2020, 55 (2): 181-196.

[348] 惠祥, 李秉祥, 李明敏. 技术创业型企业与创业平台资源共生演化机理 [J]. 科研管理, 2022, 43 (5): 51-58.

[349] 黄送钦, 禹心郭, 吕鹏. 平台的力量: 设立研发平台能促进企业创新吗? [J]. 经济管理, 2023, 45 (2): 80-97.

[350] 施宇, 王节祥, 盛亚等. 专利平台驱动的企业创新模式: 基于38家高新技术企业的组态分析 [J/OL]. 南开管理评论: 1-23 [2023-04-09]. http: //kns. cnki. net/kcms/detail/12. 1288. F. 20220411. 1356. 002. html.

[351] 国旭, 贺俊, 陶思宇. 多平台企业协同效应的来源及作用机理——阿里巴巴多平台体系的案例研究 [J]. 经济管理, 2022, 44 (10): 92-110.

[352] 曲创, 刘重阳. 平台竞争一定能提高信息匹配效率吗? ——基于中国搜索引擎市场的分析 [J]. 经济研究, 2019, 54 (8): 120-135.

[353] 苏郁锋, 罗顺均, 冉佳森. 双重劣势情境国际新创企业制度拼凑策略研究——以中国在非洲新创企业为例 [J]. 南开管理评论, 2020, 23 (6): 27-38.

[354] 陈武, 陈建安, 李燕萍. 工业互联网平台: 内涵、演化与赋能 [J]. 经济管理, 2022, 44 (5): 189-208.

[355] 尹振涛, 陈媛先, 徐建军. 平台经济的典型特征、垄断分析与反垄断监管 [J]. 南开管理评论, 2022, 25 (3): 213-226.

[356] 王新新, 张佳佳. 价值涌现: 平台生态系统价值创造的新逻辑

[J]. 经济管理, 2021, 43 (2): 188-208.

[357] 王旭娜, 谭清美. 互联网背景下平台型商业模式价值创造分析 [J]. 科研管理, 2021, 42 (11): 34-42.

[358] 曾伏娥, 龚政, 郭逸鸿. 数智化新产品开发平台 [J]. 营销科学学报, 2023, 3 (1): 60-77.

[359] 严子淳, 王伟楠, 李欣等. 企业国际化扩张中的跨境电商平台利用——基于社会网络的研究 [J]. 南开管理评论, 2021, 24 (6): 140-152.

[360] 张其林, 汪旭晖. 平台的光环效应——平台型电商声誉的量表开发与实证检验 [J]. 营销科学学报, 2021, 1 (2): 1-20.

[361] 依绍华, 梁威. 传统商业企业如何创新转型——服务主导逻辑的价值共创平台网络构建 [J]. 中国工业经济, 2023 (1): 171-188.

[362] 王满四, 霍宁, 周翔. 数字品牌社群的价值共创机理研究——基于体验主导逻辑的视角 [J]. 南开管理评论, 2021, 24 (3): 92-103.

[363] 范黎波, 林琪. 平台企业资源管理能力构建及演化路径——基于资源理论的双案例研究 [J]. 经济管理, 2020, 42 (9): 49-63.

[364] 于春玲, 张硕, 李泽群等. 互联网 App 品牌定位演化及沟通策略——网易有道案例研究 [J]. 营销科学学报, 2022, 2 (2): 102-118.

[365] 张其林, 汪旭晖. 跨境电商平台交易纠纷的治理模式研究——基于治理需求和治理供给匹配的视角 [J]. 中国工业经济, 2021 (12): 166-184.

[366] 唐跃军, 左晶晶. 创业企业治理模式——基于动态股权治理平台的研究 [J]. 南开管理评论, 2020, 23 (6): 136-147.

[367] 魏江, 杨洋, 杨佳铭. 数智时代营销战略理论重构的思考 [J]. 营销科学学报, 2021, 1 (1): 114-126.

[368] 蔡莉, 杨亚倩, 詹天悦等. 数字经济下创新驱动创业过程中认知、行为和能力的跨层面作用机制 [J/OL]. 南开管理评论: 1-24 [2023-04-09]. http: //kns. cnki. net/kcms/detail/12. 1288. F. 20221027. 0959. 002. html.

附录A　数字平台国际化扩张的访谈提纲

为了实现数字平台的跨行业比较，我们选择了六个数字化行业，这些行业涵盖跨境网络外部性和国内网络外部性的行业，并且都已经开始国际化。随后制定了相关遴选标准：（1）选择具有行业代表性的数字平台；（2）在每个行业中，分别从中国和美国选择两家企业，以降低国家偏见的风险；（3）入选的企业应是其国内市场的主要参与者；（4）对于选定的案例，应提供比较数据。根据这些标准，指导我们每个样本行业的案例选择，进而对选中的数字平台进行访谈。访谈提纲内容具体如下：

1. 请介绍一下贵企业的业务和发展情况。

2. 请介绍一下你在贵企业的职位。

3. 请描述贵企业业务的用户结构，以及他们如何交互。

4. 请说明平台参与者高度考虑的因素，以及这些因素如何影响你的商业模式和运营。

5. 请描述贵企业与当地用户之间的关系，以及他们遇到的问题和困难。

6. 请具体说明涉及哪些互补者及其在生态系统中的角色。

7. 请说明贵企业如何与互补者合作。

8. 请描述贵企业与这些互补者的关系，以及贵企业采用的治理模式。

9. 请描述一下互补者带来的问题和困难，包括如何吸引，如何管理等。

10. 请描述当地正式制度的动态发展和重大变化，如政策和法规。

11. 请描述政府与贵企业在不同阶段的关系。

12. 请描述非正式制度的影响和发展，如文化、社会习俗。

13. 请说明为什么贵企业的商业模式被国外市场所接受；如果可能，请描述一下流程。

14. 请描述贵企业的国际化情况，包括激励机制、范围和在国外市场的表现。

15. 请描述贵企业国际化时遇到的困难和障碍。

16. 请详细说明贵企业在国际化方面做了哪些努力。

17. 请说明贵企业的国内资源和经验对国际化的影响。

附录B　国际新创企业访谈提纲

一、请您简要介绍一下贵企业概况

受访者的姓名、性别、年龄、职务、工作年限、资格、加入/创办企业的时间。

企业成立时间与员工人数。

主营业务及所处行业概况。

企业近年的销售额。

贵企业的技术水平和技术能力在业内处于什么水平？

贵企业的发展历史。

二、被访谈者的信息概况

您为什么要创办这家企业？企业是如何创立的？

在创业过程中筹集创业资金有多容易/难？

您最初的资金来源是什么？国际化时谁给了您最多的金融支持？例如，投资者、地方政府、国内合作伙伴、国际合作伙伴、东道国政府？

您如何为您的数字产品创造价值？

您是如何赚钱的？

您为谁创造价值？B－to－B/B－to－C，两者都是？

您认为您的数字产品是当地的/区域的/国家的/国际的/全球的吗？

如果您能回到过去，您会有什么不同的做法？

在未来5年和10年内，您的业务前景如何？

三、企业国际化进程概况

您是如何描述企业的数字产品在数字平台上的国际化？它是全球/区域

的吗?

贵企业在国际上有多少用户?

贵企业是否有特定的营销策略来获得新用户，如何在国际市场上留住用户?

贵企业从成立之初就有全球化的意图吗?

贵企业在海外投资时寻找什么?新市场还是用户?新技术?新功能?低成本劳动力?新的商业伙伴?税收优惠?还是其他的?

贵企业在海外拓展了哪些领域?贵企业为什么选择这些国家?

贵企业之前有过这些国际市场的经验吗?

贵企业是如何进入国际市场的?贵企业进入国际市场的策略是什么?(仅在线、联盟、收购或任何其他模式)。

自从贵企业开始国际业务以来，企业的商业战略发生了怎样的变化?

四、企业的国际化成长概况

企业成立时，拥有的主要技术能力是什么?

贵企业的主营产品是什么?生产该产品的关键资源是什么?

贵企业的创新活动是如何开展的?贵企业是否有新数码产品的R&D?

贵企业的国际合作伙伴是否帮助企业进行产品创新?是否帮助企业能力迭代?这是怎么运转的?

在进入国际市场后，您从企业的商业模式中学到了什么?

有企业模仿贵企业的产品或商业模式吗?

您认为贵企业的主要竞争优势是什么?

您如何跟踪竞争对手的行动?该行业的竞争力如何?要在这个该行业立足，您认为最关键的能力是什么?

您如何定位贵企业在这些关键能力方面的竞争力?贵企业有吗?

您如何描述进入国际市场后的企业绩效?(绩效显著提高/没有那么多;绩效显著降低/没有那么多;大致保持不变。)

从国内走向国际市场，贵企业主要竞争优势是什么?贵企业是如何利用这些优势的?

贵企业从国内到国际市场时遇到的主要问题/劣势是什么?贵企业是如何克服或尽量减少这些劣势的?

您如何评估贵企业所在的平台生态系统?

附录C　数字平台赋能国际新创企业成长的调研问卷

数字平台赋能国际新创企业成长的影响机制研究
调研问卷

尊敬的先生/女士：

您好！本问卷是由 ** 大学 ** 学院进行的一项学术研究活动，旨在探索数字平台赋能国际新创企业成长的影响机制。答案没有对与错，若有某个问题未能完全表达您的意见时，请选择最接近您看法的答案，或给出您的理想答案。本问卷的内容不涉及贵企业的商业机密问题，所获信息也不会用于任何商业目的，仅用于大样本群体性研究，请您放心并客观的填写。

您的回答对我们的研究结论非常重要。忠心感谢您的合作！

若您对研究结果感兴趣，请提供联系方式，我们会将一份完整的研究报告反馈给您。

您的姓名：________________联系方式：__________________________

一、企业及个人基本信息

A1 企业名称		A2 您的性别	1. 男　2. 女
A3 成立时间		A4 您在贵企业工作年限	
A5 员工人数		A6 近 3 年平均销售额	______（人民币，单位：万元）
A7 行业分布	A. 手机游戏　B. 生活时尚　C. 阅读类媒体　D. 短视频/直播/社交　E. 数字技术或服务　F. 其他，请注明__________________		
A8 近 3 年来，数字技术在企业中被应用的程度 A. 非常多　B. 较多　C. 一般　D. 较少　E. 几乎没有			
A9 进 3 年来，企业通过提供数字产品带来的收入占企业总收入的 A. ＜10%　B. 10%～30%　C. 30%～50%　D. ＞50%			

本部分为数据统计重要依据，烦请填写完整。A5 和 A6 填写大约数据即可。

二、数字平台赋能的测量题项

烦请对数字平台在贵公司开展跨境电子商务活动中发挥的作用，给出您的意见。(请在相应的数字上打上“√”，数值越大代表您对该描述越赞同)。

序号	测量题项	“1”表示完全不赞同，“7”表示完全赞同；“1－7”表示程度逐渐提高						
		1	2	3	4	5	6	7
1	有助于国际新创企业与国外客户沟通协调产品/价格/交货/付款信息							
2	有助于国际新创企业传播产品/服务信息							
3	有助于国际新创企业了解产品发展趋势和市场偏好							
4	有助于国际新创企业利用平台的匹配服务与国外客户无缝对接							
5	有助于国际新创企业快速累积大量的国际客户							

三、关键能力的测量题项

烦请对关键能力在贵公司国际化成长中发挥的作用，给出您的意见。(请在相应的数字上打上“√”，数值越大代表您对该描述越赞同)。

序号	测量题项	“1”表示完全不赞同，“7”表示完全赞同；“1－7”表示程度逐渐提高						
		1	2	3	4	5	6	7
	全球跨文化编程能力							
1	企业能够快速开发和推出新的产品							
2	企业能够为国际客户提供定制化服务/产品							
3	企业能够监控竞争对手的研发动向							
4	企业可以不断地拓展国际市场							
5	企业可以充分利用数字平台提供的基础设施							
	跨境数字货币适应能力							
1	企业实施不同客户付款模式快速响应客户的需求变化							

续表

序号	测量题项	“1”表示完全不赞同，“7”表示完全赞同；“1－7”表示程度逐渐提高						
		1	2	3	4	5	6	7
2	企业创造性地“捆绑”定价交易							
3	企业实施国外货币化支付模式							
4	企业可以灵活地应对竞争对手的定价策略							
5	企业可以有效地制定出口广告和促销计划							
国际商业模式重构能力								
1	企业国际战略依据平台生态可以灵活性调整							
2	企业的国际业务系统具有灵活性							
3	企业智能化采购的能力很强							
4	企业的价值观较为前瞻性							

四、国际新创企业成长的测量题项

烦请对贵公司在国际市场中成长表现，给出您的意见。（请在相应的数字上打上“√”，数值越大代表您对该描述越赞同）。

序号	测量题项	“1”表示完全不赞同，“7”表示完全赞同；“1－7”表示程度逐渐提高						
		1	2	3	4	5	6	7
1	国际新创企业的销售额增速高于行业内大多竞争者							
2	国际新创企业的顾客满意度高于行业内大多竞争者							
3	国际新创企业总资产增长率高于行业内大多竞争者							

五、产品复杂性的测量题项

烦请对贵公司产品/服务信息复杂程度，给出您的意见。（请在相应的数字上打上“√”，数值越大代表您对该描述越赞同）。

序号	测量题项	"1"表示完全不赞同，"7"表示完全赞同；"1-7"表示程度逐渐提高						
		1	2	3	4	5	6	7
1	描述产品需要大量的信息。							
2	描述产品需要许多属性。							
3	产品的规格比我们提供的其他产品要长一些。							

六、竞争强度的测量题项

烦请对贵公司在国际市场上竞争程度，给出您的意见。（请在相应的数字上打上"√"，数值越大代表您对该描述越赞同）。

序号	测量题项	"1"表示完全不赞同，"7"表示完全赞同；"1-7"表示程度逐渐提高						
		1	2	3	4	5	6	7
1	企业产品/服务的国际市场上竞争非常激烈							
2	企业所在的行业技术变化非常快							
3	技术变革为企业提供了巨大的机遇							
4	在国际市场上有许多促销战							

七、若您对《数字平台赋能国际新创企业成长机理与保障机制研究》有更好的建议，烦请您补充：

问卷到此结束，请您检查有无遗漏！再次感谢您填写！

附录D　中国非游戏厂商及应用出海代表性企业一览表

表1　　中国非游戏厂商及应用出海代表性企业一览表

序号	企业名称	序号	企业名称	序号	企业名称
1	字节跳动	11	影笑科技	21	快手
2	欢聚集团	12	小蚁科技	22	万兴科技
3	腾讯	13	挚文集团	23	HiRead
4	美图	14	小影科技	24	TP－LINK
5	睿琪软件	15	Renren	25	百度
6	爱奇艺	16	乐我无限	26	米虫科技
7	合合信息科技	17	明日虫洞科技	27	Kingsoft
8	赤子城科技	18	点众科技	28	哔哩哔哩
9	畅读科技	19	Daily Yoga	29	伟嘉科技
10	掌阅科技	20	棒糖科技	30	常相伴

注：不包括中国企业的海外收购公司以及中国公司通过海外代理发行 App 的收入。

表2　　中国游戏厂商及应用出海代表性企业一览表

序号	企业名称	序号	企业名称	序号	企业名称
1	腾讯	13	沐瞳科技	25	ONEMT
2	米哈游	14	友塔游戏	26	智明星通
3	三七互娱	15	灵犀互娱	27	Tap4Fun
4	IM30	16	点点互动	28	冰川网络
5	莉莉丝	17	Topwar Studio	29	紫龙游戏
6	悠星网络	18	字节跳动	30	柠檬微趣
7	网星	19	More2 Game	31	游族网络
8	壳木游戏	20	4399	32	英雄游戏
9	Habby	21	乐元素	33	天游网络
10	IGG	22	星合互娱	34	心动网络
11	Kunlun Tech	23	中手游	35	MicroFun
12	紫龙游戏	24	有爱互娱		

注：不包括中国企业的海外收购公司以及中国公司通过海外代理发行 App 的收入。

表3 中国生活时尚厂商及应用出海代表性企业一览表

序号	企业名称	序号	企业名称	序号	企业名称
1	YESBEE	7	Tospino	13	梵海 VANGO
2	Newme	8	OnePro	14	POVISON
3	武狄实业	9	感度汽配	15	Cider
4	PatPat	10	TYMO	16	橙意出海
5	全量全速	11	WOOK	17	Lilysilk
6	细刻	12	集海科技	18	CUPSHE

注：不包括中国企业的海外收购公司以及中国公司通过海外代理发行 App 的收入。

表4 中国网文和漫画应用出海代表性企业一览表

序号	企业名称	代表书籍和漫画应用
1	中文在线	Chapters
2	起点国际/阅文	Webnovel
3	畅读科技	MoboReader
4	掌阅科技	掌阅
5	点众科技	Webfic
6	Joyread	Joyread
7	Hinovel	Hinovel
8	凤鸣轩科技	ReadNow
9	Happy Read	NovelCat
10	Starreading	Wehear
11	星阅科技	Dreame、Innovel、Ringdom 等
12	推文科技	针对网络文学行业量身打造网文出海 AI 整体解决方案

注：不包括中国企业的海外收购公司以及中国公司通过海外代理发行 App 的收入。

表5 短视频/直播厂商及应用出海代表性企业一览表

序号	企业名称	代表应用	主要运营地区
1	杭州小影创新科技有限公司	小影（Viva Video）VivaCut、节奏酱（TempoApp）	东南亚、美洲、欧洲
2	上海影卓信息科技有限公司	乐秀（Video Show）	东南亚、美洲、欧洲
3	快手	Kwai	南美洲、东南亚、俄罗斯

续表

序号	企业名称	代表应用	主要运营地区
4	快手	zynn	北美
5	快手	UVideo	南美洲、东南亚、俄罗斯
6	快手	Snack Video	南美洲、东南亚、俄罗斯
7	字节跳动	Tik Tok（2017）	北美、俄罗斯、巴西、欧洲、中东、东南亚
8	字节跳动	Helo	斯里兰卡、阿联酋、沙特
9	字节跳动	Vigo Video	斯里兰卡、阿联酋、沙特
10	欢聚时代	Likee	印度尼西亚、俄罗斯、巴基斯坦、美国、沙特、巴西
11	欢聚时代	Noizz – formerly Biguo	印度尼西亚、俄罗斯、巴基斯坦、美国、沙特、巴西
12	欢聚时代	BIGO LIVE	东南亚
13	米可	Mico	东南亚、中东
14	猎豹	LiveMe	全球
15	UC	VMate	印度
16	小米	Zili	东南亚、北美、中东
17	虎牙	Nimo TV	东南亚、中东、西语国家
18	虎牙	Yome Live	东南亚、中东、西语国家
19	世讯信息科技	Nonolive	东南亚
20	米络星科技	StreamKar	东南亚、北美、中东
21	Golemon	Risapp	拉美、西语国家
22	Fantastic Team	4Fun	印度

注：不包括中国企业的海外收购公司以及中国公司通过海外代理发行 App 的收入。